本书由珠海市社会科学界联合会资助出版

珠海社科学者文库

海德格尔的形而上学思想探析

On Heidegger's Thought of Metaphysics

彭立群 著

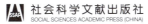

社会科学文献出版社
SOCIAL SCIENCES ACADEMIC PRESS (CHINA)

序

　　时光荏苒，岁月如梭。彭立群是跟随我攻读博士学位的第一批学生之一，他们都已经历练为满腹经纶的中年学者了。记得他在做学生的时候就对哲学有着持续的兴趣和执着，一旦钻研起自己感兴趣的问题，往往很难分心去思考处理其他问题。因此，我曾经提议他可以专注于学术，不必寻求担任院系管理方面的事情，否则既因分心无法做好自己的学问，也会耽误院系的运行与发展。

　　差不多20年的岁月过去了，立群专注于自己的学术，而我却日渐陷入管理的琐务之中，以至于为了不负重托而宣布在担任学校主要领导期间放弃所有的学术追求，成为"三不校长"。回过头来看，自己在学术发展上已经落后很多，不过感到欣慰的是：一方面看到很多的同事作出越来越多有实质意义的学术成就，由此觉得自己也很骄傲，我不是早就宣布"要把老师们的成就看作我自己的成就"嘛；另一方面就是我的许多学生逐渐成长起来，在学界崭露头角，发挥着越来越重要的作用，作为老师看到学生发表的论著，的确有一种发自肺腑的高兴。2021年春节前，立群将其新著《海德格尔的形而上学思想探析》发给我，希望我能够为其写个序，我很高兴地答应下来了。但是，当动笔写的时候觉得有些不知如何下笔。这一是因为我过去虽然也曾经读过海德格尔的著作，但从未把他的哲学作为研究对象；二是因为海德格尔哲学是难以理解和把握的，其哲学的晦涩及话语和理论范式的独创增加了对其理解的难度，尤其是研究其"形而上学"问题可以说是双重困难的叠加；三是因为这么多年把主要精力放在学校管理方面，对哲学领域的学术前沿变得不是那么熟悉了。因此，我只能硬着头皮写点无法撑起序言之重的"序言"了。

　　看了这一著作的手稿，我从中学到许多东西。立群的专注与执着，使他集中探索了海德格尔的形而上学问题，他不是人云亦云，而是有自己的立论和新的探索。形而上学是一个复杂的、多义的概念，但是本意上包含超越现实和感性的意义。为此，在哲学发展的历史上，哲学家们对形而上学的兴趣可以说是乐此不疲，或者说是欲罢不能。就乐此不疲而言，是许多哲学家希望自己能够一劳永逸地从根本上解决形而上学问题，却在富有启发性的思想成果中留下许多"形而上学"的遗憾；就欲罢不能而言，有些哲学家希望永远地摆脱"形而上学的窠臼"，从而放弃这个"旧哲学"的领地，但是在他们开辟的新"问题域"中往往又拓展出许多新的形而上学问题。因而就出现了许多反形而上学的形而上学理论。实际上，形而上学也许既是哲学的一个弱点，也是哲学的一个优点。哲学就是在西西弗斯式的形而上学探索中，不断拓展人类思想的新边界。在一个个形而上学的冒险中，哲学家们在看似不可企及的追寻中耗尽自己的生命，却以探索的足迹丰富了人类的思想。可以说，《海德格尔的形而上学思想探析》一书，既是对海德格尔形而上学冒险的叙事，也是在海德格尔思想开辟的新形而上学问题上进行的某种新的尝试和探索。

在哲学形而上学领域里，每个人恐怕都不是真理的拥有者，而是思想的探索者。但愿立群的著作能够成为形而上学思想探索中的一个有意义的尝试。

韩　震

2021 年 2 月 19 日

目　录

导　论
扑朔迷离的形而上学问题

　　正像黑格尔常被看作一条"死狗"一样，在中外众多的学者那里形而上学也几乎成了一条死狗。在很多国内学者尤其是研究马克思主义哲学的学者中，普遍存在对形而上学的刚性拒斥态度：对它应该批判、颠覆、克服、决裂……下面我们从近期发表的论著中撷取几则具有代表性的观点：

　　张文喜在《颠覆形而上学——马克思和海德格尔之论》一书中指出："马克思的诠释者通常都会认为，马克思是一个彻底的开启者，这不仅体现为他关于黑格尔的思辨逻辑和自然哲学已经死亡的断言，及其他对黑格尔式的传统形而上学的倒转，而且在理论的深处，他也颠倒了海德格尔式的当代形而上学。"① 仰海峰认为："形而上学的历史自律的神话，在马克思这里第一次颠覆了。理性并不是历史的主宰神，而是社会生活的产物，重要的不是形而上学的理性演绎，而是生产形而上学的社会历史进程。"② 相比较前两者，吴晓明教授说得更为明确和直接："马克思的实践纲领乃意味着他同全部旧哲学的根本决裂，意味着他同全部形而上学的决定性分野。因此很显然，当马克思以他的实践原则来清算费尔巴哈时，这一原则由其高度而来的批判范围正是全部哲学——形而上学，特别是近代哲

----

① 张文喜：《颠覆形而上学——马克思和海德格尔之论》，中国社会科学出版社，2004，第1页。
② 仰海峰：《形而上学批判——马克思哲学的理论前提及当代效应》，江苏人民出版社，2006，第148页。

学——形而上学。"①

可见，在一些研究者看来，批判、颠覆形而上学是马克思主义的题中应有之义。其实，不独国内的研究者，国外学者也对形而上学多有微词。康德在《纯粹理性批判》第一版前言中说："它所使用的原理既然超越了一切经验的界线，就不再承认经验的试金石。这些无休无止的争吵的战场，就叫做形而上学。"② 在那篇著名的反对形而上学的檄文中，卡尔纳普声称："在形而上学领域里，包括全部价值哲学和规范理论，逻辑分析得出反面结论：这个领域里的全部断言陈述全都是无意义的。这就做到了彻底清除形而上学，这是早期的反形而上学观点还不可能做到的。"③ 在亨利希致力于恢复形而上学时，哈贝马斯斩钉截铁地断言："康德以后，不可能还有什么'终极性'和'整合性'的形而上学思想。"并且，"马克思主义哲学现实化的名言也可以这样来理解：随着形而上学和宗教世界观的瓦解，具有多方面价值的文化解释系统所分化出来的一切，只有在生活世界的实践语境中还能组合起来，并恢复原有秩序"。④ 理查德·罗蒂认为，虽然没有理由放弃对进步和好运的希望，但"我们从形而上学、历史哲学或者精神分析那里无法知道人类希望的限度"。⑤ 还有很多学者反对和批判形而上学，在此笔者就不一一列举了。

我们不禁要问：形而上学为什么会招致众多批评和反对？形而上学的错误究竟是什么？有哪些反对形而上学的范式？是否不同学者所反对的形而上学也是不一样的？有哪些坚持形而上学的范式？批判形而上学的理论本身是否会带有形而上学性？到底应该如何理解形而上学本身？

---

① 吴晓明：《形而上学的没落——马克思与费尔巴哈关系的当代解读》，人民出版社，2006，第536页。

② 〔德〕康德：《纯粹理性批判》，李秋零译，中国人民大学出版社，2004，第3页。

③ 〔德〕鲁道夫·卡尔纳普：《通过语言的逻辑分析清除形而上学》，载洪谦主编《逻辑经验主义》，商务印书馆，1989，第13~14页。

④ 〔德〕哈贝马斯：《后形而上学思想》，曹卫东等译，译林出版社，2001，第18、49页。

⑤ 〔美〕理查德·罗蒂：《后形而上学希望——新实用主义社会、政治和法律哲学》，黄勇编，张国清译，上海译文出版社，2003，第136页。

一　谁在反对形而上学？

形而上学并不总是受批判的对象。"曾经有一段时间，形而上学被称为一切科学的女王，而且如果把意志当做事实，那么它由于自己对象的出色的重要性，自然配得上这一尊号"。① 比如，在笛卡尔看来，形而上学是哲学的最重要部分——原理部分："全部哲学就像一棵树，形而上学是树根，物理学是树干，其他一切科学是这个树干上长出的枝条，这个枝条可以分为三个主要部分，即医学、机械学与伦理学。我所说的道德科学乃是最高尚最完全的科学，它以我们关于别的科学的完备知识为其先决条件。因此，它是最高的智慧。"② 而且"对笛卡尔来说，科学自绝于哲学（此处指形而上学）无异于无源之水、无本之木。统一的科学越是追求科学的统一，越是需要超越于各门具体科学的形而上学。形而上学……是'高高在上的'眼睛，是见证时代、观察时代、批判时代的眼睛。不但如此，形而上学应当为所有知识部门提供概念框架，为科学提供统一性。……为给你提供世界的完整图景，你需要一门能将所有知识综合起来的学科，这门学科就是第一哲学或者说形而上学。"③ 可以说，在 17 世纪，笛卡尔、马勒伯朗士、霍布斯、斯宾诺莎、莱布尼茨等哲学家从不同方面书写着形而上学的荣耀，彰显了哲学家在反对经院哲学的盲信、传播思想自由观念等方面的艰苦努力。这一时期的形而上学家们不仅通过彼此的论辩"提前"为康德所言的"要有勇气运用你自己的理智"④ 提供了示范，也为 18 世纪启蒙运动打下了深厚的基础。

但"烧公鹅的调料，也是烧母鹅的调料"。⑤ 自由论辩无疑促进了哲学与科学的发展，但在自由辩论中形而上学暴露出了自己的软肋，即由于它的结论往往不取决于经验证明，而诉诸所谓不证自明的前提和形式逻辑的论证手段，所以只要找到超经验的出发点，每个人似乎都能自圆其说。于是"凡是在别

---

① 〔德〕康德：《纯粹理性批判》，李秋零译，中国人民大学出版社，2004，第 3 页。
② 汪堂家等：《十七世纪形而上学》，人民出版社，2005，第 21～22 页。
③ 汪堂家等：《十七世纪形而上学》，人民出版社，2005，第 23 页。
④ 〔德〕康德：《历史理性批判文集》，何兆武译，商务印书馆，1990，第 22 页。
⑤ 《马克思恩格斯全集》第 30 卷，人民出版社，1995，第 64 页。

的科学上不敢说话的人，在形而上学问题上却派头十足地夸夸其谈，大言不惭地妄加评论，这是因为在这里他们的无知应该说同其他人的有知没有显著的区别"。① 休谟也否认形而上学的争论会有什么积极的结果，他说："在一切吵闹中间，获得胜利者不是理性，而是辩才。"②

更令康德深感尴尬和气愤的是形而上学日益陷入低水平的角斗和闹剧之中："等到考察研究和科学都无能为力时（而不是在这以前）去向良知求教，这是新时代的巧妙发明之一；用这种办法，最浅薄的大言不惭之徒保险能同最深刻的思想家进行挑战，并且能招架一番。不过，人们只要稍微做一点考察研究，就不会去找这个窍门。而且，认真看起来，向良知求教就是请求群盲来判断，群盲的捧场是哲学家为之脸红，而走江湖的假药骗子却感到光荣而自以为了不起的事情。"③

康德还认识到，自有形而上学以来，休谟对形而上学的打击最为致命。休谟从因果连接概念入手，认为形而上学错在把主观必然性（习惯性）当作客观必然性。这样一来，形而上学所提供的不过是打上错误印记的普通经验而已。虽然休谟依然把这种解构性、破坏性的哲学称为形而上学，但形而上学的积极的、最重要的前景就被舍弃了。④ 这些前景就是安全可靠的知识体系和普遍而崇高的实践法则。为此，康德在先验哲学范围内修正了客观性的概念，代之以"普遍性"和"必然性"："因此必然性和严格的普遍性是一种先天知识的可靠标志，不可分割地相互从属。"⑤ 先天（a priori）指的是知识形式的非经验性，先验（transzendental）除了强调知识形式的非经验性外，更突出这些先天形式又要必然地应用到经验之中，以形成普遍必然的，质言之客观的知

---

① 〔德〕康德：《任何一种能够作为科学出现的未来形而上学导论》，庞景仁译，商务印书馆，1978，第15页。
② 〔英〕休谟：《人性论》，关文运译，商务印书馆，1983，第6页。
③ 〔德〕康德：《任何一种能够作为科学出现的未来形而上学导论》，庞景仁译，商务印书馆，1978，第8~9页。"良知"（gemeiner Verstand, gesunder Verstand 等/common sense, sound sense 等）似应翻译为"常识"或"通常理解"，因为"良知"在中国古代儒学中有着特殊的含义，它不是指常识，而是隐藏在每个人心底深处的善良本性和善良意志。
④ 〔德〕康德：《任何一种能够作为科学出现的未来形而上学导论》，庞景仁译，商务印书馆，1978，第5~7页，以及康德在第7页的注释。
⑤ 〔德〕康德：《纯粹理性批判》，李秋零译，中国人民大学出版社，2004，第33页。

识。在俞吾金教授看来，"康德的伟大贡献是开拓出整个先验的领域，证明先天综合判断是何以可能的，因果性作为先天知性范畴具有普遍必然性，从而从根本上解决了休谟问题"。① 而且康德提出知性为自然立法、理性为实践立法的口号，揭示出全部哲学都要绕之旋转的"先验领域"。② 在某种程度上，康德试图挽救危在旦夕的传统形而上学，康德因其开辟出的先验哲学路径也为海德格尔引为同道，关于这一点我们下文还要详细展开。但在康德之后，反对形而上学的浪潮不但没有平息，而且呈现日渐高涨之势。

大致说来，康德以后的反对形而上学的努力沿着如下五种路径展开：辩证法与实践哲学、实证主义和语言分析哲学、实用主义哲学、生命和生存哲学、后现代主义哲学。

1. 辩证法与实践哲学反对形而上学

马克思正确地看到，从精神实质上说康德以后的德国古典哲学带有康德以前的形而上学的特征："被法国启蒙运动，特别是18世纪的法国唯物主义所击败的17世纪的形而上学，在德国哲学中，特别是在19世纪的德国思辨哲学中，曾有过胜利的和富有内容的复辟。"③ 但这种复辟并不是简单的重复，而是具有了新的形式和内容。其具体表现就是，既充分发挥为康德所张扬的主体性原则，又进一步把哲学纳入否定性、发展性和历史性的辩证法的视野中，从而使此前形而上学无法解决的二元差异性问题得到了暂时安置。

我们知道，从古希腊哲学开始，西方哲学中随处可见二元对立现象：理型与现象、形式与质料、神圣与世俗、主体与客体、思维与存在、现象与物自体、感性与理智等。尤其是在17世纪形而上学中，大多数哲学家奉行形式逻辑的推导原则，所以他们无法很好地解释和解决二元对立问题，比如"在17世纪形而上学家那里，二元论者笛卡尔用上帝（精神）来保证思维与存在的统一，斯宾诺莎虽然基本上是唯物主义者，却由主张'心物平行论'而走向'物活论'，莱布尼茨则完全走向神秘主义，从精神（上帝）出发来说明思维

---

① 俞吾金：《从康德到马克思——千年之交的哲学沉思》，广西师范大学出版社，2004，第82页。
② 俞吾金：《从康德到马克思——千年之交的哲学沉思》，广西师范大学出版社，2004，第82页。
③ 《马克思恩格斯选集》第2卷，人民出版社，1957，第159页。

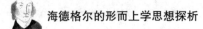

与存在的统一"。① 到了康德那里，物自体与现象的差异性、感性与理性的划分依然是整个先验哲学的支点。为了把康德的主体性原则彻底化，为了解决对立二元的统一（或同一）问题，费希特、谢林、黑格尔运用辩证逻辑去处理统一性难题，最终辩证逻辑在黑格尔那里达到了纯熟和最高阶段。黑格尔批判了旧形而上学（主要是 17 世纪的形而上学）所坚持的形式逻辑、经验主义者所坚持的归纳逻辑、康德批判哲学的先验逻辑以及直接认识或直观知识的神秘的同一逻辑。在黑格尔看来，经验主义是一种不自由的学说，因为其对象是有限的，看不到所谓外界给予的材料是我自己的。而旧形而上学虽然探讨无限的对象，但无限的对象却被知性的有限形式有限化了。康德的先验哲学的初衷是破除旧形而上学的僵硬独断，但物自体的不可认识性使得这种努力没有达到更为积极的成果。而神秘的、天启式的直接认识在黑格尔看来仍然陷于非此即彼的形而上学的理智关系里。② 同时，形而上学在黑格尔那里是狭义的，它指的是以抽象的知性规定去把握理性对象的倾向和方法，而柏拉图和亚里士多德在这个意义上并不属于形而上学家之列。黑格尔对此的论述如下：

> 根据前此的一番讨论，试再对于旧形而上学的方法加以概观，则我们便可见到，其主要特点，在于以抽象的知性规定去把握理性的对象，并将抽象的同一性认作最高原则。但是这种知性的无限性，这种纯粹的本质，本身仍然只是有限之物，因为它把特殊性排斥在外面，于是这特殊性便在外面否定它、限制它，与它对立。这种形而上学未能达到具体的同一性。但它的好处在于意识到，只有思想才是存在着的事物的本质。这种形而上学的材料是从古代哲学家，特别是经院哲学家那里得来的。在思辨的哲学里，知性也是必不可少的一个"阶段"（Moment）或环节，但这个环节却是不能老停滞不前进的"阶段"。柏拉图并不是这样［抽象的独断的］形而上学家，亚里士多德更不是，虽然有许多人常常以为他们也是这样的形

① 强以华：《存在与第一哲学——西方古典形而上学史研究》，武汉大学出版社，2005，第 164~165 页。
② 参见〔德〕黑格尔《小逻辑》，贺麟译，商务印书馆，1980，第 114~115、132~133、159 页。

而上学家。①

　　我们可以看出，黑格尔眼中的旧形而上学是西方哲学史上特定历史时期产生的特定形态：①旧形而上学是欧陆唯理论一派的思想主张，强调思想是存在事物的本质；②旧形而上学忽视特殊性，主张抽象的同一性，因而一方面自身是独断的（肯定其一必真，另一必错）②，另一方面招致了经验主义哲学的反对（特殊性在外面否定它并与它对立）；③黑格尔的思辨哲学与旧形而上学相反，在形而上学那里同一性是抽象的同一性，在黑格尔那里同一性是包含特殊性的同一性，思辨哲学把知性理解为处于逻辑体系整体中的、运动着的阶段或环节；④柏拉图、亚里士多德这样的哲学家并不是这种意义上的形而上学家。

　　但是，黑格尔的表述中也存在导致歧义的可能性。黑格尔一般把 17 世纪的唯理论称为旧形而上学，但在有些地方又直接把 17 世纪的唯理论称为形而上学。③那么，形而上学是只在 17 世纪唯理论中才存在，还是在其他历史阶段也存在？另外，即使我们接受黑格尔"17 世纪唯理论是旧形而上学"的提法，那么是否存在"新形而上学"？何为新形而上学，是黑格尔本人的辩证法哲学吗？总之，产生歧义的问题有两个：黑格尔是否把旧形而上学当成全部形而上学？黑格尔本人的哲学是不是新的形而上学？

　　事实上，第一个问题是由于表述不够严谨而产生的。黑格尔在《小逻辑》中一般都是谈"旧形而上学"，他不太可能认定 17 世纪形而上学就是形而上学的全部，比如在《哲学史讲演录》中，在谈到安瑟尔谟关于上帝的本体论证明时，黑格尔说："如所周知，这个对上帝存在之第一次真正的形而上学的证明采取了这样一个转向，即上帝作为结合一切实在性在它自身之内的本质的理念，也包含有存在这一实在性在它之内。"④可见，黑格尔只是把 17 世纪的唯理论哲学称为旧形而上学，形而上学的范围要超出旧形而上学。

---

① 〔德〕黑格尔：《小逻辑》，贺麟译，商务印书馆，1980，第 109～110 页。

② 〔德〕黑格尔：《小逻辑》，贺麟译，商务印书馆，1980，第 101 页。

③ 参见〔德〕黑格尔《小逻辑》，贺麟译，商务印书馆，1980，第 94 页。在这一页中，有一个标题"A. 思想对客观性的第一态度；形而上学"，似乎在暗示思想对客观性的第一态度＝形而上学，否则就应该代之以这样的标题："A. 思想对客观性的第一态度；旧形而上学。"

④ 〔德〕黑格尔：《哲学史讲演录》第三卷，贺麟、王太庆译，商务印书馆，1959（1997 年印刷），第 291 页。

争议往往围绕第二个问题而展开，马克思认为黑格尔哲学依然是形而上学。如前面的引文所显示的，马克思把包括黑格尔哲学在内的德国古典哲学视为17世纪形而上学的胜利的、富有内容的复辟。他还曾说过，黑格尔建立了一个"形而上学的包罗万象的王国"。① 有人则认为黑格尔哲学不是形而上学，对"形而上学"做了"孤立的、固定的、僵硬的、一成不变的"的注解，于是形而上学本身也"单面化"（"孤立、静止、片面"）了，成为与辩证逻辑相对立的反面教材。但学者们对此并非没有清醒的认识，俞吾金教授就指出：

> 整个形而上学≠某一种形而上学理论；整个形而上学的思维方式≠某一种形而上学理论（如知性形而上学理论）的思维方式。一旦弄清楚上述关系，我们立即就会发现，把作为方法论的"辩证法"与作为整个传统哲学基础和核心的"形而上学"抽象地对立起来，势必对形而上学做出不该做出的结论。②

诚哉斯言！这段话点出了关于形而上学理解的错误实质，即片面地把特定历史时期的形而上学理论当成了形而上学的全部。而且，对一般形而上学的思维方式也不能简单地断言它是非此即彼的。③ 当人们自以为对形而上学的"面相"熟稔在胸的时候，当人们动辄把一切错误归咎于形而上学思想的时候，他们已经犯了自己所批判的"形而上学"的"非此即彼"以及"孤立、静止、片面"的错误，因为形而上学除了"孤立、静止、片面"外，肯定也有其合理的存在意义，只把形而上学理解为"孤立、静止、片面"，只把形而上学视为荒谬和错误，这明显是"非此即彼"思维方式的反映。

马克思指出："18世纪的法国启蒙运动，特别是法国唯物主义，不仅是反对现存政治制度的斗争，同时是反对现存宗教和神学的斗争，而且还是反对17世纪的形而上学和反对一切形而上学，特别是反对笛卡儿、马勒伯朗士、

---

① 《马克思恩格斯全集》第2卷，人民出版社，1956，第159页。
② 俞吾金：《问题域的转换——对马克思和黑格尔关系的当代解读》，人民出版社，2007，第144页。
③ 参见俞吾金《问题域的转换——对马克思和黑格尔关系的当代解读》，人民出版社，2007，第144页之作者注释。

斯宾诺莎和莱布尼茨的形而上学的公开而鲜明的斗争。……被法国启蒙运动特别是 18 世纪的法国唯物主义所击败的 17 世纪的形而上学，在德国哲学中，特别是在 19 世纪的德国思辨哲学中，曾有过胜利的和富有内容的复辟。在黑格尔天才地把 17 世纪的形而上学同后来的一切形而上学及德国唯心主义结合起来并建立了一个形而上学的包罗万象的王国之后，对思辨的形而上学和一切形而上学的进攻，就像在 18 世纪那样，又跟对神学的进攻再次配合起来。这种形而上学将永远屈服于现在为思辨本身的活动所完善化并和人道主义相吻合的唯物主义。费尔巴哈在理论方面体现了和人道主义相吻合的唯物主义，而法国和英国的社会主义和共产主义则在实践方面体现了这种唯物主义。"①

从中我们可以看出，马克思称黑格尔的哲学思想为"思辨的形而上学"，说他"天才地把 17 世纪的形而上学同后来的一切形而上学及德国唯心主义结合起来并建立了一个形而上学的包罗万象的王国"。马克思追随亚里士多德和安德罗尼可，把形而上学理解为超出"物理学"（处于时空中的经验领域）的研究倾向。在这个意义上，马克思认为黑格尔的哲学也属于形而上学之列，不过是辩证的、思辨的和理性（狭义）的形而上学。

如上所述，从旧形而上学到康德的批判哲学，哲学中广泛存在的二元对立都未得到很好的解决。康德以后的德国古典哲学家的中心任务就是消除哲学中横向与纵向的鸿沟。所谓横向的鸿沟就是人（现象）与世界（物自身）之间的认识上的割裂，纵向的鸿沟就是利益（实然）与德性（应然）之间的实践上的割裂。

康德本人其实已经把实践抬到很高的地位，在《纯粹理性批判》的《第二版前言》中他这样写道："如果不同时取消思辨理性越界洞察的僭妄，我就连为了我的理性必要的实践应用而假定上帝、自由和不死也不能，因为思辨理性为了达到这些洞识就必须利用这样一些原理，这些原理由于事实上只及于可能经验的对象，如果它尽管如此仍然被运用于不能是经验对象的东西，实际上就总是会把这东西转化为显象，这样就把纯粹理性的所有实践的扩展都宣布为不可能的。因此，我不得不扬弃知识，以便为信念腾出地盘。"② 而且，康德

① 《马克思恩格斯全集》第 2 卷，人民出版社，1955，第 159~160 页。
② 〔德〕康德：《纯粹理性批判》，李秋零译，中国人民大学出版社，2004，第 23 页。

一方面认为哲学理应分为作为自然哲学的理论部分和作为道德哲学的实践部分，但"考虑到人们对实践概念的误用由来已久且已经根深蒂固，他不得不退一步接受这样的现实，即按照流俗的见解，把现象领域内的活动也称为实践，但同时也进了一步，为了维护真正意义上的实践概念，他提出了'两种实践'的学说，主张把'遵循自然概念的实践'与'遵循自由概念的实践'严格地区分开来。"①

但是，横向与纵向的鸿沟依然存在。为了消除割裂状态，康德后的德国古典哲学家诉诸包含特殊于其内的具体的统一过程（辩证法）以及绝对精神目的的实际的实现过程（实践）。尤其是对于黑格尔来说，实践理念"比以前考察过的认识理念更高，因为它不仅具有普遍东西的资格，而且具有绝对现实的资格"②。黑格尔一方面继承了康德两种实践的划分，同时认为"绝对理念首先是理论的与实践的理念的统一。"③ 他还突出了实践在认识中的作用，④ 并进一步强调绝对精神的自我实现本身就是实践。实践的原则在这里不是"应然"，而是绝对精神"设定其自身作为目的，并通过它的活动去促使目的的实现"。⑤ 黑格尔虽然还是在理念和精神的圈子里面打转，但他的思想倾向是反对空谈"应然"，并注重实际的展开过程（虽然是理念的展开过程）。在别的哲学家认为只是"应然"的地方，他看出了实际的目的的实现本身，所以他才会说"凡是合乎理性的东西都是现实的，凡是现实的东西都是合乎理性的"。⑥

---

① 俞吾金：《从康德到马克思——千年之交的哲学沉思》，广西师范大学出版社，2004，第30～31页。

② 〔德〕黑格尔：《逻辑学》下卷，杨一之译，商务印书馆，1974，第532页。

③ 〔德〕黑格尔：《小逻辑》，贺麟译，商务印书馆，1980，第421页。

④ 关于突出认识和技术上的实践，我们找到了黑格尔说过的这样一句话："人为了自己的需要，通过实践与外部自然界发生关系，他借助自然界来满足自己的需要，征服自然界，同时起着中间人的作用。问题在于：自然界的对象是强有力的，它们进行种种的反抗。为了征服它们，人在它们中间加进另外一些自然界的对象。这样，人就使自然界反对自然界本身，并为了达到这个目的而发明工具。"转引自《列宁全集》第38卷，人民出版社，1959，第348页。本处引文是列宁对黑格尔《历史哲学讲演录》第251页内容的摘抄，列宁在摘抄旁边写道："黑格尔在这里已经有历史唯物主义的萌芽。"

⑤ 〔德〕黑格尔：《小逻辑》，贺麟译，商务印书馆，1980，第421页。

⑥ 〔德〕黑格尔：《小逻辑》，贺麟译，商务印书馆，1980，第43页。

　　马克思对辩证法进行了全新的理解："辩证法在对现存事物的肯定的理解中同时包含对现存事物的否定的理解，即对现存事物必然灭亡的理解；辩证法对每一种既成的形式都是从不断的运动中，因而也是从它的暂时性方面去理解；辩证法不崇拜任何东西，按其本质来说，它是批判的和革命的。"① 马克思所理解的辩证法扬弃了黑格尔辩证法的封闭性，进一步彰显人自由自觉的生命活动中的不断否定、反思和批判的精神。

　　马克思比德国古典哲学家更突出实践的地位，但实践已经不是"应然"的道德律令，也不是绝对精神实现自己目的的实际展开过程，而是合乎人的目的的人类劳动与人类交往，其突出的特点是追求现实地改变世界。

　　在马克思看来，他所研究的世界是人的世界。马克思非常强调人的生命活动与动物的生命活动的差异，他认为动物不把自己同自己的生命活动区别开来，人的活动则是有意识的生命活动，人是有意识的存在物②。人凭借自由自觉的生命活动展开了自己的世界，世界也只能是属人的世界，"实物是为人的存在，是人的实物存在。"③ 马克思在《关于费尔巴哈的提纲》当中也明确指出："从前的一切唯物主义（包括费尔巴哈的唯物主义）的主要缺点是：对对象、现实、感性，只是从客体的或者直观的形式去理解，而不是把它们当作感性的人的活动，当作实践去理解，不是从主体方面去理解。"④ 从这些话中我们可以看出，马克思反对脱离人谈论世界，主张从感性的人的活动（人的实践活动）去理解世界，不应该把实践理解为神秘的绝对精神的展开过程，而是"全部社会生活在本质上是实践的。凡是把理论引向神秘主义的神秘东西，都能在人的实践中以及对这个实践的理解中得到合理的解决。"⑤ 因此，人与世界的统一性问题不是自我的统一，不是天启的统一，也不是绝对精神的统一，而是实践基础上的现实的统一。

　　与黑格尔"实践"理念的神秘性、事实上的超感性不同，马克思更加强调实践活动的感性活动性、社会性和历史性。马克思的哲学也可以说是实践哲

---

① 《马克思恩格斯选集》第 2 卷，人民出版社，1995，第 112 页。
② 《马克思恩格斯选集》第 1 卷，人民出版社，1995，第 46 页。
③ 《马克思恩格斯全集》第 2 卷，人民出版社，1957，第 52 页。
④ 《马克思恩格斯选集》第 1 卷，人民出版社，1995，第 54 页。
⑤ 《马克思恩格斯选集》第 1 卷，人民出版社，1995，第 56 页。

学，因而明显地带有反形而上学性。它的反形而上学体现在两个方面：一是用实践哲学反对书斋哲学，反对只满足于解释世界，而是致力于实际地改变不合理的世界；二是用实践哲学来反对与权力共谋的意识形态哲学。曼海姆在其名著《意识形态与乌托邦》中，把两种相反形态的文化归结为意识形态与乌托邦。前者为占统治地位的一方说话，后者则反对占优势的现存秩序。对于人文学者来说，"意识形态"和"乌托邦"是横亘在他们面前的两大观念系统和解释体系，何去何从决定了他们的发展路径和方向。把马克思的哲学称为"乌托邦"是不合适的，但总是站在被统治阶级的立场上思考问题确实是马克思哲学鲜明的特色。在反对形而上学方面，马克思哲学的目的是让现实的人的现实的活动过程呈现出来，摆脱意识形态哲学的怪影和假象，以促进人类的自由与解放事业。

以德国古典哲学为土壤成长起来的马克思和恩格斯在反对形而上学这一点上是一致的。马克思主要致力于用"实践"反对只谈"应然"和"理念"的形而上学，黑格尔无疑也是形而上学家，黑格尔的形而上学是与旧形而上学相对的新形而上学。恩格斯主要是用辩证逻辑反对旧形而上学的形式逻辑，在他看来，黑格尔哲学因而不属于形而上学之列。

2. 实证主义与语言分析哲学反对形而上学

在谈到经验主义时，黑格尔这样说："从经验主义那里发出这样的呼声：不要驰骛于空洞的抽象概念之中，而要注目当前，欣赏现在，把握住自然和人类的现实状况。无人可以否认这话包含有不少真理。以此时，此地，当前世界去代替那空洞虚玄的彼岸，去代替那抽象理智的空想和幻影，当然是很合算的交易。而且在这里又复赢得了旧形而上学所憧憬而未能得到的坚实据点或无限原则。"① 黑格尔认为，经验主义的缺点之一就在于用个别的知觉去寻求普遍性和永久性。但是，当经验主义走向极致的时候，它能够爆出强大的破坏力，一如休谟所说的："我们如果相信这些原则，那我们在巡行各个图书馆时，将有如何大的破坏呢？我们如果在手里拿起一本书来，例如神学书或经院哲学书，那我们就可以问，其中包含着数和量方面的任何抽象推论么？没有。其中包含着关于实在事实和存在的任何经验的推论么？没有。那么我们就可以把它

---

① 〔德〕黑格尔：《小逻辑》，贺麟译，商务印书馆，1980，第112页。

投在烈火里，因为它所包含的没有别的，只有诡辩和幻想。"① 以数量和存在的经验事实作为判断标准和推论起点，超越于经验之上的领域自然就会显现出其"荒谬"性。在休谟经验主义哲学基础上，实证主义在新的历史条件下继续对传统形而上学提出怀疑和批判。实证主义者否定经验以外的实在的存在，反对研究世界的本质、基础等问题，要求超越主体与客体、思维和存在等二元对立，强调要运用实证科学改造自然和社会。他们接受 19 世纪以来的科学技术领域的方法，反对黑格尔主义式的理性主义和辩证法。如果说实证主义哲学对形而上学的反对尚属温和的话，那么逻辑实证主义对形而上学的批判则无异于在思想界掀起了一场风暴。这一影响广泛的哲学风暴在语言分析哲学中的直接源头是弗雷格。

在研究数学的逻辑基础的过程中，弗雷格提出了一些关于语言哲学的开创性思想，尤其是含义（das Sinn）与指称（die Bedeutung）之间的区分，更是成为分析哲学富有生命力的传统成分之一。在《论涵义与所指》一文中，弗雷格指出："对于一个句子的认识意义来说，它的涵义（被表达的思想）与它的指称（真值）一样都是相关的。如果 a＝b，那么'a'和'b'的指称实际上是相同的，并且因而'a＝b'的真值与'a＝a'的真值也是相同的。"② 对于一个语言符号或者指号（das Zeichen）来说，符号含义是思想的一面，符号所指向的对象是世界的一面，判断思想真假的标准是指称或者指称之间的关系。不同符号可能有着不同的含义（比如"珊替卜的丈夫"和"柏拉图的老师"），但如果其指向的对象（苏格拉底）是相同的，那么这两个符号之间存在相等的关系。弗雷格研究的不是个人性的、主观性的联想或者意念，他研究的重点是逻辑和语言的科学运用，即有着明确的含义与指称的表达。他说：

> 只要我们认识到句子的某一部分没有意谓，思想对于我们就失去了价值。因此，我们大概完全有理由不满足于一个句子的涵义，而总是探讨它的意谓。但是我们为什么要求每个专名不但有涵义，而且有一个意谓呢？

---

① 〔英〕休谟：《人类理解研究》，关文运译，商务印书馆，1972，第 145 页。
② 〔德〕G. 弗雷格：《论涵义与所指》，载〔美〕马蒂尼奇编《语言哲学》，牟博、杨音莱等译，商务印书馆，1998，第 397 页。

为什么思想满足不了我们呢？因为一般来说重要的是句子的真值。情况并非总是这样。比如，聆听一首史诗，除了语言本身优美的声调外，句子的涵义和由此唤起的想象和感情也深深吸引打动了我们。若是寻问这一问题，我们就会离开这艺术的享受，而转向科学的思考。①

弗雷格认为，一般来说句子不能只满足于思想的层面，更重要的是句子的真值，即句子的主词和谓词要有相对应的指称（意谓），而且主词和谓词的关联与指称之间的关联是相匹配的。对史诗含义的领会就足以令我们陶醉，至于有无指称那就不重要了，甚至有人提出这种要求会被认为不合时宜。但对以"真"为目标的语言表达来说，没有指称的语词与判断就是很成问题的。

弗雷格的创发性思想无疑对后世的语言分析哲学产生了重大的影响，但是出于各个方面的原因，弗雷格长期默默无闻，他对语言分析哲学的突出贡献也很少被人注意到。卡尔纳普曾经说过："虽然弗雷格对于他的符号系统在数学中的许多令人感兴趣的应用举了很多例子，但他通常并不讨论一般的哲学问题。他看到了他创造的新工具巨大的哲学重要性，这一点在他的著作中是很明显的。但他并没有使他的学生对此有一个清晰的印象。"② 因此，如果说弗雷格的思想是金矿的话，罗素就是第一个发现金矿的人。

罗素致力于构建逻辑上完善的语言。在他看来，逻辑上完善的语言是逻辑原子主义的语言，即对应于每一个简单的对象或者复合对象的一个不可再分的部分，只能有一个而不能有更多的词（逻辑原子）。简单事物对应着简单的语词，一切复合的对象可以用简单语词复合而成的语词来表达。逻辑原子主义就是要研究原子事实的逻辑结构。③ 罗素还认为，只有一个世界，那就是实在的世界。逻辑学虽然表现出更为抽象和普遍的特点，但逻辑学同样关心实在的世界："实在的意识在逻辑中很重要，谁玩弄戏法，佯称哈姆雷特有另一种实

---

① 〔德〕弗雷格：《弗雷格哲学论著选辑》，王路译，商务印书馆，2006，第102页。（说明：在这里"指称"与"意谓"相同，都是指 Frege 的 Bedeutung）。

② 希尔普编《R. 卡尔纳普的哲学》，第6页；引自〔美〕穆尼茨《当代分析哲学》，吴牟人、张汝伦、黄勇译，复旦大学出版社，1986，第81页。

③ 参见〔美〕穆尼茨《当代分析哲学》，吴牟人、张汝伦、黄勇译，复旦大学出版社，1986，第152页。

在，这是在危害思想。在正确地分析有关假对象（pseudo-object）的（所谓假对象即独角兽、金的山、圆的方等）命题时，对于实在的健全意识是必要的。"① 因此，在命题的分析中，不能承认"不实在"的东西。这样，运用"实在"这一一"奥卡姆剃刀"，不仅许多荒谬的对象（如金的山、圆的方等）会被剔除，一些传统形而上学的名相也失去了存在的依据。罗素无疑继承了弗雷格的"涵义"与"指称"关系的思想。不过，罗素对弗雷格的思想做了进一步的发展。

在弗雷格那里，专名和单称词是同义的，比如，"亚伯拉罕·林肯"和"美国南北战争中遇刺身亡的美国总统"是可以互换的。罗素则进一步区分了专名和摹状词，专名就是唯一可以代表一个特殊对象的词语。罗素认为专名需要亲知获得，就是说，专名的指称能够在说话者"此时此地"的现实经验中显现出来，当我们用专名"某某东西"的时候，实际上蕴含着"某某东西是存在着的"的意思。相反，摹状词并不直接地与亲知关联，它也不是名称，而是对某某名称之特性或者共性的描述。即使是单个名词，如果不能亲知，那它也只是关于对象的摹状词。比如，当曹雪芹的密友在称呼"曹雪芹"时，"曹雪芹"这个名称指的是他眼前的这个有血有肉的个体——曹雪芹；当我们说"红楼梦的作者"时，甚至我们说"曹雪芹"时，并没有一个曹雪芹个体能够出现在我们的当下时空中，"红楼梦的作者"和我们口中的"曹雪芹"都是摹状词，都是对曾经存在过的那个历史个体的生平片段、侧面、偶性等方面的描述或者综合。这样一来，不是专名的词语就失去了现实的对象，也就不能用"存在"来表述。在罗素看来，超感性的传统形而上学的语词往往既不是专名和殊相，甚至也不是与感性亲知有关联的摹状词，说它们"存在"是不符合逻辑规则的。

那么我们是否可以说罗素反对任何形式的形而上学呢？至少穆尼茨不这样看，他说：

> 如果说罗素厌恶"形而上学"，而常常对它有些冷言冷语，那么这通

---

① 〔英〕B. 罗素：《摹状词》，载〔美〕马蒂尼奇编《语言哲学》，牟博、杨音莱等译，商务印书馆，1998，第402~403页。

常是针对这种探究的某些特殊形式或者形态的，例如是针对黑格尔主义或者某种夸大的、激进的柏拉图主义的，而不是针对这个事业本身。因为罗素一生的兴趣就是要对"什么东西存在"（存在着的实在物的基本种类）问题提出自己的见解。①

罗素本人的思想比较驳杂，涉猎也很广泛，在他心中，建立令人满意的世界观和本体论体系是他从事哲学探索的重要目标。这或许与休谟的传统不太契合，但考虑到罗素幼年迭遭大难，他在变动不居的世界里寻找稳定秩序的需求就成为很自然的事情了。在某种程度上，罗素只是反对以往形而上学的一些做法，而不是反对形而上学本身。他投身于逻辑研究的初衷是相对于现实的、变动的世界而言，数学的、逻辑的世界是完整和完美的，并能给有着数学和逻辑气质的人以安身立命的家园。

维特根斯坦进一步发展了弗雷格和罗素的理论，他的《逻辑哲学论》几乎成了逻辑实证主义的圣经，并为逻辑经验主义的反形而上学主张开辟了道路。维特根斯坦理论的发展主要体现为如下几个方面。第一，事实与事物的区别。维特根斯坦说："世界是事实的总和，而不是物（das Ding）的总和。"②事实（die Tatsache/facts）不是事物（die dinge/things），我们关于世界的认知首先是关于事实的，而不是关于事物的。所谓事实，就是事物特定的结合和配置。③ 在通常的理解中，世界是物的集合，人类知识所要做的就是认识物的规律。但在维特根斯坦看来，先有事实，然后个别事物和属性才作为成分出现。世界是在人的认知中呈现出来的，对于认知者来说，世界处于关系的整体中。或者说世界就是知觉领域所面向的东西，知觉领域所面向的东西可以分析为很多事实，而个别事物和属性只有在最简单的事实中才作为成分出现。④ 我们可以看出，弗雷格和罗素几乎都把专名和单称词看成不可再分的逻辑原子，而对

① 〔美〕穆尼茨：《当代分析哲学》，吴牟人、张汝伦、黄勇译，复旦大学出版社，1986，第196~197页。
② 〔奥〕维特根斯坦：《逻辑哲学论》，郭英译，商务印书馆，1985，第22页。
③ 参见〔美〕穆尼茨《当代分析哲学》，吴牟人、张汝伦、黄勇译，复旦大学出版社，1986，第219页。
④ 参见〔德〕施太格缪勒《当代哲学主流》上卷，王炳文、燕宏远、张金言译，商务印书馆，1986，第521页。

象是专名或者单称词的真值，而维特根斯坦把不可再分的简单句视为逻辑原子，而把事实（对象的"如何"和"关系"）看成简单句的真值。也就是说，只有句子有含义，名称没有含义，句子含义的真假要以事实为根据。

第二，思想（der Gedanke）与事实的关系。罗素也认为实在世界对于逻辑世界而言是非常重要的，甚至实在世界是逻辑世界的基础。但是，为什么实在世界能够成为逻辑判断的基础？维特根斯坦认为自己可以进行更为深入的探索。在《逻辑哲学论》中，维特根斯坦这样论述："2.1. 我们为自己创造事实的形象（das Bild）"，"2.12. 形象是现实的模型"，"2.14. 形象是这样构成的：它的要素以一定的方式互相结合着"，"2.141. 形象就是事实"。[①] "形象"也可翻译成"图像"。在维特根斯坦看来，被弗雷格称为思想的东西，其实是关于事实的逻辑形象或图像。事实有着一定的结构，思想借助语言符号把结构表达出来。这样，思想和现实就有了共同性——共同的结构，当形象如实反映了事实的结构时，形象（思想）就是事实。对事实有不同的描画模式，但逻辑图像是这些模式所共有的，事实的逻辑形象就是思想。[②]

第三，可说与不可说的划分。维特根斯坦区分了"能够说的东西"和"不能说的东西"。"能够说的东西"与语言、逻辑和世界有关，[③] 它们是同一个东西的不同侧面，它们为有意义的、有真假的东西划定了界限和范围。其中，存在的事实构成了世界，可能的事实（事态，Sachkerhalt）构成了被称为"逻辑空间"的东西。比如肯定有一个人是美国的第一任总统，或者是华盛顿，或者是杰斐逊。前者是第一任总统或后者是第一任总统都是事态（事实的可能性）。命题"华盛顿是美国第一任总统"是对存在的事态（事实）的描画，因此是真的；命题"杰斐逊是美国第一任总统"是对不存在的事态的描画，因而是假的。就像世界具有结构一样，述说世界的命题描画出世界的结构，这共同的结构就是要素的组合方式，而逻辑为描画这种结构提供了"脚手架"。维特根斯坦认为，只要是能够说的，就能够说清楚，都可以用一个或者多个命题表达出来。

---

① 〔奥〕维特根斯坦：《逻辑哲学论》，郭英译，商务印书馆，1985，第26页。
② 〔奥〕维特根斯坦：《逻辑哲学论》，郭英译，商务印书馆，1985，第28页。
③ 参见〔美〕穆尼茨《当代分析哲学》，吴牟人、张汝伦、黄勇译，复旦大学出版社，1986，第216页。

在《逻辑哲学论》的篇末，维特根斯坦写道："6.522 确实有不能讲述的东西。这是自己表明出来的；这就是神秘的东西。"他还说："7. 一个人对于不能谈的事情就应该沉默。"① 什么是不能讲述的或不可说的东西呢？大致说来，逻辑形式、哲学的本质、伦理学、唯我论、生命的意义以及关于"世界存在"的特殊神秘的感觉，是维特根斯坦的"不能说的东西"。② 这些东西是神秘的、只能显现的、必须保持沉默的东西。其实，维特根斯坦还是坚持经验主义的立场，对于有着"此时此地"特征的经验，或者与这种经验有着对应性关系的名相来说，不仅与之相关的命题是可以分析的，而且指称（弗雷格）、专名指向的对象（罗素）、存在的事态（维特根斯坦）还是含义或者逻辑命题的真值。不过，维特根斯坦也分析了不借助存在的事态，而只是通过纯形式来确定命题真假的可能性，比如重言式和矛盾式。而对于不能与"此时此地"的经验建立起对应关系的名相或者体验来说，它们没有事实所组成的世界那样的共同结构，因而是不能描画的，也不能传达，只能自己表明自己，只能对此保持沉默。

人们很容易误以为维特根斯坦是要搁置乃至摧毁不能言说的形而上学领域，但实际情况正好相反，"维特根斯坦狂热地相信，根据他的观点，人类生活中所有真正要紧的恰恰是我们应当对之沉默的东西"。③ 罗素曾经对维特根斯坦思想和著作中的神秘主义表示惊讶，他发现，维特根斯坦对克尔凯郭尔、陀思妥耶夫斯基等人的书非常感兴趣，他还认真考虑成为一名修道士的可能性问题。④ 我们认为，不能说维特根斯坦的《逻辑哲学论》的初衷是反对形而上学的，他只是想划出界线。他的看法是，"能说的"固然是真实的、有价值的，但"不能说的"对于人来说更为重要。至于后来的逻辑实证主义者视维特根斯坦为同道，那应该只是他们自己的理解。

对于逻辑实证主义者来说，"能够说的"是有价值的、真实的和科学的，

---

① 〔奥〕维特根斯坦：《逻辑哲学论》，郭英译，商务印书馆，1985，第 97 页。
② 参见〔美〕穆尼茨《当代分析哲学》，吴牟人、张汝伦、黄勇译，复旦大学出版社，1986，第 239 页。
③ 恩格尔曼：《维特根斯坦书信集》，第 96 ~ 97 页；引自〔美〕穆尼茨《当代分析哲学》，吴牟人、张汝伦、黄勇译，复旦大学出版社，1986，第 214 页。
④ 参见〔奥〕维特根斯坦《致罗素、凯恩斯和摩尔的信》，第 82 页；引自〔美〕穆尼茨《当代分析哲学》，吴牟人、张汝伦、黄勇译，复旦大学出版社，1986，第 212 ~ 213 页。

而维特根斯坦所谓的"不能说的"则是虚假的和非科学的，因而是需要被克服的东西。虽然不能断定维也纳学派的哲学就是维特根斯坦的哲学，但至少维特根斯坦的思想成为他们学派的重要理论来源。卡尔纳普在《思想自传》中这样阐明维也纳学派与维特根斯坦的关系：

> 在维也纳小组里，L. 维特根斯坦《逻辑哲学论》的大部分篇幅都曾被逐字逐句地一边朗读一边讨论……维特根斯坦的这部著作对我们小组发生了强烈影响。……我从他（维特根斯坦）的工作中得到的最重要的见解就是：逻辑陈述的真假仅仅取决于它们的逻辑结构和其中的词项的意义。①

如何理解逻辑陈述的真假取决于逻辑结构和其中词项的意义？如果只研究诸如数学和逻辑学这样的形式科学，逻辑陈述的真假取决于逻辑结构的自洽性；如果是经验科学的陈述，那么陈述的逻辑结构还要与事实结构保持一致，同时词项也要与事实的成分具有严格的对应性。简言之，在形式科学中，重言式恒真，矛盾式恒假，其真假取决于形式；在经验科学中，事实是判断陈述真假的最终标准，一切陈述都要接受事实的检验。

其实，他们的主张在休谟和康德那里都有其源头。休谟把知识区分为分析的和综合的，前者的真是必然的，后者的真是偶然的。康德同样认为，理论理性不能超出经验的范围，否则就会导致二律背反和无休止的争论。不过康德的先天综合判断在后世也引起了很大争议。很多逻辑实证主义者就对先天综合判断持拒斥态度，在他们看来，要么是先天分析的，要么是后天综合的，不存在二者的康德式的结合。在科学领域（形式的或者经验的）中的陈述要么真，要么假，既不真又不假的是伪命题，是注定不结果实的研究。

逻辑实证主义者反对抽象和思辨的思维方式。如果形而上学像形式科学那样，宣称自己与事实无涉，只追求形式的正确性，那它就不会招致逻辑实证主

---

① 〔德〕卡尔纳普：《思想自传》，见希尔普编《R. 卡尔纳普的哲学》，第24～25页；引自〔美〕穆尼茨《当代分析哲学》，吴牟人、张汝伦、黄勇译，复旦大学出版社，1986，第266～267页。

义的反对。但实际情况恰恰相反，形而上学命题宣称自己不是纯形式的研究，它们都是有"指称"的：关于世界、上帝、灵魂、人的自由或被决定，等等。但在逻辑实证主义看来，形而上学命题的词项并不与事实及其成分对应，并不能被证实，因而是无意义的。

同时，很多形而上学命题还不遵守逻辑的规则，卡尔纳普就曾引用海德格尔的教授就职演讲《形而上学是什么》中的段落来揭示有些形而上学命题在形式上的荒谬性。① 我们前面提到，虽然休谟和康德对形而上学有着不同的理解，但他们都不主张取消形而上学。休谟把破坏性的哲学本身称为形而上学，康德则希望建立科学的形而上学，为什么逻辑实证主义如此激进地反对形而上学呢？这恐怕与逻辑实证主义者的来源有关。汉恩、纽拉特和卡尔纳普曾经撰文论述逻辑实证主义的形成过程及其宗旨：

> 这一时期，在石里克周围聚集了一个其成员由各种致力于科学世界概念方向的人联合而成的学派，这种聚集产生了富有成效的相互砥砺。他们当中没有一个是所谓的"纯"哲学家，他们都从事科学的某一专门领域的研究，而且他们来自不同的科学分支，最初都有着不同的哲学态度。但随着时间的推移，他们表现出越来越大的一致性；这也是"凡是可说的都可以说清楚"（维特根斯坦）这种特殊的科学态度的一个结果；即使有观点的分歧，取得一致最终也是可能的，从而也是他们所要求的。这越来越清楚地表明，他们的共同目标是一种不仅摆脱了形而上学，而且反对形而上学的观点。②

逻辑经验主义者大多出身于自然科学研究者，他们耳濡目染的都是自然科学的严格性、清晰性和严密性。另外，德国是一个崇尚理论思辨和具有唯心主义哲学传统的国家，博大精深的德国哲学一直制约着德国文化的发展方向，并在每一个发展阶段上打上深刻的印痕。几个世纪以来，哲学把自己置于科学之

---

① 〔德〕鲁道夫·卡尔纳普：《通过语言的逻辑分析清除形而上学》，载洪谦主编《逻辑经验主义》，商务印书馆，1989，第23～26页。
② 陈波、韩林合主编《逻辑与语言——分析哲学经典文选》，东方出版社，2005，第199～200页。

上的冲动非常强烈。在 19 世纪，黑格尔认为哲学是科学之科学；到了 20 世纪，胡塞尔还是要在哲学（现象学）中为科学寻找基础，并把哲学作为最严格的科学。与此同时，科学捍卫自己学科独立性、从哲学中摆脱出来的愿望也很强烈。于是，具有科学倾向的哲学跟羽翼丰满的自然科学之间形成了紧张关系。

在卡尔纳普看来，如果形而上学自认为是艺术，只是情感和感悟的特殊表达，那就没有必要拒斥之。但问题是形而上学往往冒充它所不是的东西（比如科学），它只是貌似理论，实则是虚假的理论。① 因此要坚决把形而上学从理论尤其是科学的行列中驱逐出去："科学世界概念的代表坚定地站在单纯人类经验的基础之上，他们满怀信心地开展工作去清除形而上学和神学的千年垃圾，或者像有些人所说的那样，在经历了形而上学的间歇之后，又回复到一个统一的尘世的世界图景，这种世界图景在一定意义上说乃是古代没有神学的魔术这一信念的基础。"②

为此，逻辑实证主义要为自己建立新的哲学基础，其在哲学上的共同范式就是"科学世界概念"：

> 我们已经根据两点规定基本上描述了科学世界概念的特点，第一，它是经验主义的和实证主义的，只有来自经验的知识，这种知识是建立在直接所予的基础之上的。第二，科学的世界概念是以一定的方法即逻辑分析的运用为标志的。科学工作努力的目标是通过将逻辑分析应用于经验材料达到统一科学。③

逻辑实证主义有两个基础，经验（直接所予）是知识的基础和来源，逻辑是鉴定陈述是否正确的方法。这种方法既包括纯形式的考量，也包括有效衡

---

① 〔德〕鲁道夫·卡尔纳普：《通过语言的逻辑分析清除形而上学》，载洪谦主编《逻辑经验主义》，商务印书馆，1989，第 34～36 页。
② 〔奥地利〕汉恩、〔奥地利〕纽拉特和〔德〕卡尔纳普：《科学的世界概念：维也纳学派》，载陈波、韩林合主编《逻辑与语言——分析哲学经典文选》，东方出版社，2005，第 213 页。
③ 〔奥地利〕汉恩、〔奥地利〕纽拉特和〔德〕卡尔纳普：《科学的世界概念：维也纳学派》，载陈波、韩林合主编《逻辑与语言——分析哲学经典文选》，东方出版社，2005，第 204 页。

量科学与实在（事实）的对应性，还包括检查科学知识（可证实的判断的总和）的构建原则。因此，逻辑实证主义被称为逻辑经验主义也是有道理的。①持有"科学世界概念"的人坚信："作为并列于或超越于各门经验科学的一种基础科学或普遍科学的哲学是没有的；除了经验方法以外，没有任何一种方法可以达到真正的知识；经验之外或经验之上的思维领域是不存在的。"② 在他们看来，形而上学试图在经验方法之外获得知识，因此要直斥其错误，并用逻辑实证主义来克服它：

> 在形而上学理论中，甚至在其问题的提法中，就存在着两个根本的逻辑错误：第一是紧紧地束缚于传统语言的形式，并不了解思维的逻辑成果。例如，普通语言用同样的语言成分即名词既表示事物（"苹果"），又表示性质（"硬的"）、关系（"友谊"）和过程（"睡眠"），因而诱使人们误把功能性的概念当作类乎事物的东西（实在化、实体化）。人们可以引证无数类似的、由于语言而导致谬误的例子，对哲学来说，其后果同样是严重的。

"形而上学的第二个根本错误在于这样一种观点：即思维或者可以不通过任何经验材料从其自身获得知识，或者至少可以通过对一定事态的推理得到新的内容。然而逻辑研究得出的结论是，一切思维或推理无非是由一些命题到另一些命题的转换，而后者并不包括前者所没有的东西（同语反复的转换）。因此不可能从'纯思维'发展出一种形而上学。"

"这样，逻辑分析就不仅在形而上学这个词特有的、经典的意义上克服了它——尤其是经院哲学的形而上学和德国唯心主义体系的形而上学，而且也克

---

① 其实维也纳学派、逻辑实证主义、逻辑经验主义有着差别，赵敦华教授认为："维也纳学派是逻辑实证主义的主流和核心，但不等于逻辑实证主义的全部，因为逻辑实证主义还应该包括与维也纳学派同时的柏林学派、里沃夫 - 华沙学派以及布拉格学派等；逻辑实证主义也不等于逻辑经验主义，前者主要指二三十年代在欧洲流行的早期分析哲学的流派，后者的范围更广，逻辑经验主义贯穿分析哲学的全过程，除了逻辑实证主义以外，还包括它在美国的发展。"参见赵敦华《现代西方哲学新编》，北京大学出版社，2001，第84页。

② 〔奥地利〕汉恩、〔奥地利〕纽拉特和〔德〕卡尔纳普：《科学的世界概念：维也纳学派》，载陈波、韩林合主编《逻辑与语言——分析哲学经典文选》，东方出版社，2005，第212页。

服了康德的和现代先天论的隐蔽的形而上学。科学的世界概念不承认有任何源于纯粹理性的、无条件有效的知识，不承认有建立在康德认识论甚或康德前后的一切本体论和形而上学基础上的'先天综合判断'。后面我们还将讨论被康德当作先天知识范例的那些算术判断、几何判断以及物理学的一些根本原则。否定先天综合知识的可能性正是现代经验论的基本论点，科学的世界概念只承认关于各种对象的经验命题以及逻辑和数学的分析命题。"①

有了成型的哲学基础，并且有了稳定的核心人物，1926～1936年，逻辑实证主义的发展可以用"盛况空前"来形容。一大批卓越的科学家和哲学家聚集在石里克周围，他们定期会晤，创办自己的杂志，经常出现在各种国际会议上，并举办自己的国际性的研讨会，在世界各地包括美国、英国、法国、波兰、捷克等都出现了具有逻辑实证主义倾向的思想家，当时留学德国的洪谦先生也成为维也纳学派的成员。但随着纳粹上台，以及笼罩欧洲的战争阴云的影响，维也纳学派不久就解体了，逻辑实证主义也渐渐地不再作为一个持续有效的哲学运动发挥作用。所有这一切，除了外部环境的影响外，更为重要的是逻辑实证主义在学理上面临着困境。

逻辑实证主义的困境主要表现为可证实性的困境。关于证实原则，在逻辑实证主义学派内部就存在很大争议。石里克等人起初坚持绝对的证实原则，即任何命题的意义在于确定地表达了某种存在的事态；后来石里克修正了自己的观点，提出可证实性是原则上的可证实性，即证实的逻辑可能性（证实是可以设想的）；再到后来，他们受到维特根斯坦观点的影响，把陈述分为"命题"和"假设"两个部分。观察陈述可以直接地、最终地被确证，而像"假设"（所谓科学命题）这样的东西只能得到或大或小的确证。在这里，观察陈述就是知识与实在之间的绝对固定的连接点。也就是说，虽然科学命题不能被完全证实，它们的真有着或然性，但衡量科学命题或然性大小的观察陈述却不是或然的，而是完全可以确实的。学界把石里克等人的证实观称为"强"的证实观。

卡尔纳普和纽拉特则坚持"弱"的证实观点。他们认为，即使是观察陈

---

① 〔奥地利〕汉恩、〔奥地利〕纽拉特和〔德〕卡尔纳普：《科学的世界概念：维也纳学派》，载陈波、韩林合主编《逻辑与语言——分析哲学经典文选》，东方出版社，2005，第203页。

述也是或然的，观察陈述本身还需要接受证实，观察句子其实也是"假设"。这样，在科学领域，任何陈述都是可以修正的，换言之是可以抛弃的。那么到底该如何理解证实原则呢？卡尔纳普认为，可以从句法上讨论证实问题："物理定律的证实问题就是关于在物理定律（某一类一般命题）和记录命题（某一类个别命题）之间句法推演的一致性问题。"① 后来卡尔纳普又修正了自己的语句学的证实观，不得不加入语义学的考量。

我们可以发现一个非常有趣的现象，逻辑实证主义者总是不断地对自己的基础原则——证实原则进行修正，这固然说明他们的治学态度很严谨，但更说明证实原则本身有着巨大的缺陷，那就是知识和所谓现实之间的关联不是唯一性的，它们之间有多种联系方式，对所谓实在也有多种描述方式。各种知识和现实之间的关系都是建立在特定假设（约定）基础上的，突出其中一种约定的正当性并不一定意味着去取消其他约定的合理性。艾耶尔正确地看出了这一点："维也纳小组总是忽略一个在我看来是十分清楚的困难：他们实际上在把证实原则当作一种约定加以接受。"② 穆尼茨把艾耶尔的理解表述为："证实原则具有一种作为定义而非经验假设的地位，这就是说，与其它定义一样，它也没有任何强制的力量要求人们加以接受。它只是劝告性的。因此人们没有必要接受或遵守这个劝告！这个原则至多能提供一个如何理解常识和科学语言的意义的定义。而一个想选取另一种较为宽泛的意义定义的形而上学家却无须受到它的束缚。"③

逻辑实证主义从绝对的证实原则不断后退，最终不得不承认证实原则是建立在约定基础上的（艾耶尔本人也曾经是维也纳学派的成员），并且任何人都有权选择自己的说话逻辑和说话方式。如果在约定的视野内看问题，奎因的"存在论承诺"（ontological commitments）就很容易理解了。逻辑实证主义与其他人类表达活动一样，都自觉不自觉地有着某种存在论承诺，都有着关于存在

① 引自〔美〕穆尼茨《当代分析哲学》，吴牟人、张汝伦、黄勇译，复旦大学出版社，1986，第317页。

② 〔英〕艾耶尔：《逻辑实证主义导论》，见他所编《逻辑实证主义》第15页；引自〔美〕穆尼茨《当代分析哲学》，吴牟人、张汝伦、黄勇译，复旦大学出版社，1986，第317页。

③ 〔美〕穆尼茨：《当代分析哲学》，吴牟人、张汝伦、黄勇译，复旦大学出版社，1986，第318页。

对象的"定义域"。我们可以优化各自的存在论承诺，但没有必要"窄化"和"丑化"其他存在论承诺。

总的来说，在反对形而上学方面，逻辑实证主义不能说是成功的，它不断退守直至不得不放弃的历史发展过程本身已经表明了这一点。但它的积极作用却是促进哲学不断警醒自己，不断反思自己的逻辑前提和思想边界，并合理地坚持自己的独特性。俞吾金教授说得好：

> 哲学不应当成为实证科学这只巨大章鱼口中的食物，它应当不断地反躬自省，通过对"哲学的第一问题"的询问和解答，保持自己的独立地位，并为一切实证科学提供思想和价值的基础。①

3. 实用主义哲学反对形而上学

很多人把实用主义理解为腐朽的、粗俗的哲学，其实他们不了解，实用主义是西方哲学发展中一次重大的范式转换。实用主义大多强调行动、行为在哲学中具有决定性意义，认为哲学应该立足于现实生活，把确定的信念作为出发点，把采取行动看作主要手段，把获得成效看作最高目标，所以也被称为实践哲学、行动哲学和生活哲学。

首先，实用主义从追求"在先性的"（a priori）哲学转向侧重"在后性的"（posteriori）哲学。西方哲学史上的大部分哲学流派都看重"在先性"。古希腊哲学的第一个哲学概念"始基"（αρχη）的原义是"一开始和起初"，亚里士多德把自己的哲学命名为第一哲学（πρωτη φιλοσοφια），πρωτη 有"最先的"的意思，第一哲学要探究最先的原因（αιτια），德语"原因"（die Ursache）字面上的意思也是"原始的、起初的事情"。拉丁语 A priori，其本义是"一开始，刚接触时"，在哲学史上它的意思主要是指从一般到个别的推理形式、在意识中独立于经验的东西以及先天存在的东西。那么具有经验论传统的哲学是否不关注"在先性"而走向"在后性"呢？某种程度上是这样，至少"经验的"就是"在后的"（posteriori）。但是，在经验论哲学那里还是

---

① 俞吾金：《从康德到马克思——千年之交的哲学沉思》，《第一哲学与哲学的第一问题》（代前言），广西师范大学出版社，2004，第 12 页。

要追究最先的东西，洛克的"简单观念"、休谟的"印象"都是原初的、最先的、在其基础上其他东西得以生成和构建的东西。实用主义者继承了英国的经验论传统，但不同的是，他们特别关注随后的现象即行动的后果或可能性。詹姆斯说："实用主义的方法，不是什么特别的结果，只不过是一种确定方向的态度。这种态度不是去看最先的事物、原则、'范畴'和假定是必需的东西，而是去看最后的事物、收获、效果和事实。"① 杜威也曾经说过："把眼光离开那些最初的东西、原则、'范畴'、被假定的必然性，而把眼光朝向那些最后的东西、结果、后果、事实。"以及"实用主义不坚持在先的现象，而坚持随后的现象；不坚持先例，而坚持行动的可能性。这种观点的变化就它的后果来说差不多是革命性的"。② 他们主要关心事物如何是这样，以及事物将要怎样，至于事物到底是怎样，那倒不是最重要的。

其次，与马克思的哲学一样，实用主义从理论思辨指向的哲学走向了实践和生活指向的哲学。实用主义不再建立在心物二元对立基础上，不再把观念、思想和理论的获得看成目的，而是把观念、思想和理论看成行动取得成效的工具，坚持行为、经验、实践或生活一元论。实用主义的代表人物杜威更是把经验、行动和实践理解为包括人在内的有机体的本质特征，他指出："经验变成首先在于做的事情。有机体并不是站在那里……静等事情发生。它并不被动地、死板地等待某种东西从外面逼到它的身上。有机体是按照它自己的简单或复杂的构造对环境发挥作用的。其结果，环境中所造成的变化又反过来对有机体及其活动起反作用。生物受着自己的行为后果的影响。行动和遭遇之间的这种密切联系，就形成了我们所谓经验，没有联系的动作和没有联系的遭遇都不成其为经验。"③ 人是一个行动者，是实践的人，是不断展开生命活动的人，人在不断的实践活动中改造环境，认识环境，认识和提升自身。

最后，从认识论倾向的哲学走向价值论倾向的哲学。在西方哲学的悠久传统中，获得知识和真理就成为哲思之鹄的。实用主义哲学也重视真理，但真理不再是认识论的概念，而是意义和价值的概念，观念的真假要看行动的结果：

① 〔美〕詹姆斯：《实用主义》，陈羽纶、孙瑞禾译，商务印书馆，1979，第31页。
② 〔美〕杜威：《美国实用主义的发展》，载鲁勒斯编《20世纪的哲学》，第460、472页；转引自涂纪亮《美国哲学史》第二卷，河北教育出版社，2000，第140~141页。
③ 洪谦主编《西方现代资产阶级哲学论著选辑》，商务印书馆，1964，第165页。

不是用物，而是用行动的效果来衡量观念的真假。詹姆斯说："要是你采用实用主义的方法，就不会把这些词当作追求的终结。你必须把每个词实际的兑现价值表现出来，放在你的经验里运用。"他还说："真观念是我们所能类化，能使之生效，能确定，能核实的；而假的观念就不能……这就是'真理'的意义。"① 真理并不是惰性的、静止的，真理是一个过程，人在兑现观念的过程中确定真理，实现真理。

在康德哲学之后，坚持认识物自体的哲学变得越来越困难，它们要么修正物自体的含义，要么把自己的哲学体系变成独白。否则，哲学家就得选择把现象界作为安身立命的所在。而在以现象界为对象的哲学中，"以什么作为认识的判断标准"又成为一个二难选择。或者像康德本人那样，认为必须符合先验主体的先天形式，而先天形式似乎总摆脱不了"约定"的纠缠；或者如马克思、恩格斯以及很多实用主义哲学家那样，把实践、行动的后果作为判断真假的标准。尤其在实用主义那里，以行动后果为标准其实也就是把观念所能产生的影响力（观念是否能促进有效的行动）作为判断真假的标准。选择实用标准就意味着连绵不绝的检验、更为精细的甄别，以及对"思－语言－世界"复杂现象的更为清醒和谨慎的理解和行动。尤其在公共性很强的研究领域（如科学、政治学、公共价值学等），实用主义哲学还要随时应对相对性增强所带来的张力和压力。在 20 世纪后半叶，实用主义渐渐与后现代主义融合，这也并不是毫无来由的，应该是其固有的主观性、相对性倾向使然。但在发展的早期，实用主义刚刚从英国经验论脱胎而来，是故对抽象和思辨的哲学（形而上学）持有拒斥态度。

在回忆实用主义哲学的产生经过时，皮尔士说："七十年代初，我们一帮子在旧剑桥的年轻人，半是嘲讽半是挑战地称我们自己是'形而上学俱乐部'。因为当时不可知论正如日中天，对所有形而上学嗤之以鼻。"② 实用主义的创立者自称属于"形而上学俱乐部"，但他们对传统形而上学却持批判和拒斥态度，这一点在实用主义的三个代表人物皮尔士、詹姆斯和杜威那里都能

---

① 〔美〕詹姆斯：《实用主义》，陈羽纶、孙瑞禾译，商务印书馆，1979，第 30、103 页。
② 转引自陈亚军《哲学的改造——从实用主义到新实用主义》，中国社会科学出版社，1998，第 5 页。

得到体现。

在《实用主义在中国》一书中，杨寿堪教授和王成兵教授论述道："皮尔士认为，在哲学工作中，人们之所以对形而上学问题长期争论不休，是因为形而上学哲学使用了许多在本质上不清楚的观念。所谓本质上不清楚的观念，就是指那些无法用效果来确定其意义的纯粹抽象的观念。"① 皮尔士认为，为弄清一个思想的含义，需要去看思想所引起的行动，行动就是思想的意义。用弗雷格的术语来表达，行动就是思想的真值。传统形而上学貌似有严密的体系，实则其思想无法化为实际的操作，也就无从确定其含义。

詹姆斯把实用主义理解为一种方法："实用主义的方法主要是一个解决形而上学争论的方法，否则，争论就无尽无休。"② 怎么解决无休无止的争论呢？詹姆斯认为，如果能像货币一样具有可兑现的价值，而不是像形而上学那样只满足于抽象的名相，那么语词就有了明确的意义，就不会陷入无聊的争论中。

"形而上学通常追求一种很原始的东西。我们知道人们是多么喜欢不正当的魔术，我们也知道在魔术里言辞起多大的作用。……对于抱有自然思想的人说来，宇宙总像是个谜。解答这谜的钥匙一定要在一些有光彩有力量的词或名字中去找。这个同给宇宙的原理命名；有了这个词，就仿佛连宇宙本身也有了。'上帝'、'物质'、'理性'、'绝对'和'能'都是这类能解决问题的名字。有了它们，就可以安心了。形而上学的追求，也就算到头了。"

"要是你采用实用主义的方法，就不会把这些词当作追求的终结。你必须把每个词实际的兑现价值表现出来，放在你的经验里运用。"③

他还说："在鄙弃一切字面的解决、无用的问题和形而上学的抽象方面，它（实用主义）与实证主义是一致的。"④ 二者都反对传统形而上学的耽于抽象名相，不过，实证主义追问语词含义能否得到经验或者实在的证实，而像詹姆斯这样的实用主义者则追究语词是否具有效果，是否促进能够坚定我们信念的行动。

杜威则分析了传统哲学（含形而上学）容易招致厌恶情绪的原因："哲学

---

① 杨寿堪、王成兵：《实用主义在中国》，首都师范大学出版社，2001，第21页。
② 〔美〕詹姆士：《实用主义》，陈羽纶、孙瑞禾译，商务印书馆，1979，第26页。
③ 〔美〕詹姆士：《实用主义》，陈羽纶、孙瑞禾译，商务印书馆，1979，第30页。
④ 〔美〕詹姆士：《实用主义》，陈羽纶、孙瑞禾译，商务印书馆，1979，第29～30页。

既以辩护因情趣的契合和社会的尊崇而被接受的事物为目的，自然就重视理由和证明。"但由于哲学所处理对象的特殊性，不得不借助思辨的形式来掩饰，因此"要想令人悦服地把教义奉为真理时，除了扩张思索和说明地严肃的外观，没有别的方法。于是，抽象的定义和超科学的议论从此出现，使许多人厌弃哲学"。① 由于哲学对象具有不能经验尤其是不能引发行动的特征，所以只能用思辨的外观去增加自己的威严和可信性，正是在这一点上，它与以现象世界为对象的实用主义哲学形成了鲜明对比：

> 　　一个相当于普通传统的宗教的超自然的世界，而由形而上学描画成为至高终竟的实在的世界……与这个须经哲学的系统的修炼才能了悟的绝对的本体的实在相对峙的，是日常阅历的普通的、经验的、相对实在的现象的世界。……哲学妄自以论证超越的、绝对的或更深奥的、实在的存在和启示这个究极的、至上的、实在的性质和特色为己任。②

　　因为陷于追求终极实在的迷梦中，传统形而上学使得自己的听众越来越少，自己的名声越来越坏。要摆脱窘境，哲学要在推动人类的道德生活、促进人们解决现实生活问题上下功夫："哲学如能舍弃关于终极的绝对的实在的研究的无聊的独占，将在推动人类生活的道德力的启发中，和人类想获得更为条理、更为明哲的幸福所抱热望的助成中，取得补偿。"③

　　可见，早期的实用主义者大多对传统形而上学持有批判态度。但是，我们并不能断言实用主义与形而上学绝缘，在涂纪亮教授看来，"与皮尔士一样，詹姆斯也反对传统的形而上学，但他们也提出各自的形而上学。皮尔士提出他的宇宙论，他的物理形而上学，詹姆斯则提出他的彻底经验主义，这既是他的世界观，也是他的形而上学"。④ 为什么早期实用主义者在反对传统形而上学的同时，又会有着自己的形而上学呢？蒯因对此有着比较深入的认识：

---

① 〔美〕约翰·杜威：《哲学的改造》，许崇清译，商务印书馆，1958，第11页。
② 〔美〕约翰·杜威：《哲学的改造》，许崇清译，商务印书馆，1958，第12页。
③ 〔美〕约翰·杜威：《哲学的改造》，许崇清译，商务印书馆，1958，第14页。
④ 涂纪亮：《美国哲学史》第二卷，河北教育出版社，2000，第128页。

全部科学（数理的、自然的和人文的）是同样地但更极端地被经验所不完全决定的。这个系统的边缘必须保持与经验相符合；其余部分，带有它的一切精制的神话和虚构，则以规律的简单性为其目标。①

　　任何理论构造的核心处是假设或者虚构，如果我们构建和接受某种理论，我们就有义务承认它所设定的实体的存在。在同为文化的假定物这一点上，作为概念的物理对象与荷马史诗的诸神只是程度上有差异，而无本质上的不同。②蒯因的论述显示出实用主义对人类意识和文化的反思所具有的崭新视野。一是整体主义视野。单个陈述的真假并不取决于与它"对应"的事实，而取决于知识场整体内部的关系，即作为核心的假定与作为边缘的经验之间的关系。换言之，任何一个判断，只要整个知识场做出足够的调整，都能是真的。二是相对主义视野。没有哪种存在论配得上"绝对真"这一称号，各种存在论只是有着不同的假定和对经验的不同的约束方式，不能说谁最好，只能说在某个问题的解决上，谁更简洁、更有效。

　　蒯因认识到，鉴于任何文化构造物都有自己不能为经验所验证的假设部分，所以我们无法取消形而上学在文化"织物"（fabric）中的存在。因为"本体论经常也被用作'形而上学'的同义词"，③蒯因的"存在论承诺"理论实际上是告诉我们，不是要不要形而上学的问题，而是要什么样的形而上学的问题。

　　蒯因引发了学界对逻辑实证主义的批判，使得这一影响深远的学派逐渐衰落，同时蒯因直接开启了"新实用主义"在美国的发展。蒯因虽然自称是分析哲学的继承者，但他理论中的约定论倾向和相对性倾向使得实用主义在以后的发展中走向了亲近形而上学和超越形而上学两条道路。库恩和拉卡托斯等学者更为突出"约定"，他们致力于澄清科学共同体的范式和研究纲领，这其实

---

① 〔美〕W. V. 蒯因：《经验主义的两个教条》，载〔美〕马蒂尼奇编《语言哲学》，商务印书馆，1998，第62页。

② 参见〔美〕W. V. 蒯因：《经验主义的两个教条》，载〔美〕马蒂尼奇编《语言哲学》，商务印书馆，1998，第62页。

③ Robert Audi, ed., *The Cambridge Dictionary of Philosophy* (*second edition*) (Cambridge: Cambridge University Press, 1999), p. 564. 引自俞吾金《问题域的转换——对马克思和黑格尔关系的当代解读》，人民出版社，2007，第138页。

就是在探索科学的形而上学基础。同时，一些分析哲学家也在探索逻辑与形而上学的关系问题。① 费耶阿本德和罗蒂更为突出"相对性"，费耶阿本德把科学和神话等量齐观，罗蒂则主张取消一切形式的基础主义，并用表现为教化和对话的"较弱的"理性取代追求"公理"和"必然真理"的"较强的"理性。不管是亲近形而上学还是超越形而上学，在新实用主义者那里，科学与形而上学泾渭分明的对立关系不说已经消失，至少已经变得模糊。人们在面对形而上学的时候会更加小心和耐心，即使罗蒂所主张的"后形而上学"，也不再像早期的逻辑实证主义者那样，对形而上学动辄口诛笔伐、欲置之死地而后快，而是超越形而上学文本试图描述人类命运的"预言"部分，集中关注其对"希望"的表达，即关注形而上学文本能保持人类美好希望的可能性，以及能够成为我们本性守护神的可能性。②

4. 生命和实存哲学反对形而上学

在《旧约全书》的《创世记》中，耶和华说："只是分别善恶树上的果子，你不可吃，因为你吃的日子必定死。"耶和华还说："那人已经与我们相似（as one of us），能知道善恶。现在恐怕他伸手又摘生命树的果子吃，就永远活着。"③ 耶和华提到了两棵树：一是能使人分别善恶的知识树，它让人死亡；二是能让人不死的生命树。人与神的区别不在于是否能区别善恶，而在于死还是不死。但是，人通往生命之树的道路却被神彻底封闭了。这个寓言故事似乎在告诉人们，人与神相似的地方就是人能知道善恶，但人与神的不同是人有死。

在西方哲学的历史长河中，哲人们几乎都在关注如何对待"知识树"的问题，具有理性倾向的学者认为应该信任并倚仗"知识树"，具有宗教倾向的学者则主张贬抑甚至取消"知识树"，而听任"生命树"的安排。歌德也说，理论是灰色的，生命之树常青。但这些都还没有引起哲学家整体的警醒。

到了现时代，人作为知识的主体拥有了控制客体（自然与社会）的权力

---

① 如斯特劳森著作的名称，参见〔美〕斯特劳森《个体：论描述的形而上学》，江怡译，中国人民大学出版社，2004。

② 〔美〕理查德·罗蒂：《后形而上学希望——新实用主义社会、政治和法律哲学》，张国清译，上海译文出版社，2003，第350、354页。

③ 参见《旧约全书·创世记》2：17，3：22。

（或力量，power），"知识树"压倒了"蒙昧的"信仰而成为人的世界的主宰。西方人在源远流长的柏拉图主义中安身立命，着重从知识角度理解世界、理解自身。尤其是在黑格尔宏伟的精神体系中，世界上的一切都被纳入知识演进的洪流中，人类的历史似乎在黑格尔那里终结了。但是，《旧约全书》中的预言似乎成真：人安享知识果子之日，就是人的死亡之时。这并不是说人此前没有死亡之事，它指的是人本身的死亡：人已经不是人，人或者是机器，或者是某种被安排的物品，人已经异化了。福柯的"人死了"不过是推迟公布的讣告而已。

越来越多的哲人看出了时代的危机。人本来是想通过知识达到不朽和不死，并获得作为人的尊显和荣耀。但适得其反，人本身死亡了，他们不约而同地转而重新寻求"生命树"。在他们看来，"知识树"让人成为非人（死亡），而"生命树"才让人成为人（不死）。这里的不死并不是要追求长生不老，而是保持住人之为人的本性。唯意志主义、生命哲学、存在主义等哲学流派正是在这种背景下兴起的。作为"知识树"之根据的传统形而上学，自然摆脱不了受到"生命树"皈依者之批判的尴尬境地。在众多的批判声音中，克尔凯郭尔和尼采的声音异常清晰而独特，因为他们都关注活生生的生命当下，都把生命理解为现实的"这一个"，都极力反对以知识为取向的形而上学。

克尔凯郭尔把生命理解为实存（existence）。对于实存的个人来说，有两条道路可供选择，一是努力忘记自己是一个实存的个体，二是全身心关注这一事实：他是一个实存着的个人。[①] 什么是活生生的生命当下，或者什么是实存？实存使我们知道作为一个人意味着什么：一个人是唯一的、不能被取代的，他或她有着独特的生命体验，他或她有着不会被传统拘束的、充分敞开的可能性，而且他或她对自己实存着有着清醒的意识。从非实存状态进入自觉的实存状态往往是惊心动魄的，萨弗兰斯基曾经描述"眼下瞬间"（der Augenblick）的转变过程：

> 克尔凯郭尔的"眼下瞬间"是：当上帝闯进你的生活，使你感到上

---

① 〔丹〕克尔凯郭尔：《实存的体系是不可能的》，载熊伟主编《存在主义哲学资料选辑》上卷，商务印书馆，1997，第38～39页。

帝在召唤你作出决断时，你敢于跃入信仰的时刻。在这个眼下的瞬间，把个人同耶稣分割开的历史时间变得毫无疑义。基督的福音和救世之主向谁召唤，向谁提出要求，谁就要和基督"同时"生存在一起。传统把宗教作为文化财富和约定俗成的道德一直携带在身边。可是这种生存性地激发起来的眼下瞬间，把这整个传统文化化为灰烬。①

在克尔凯郭尔看来，实存是彻底个人性的，要进入实存必须摆脱包括传统在内的惯性力量的羁绊，让自己充分自由，充分决定自己是什么以及如何是。实存存在于"眼下瞬间"中，为维持住实存必须不断奋斗，而传统形而上学与实存是格格不入的："奋斗不息的理想表达了实存主体的伦理人生观。因此，我们不应在形而上学的意义上来理解它；的确，也没有形而上学地实存的人。"② 形而上学不关注实存，它挂怀的是知识体系，黑格尔的哲学是体系野心的集中代表，克尔凯郭尔对黑格尔的体系哲学提出了质疑：

> 若在一个委员会的报告中，出现一些不同的意见完全是为了充实这个报告；但是一个不同的观点作为一个段落而融入其自身逻辑结构中的实存体系却是一个奇异的怪物。这样的体系能够继续维持它的存在才是咄咄怪事。③

在克尔凯郭尔看来，体系哲学家漠视实存的个人，取消一个人作为个人这件事情，而且每一个思辨哲学家都非常自大，他们随意地把自己和人性混为一谈，仿佛由此他就成为一种无限伟大的东西，但同时他又根本什么也不是。克尔凯郭尔说，他们完全是在一种纯粹的心智不清的状态下把自己和人类混为一

---

① 〔德〕吕迪格尔·萨弗兰斯基：《来自德国的大师——海德格尔和他的时代》，靳希平译，商务印书馆，2007，第222~223页。
② 〔丹〕克尔凯郭尔：《实存的体系是不可能的》，载熊伟主编《存在主义哲学资料选辑》上卷，商务印书馆，1997，第40页。
③ 〔丹〕克尔凯郭尔：《实存的体系是不可能的》，载熊伟主编《存在主义哲学资料选辑》上卷，商务印书馆，1997，第41页。

谈的。① 传统形而上学家之所以漠视个体以及人类个体的实存，原因无非有两个，他们一是认为万物没有实际上的区别（平均化的逻辑），二是认为"类"这个范畴对于"个体性"范畴具有优势地位。②

在克尔凯郭尔的视野中，只要个人是实存的，那他必须超越知识的普遍原则和伦理的普遍规范，因为自己是一个例外，自己的这个例外不能被纳入任何普遍概念以及普遍概念的体系中。③

从克尔凯郭尔的论述出发，人们很容易误以为"生命树"谈的无非是宗教信仰问题。其实，"生命树"既可以与宗教有关，也可以与它无关。即使是克尔凯郭尔也只是反对制度化的基督宗教，他认为基督宗教应该是个人化的、独特性的宗教。他借助宗教要表达自己的全新体验，即人生在世没有现成的根据可以依栖，每个人所面对的只是无底的深渊。在这种处境中，人所能做的就是勇敢地决断：不借助非生命的力量，而只是借助生命本身，去选择自己、成为自己。克尔凯郭尔认为，在无底深渊面前，成为亚伯拉罕那样的宗教徒就成了至上的、唯一的选择。这个选择自然跟克尔凯郭尔的成长经历有关，但促成这个选择的深渊更令我们感兴趣。我们甚至可以说，生命就是让深渊呈现出来，并且面对深渊进行选择。在这一点上，尼采和克尔凯郭尔有着同样的视野。

对尼采造成很大影响的叔本华早就揭示出乐观主义人生观的可笑与虚伪，认为痛苦和毁灭是人的内在本质："不管大自然作了什么，不管命运作了什么；不管人们是谁，不管人们拥有什么；构成人生本质的痛苦总是摆脱不了的。"④叔本华指出，在理性和知识之外，在表象（die Vorstellung）之外，是死亡的威胁，是可怕的无聊和痛苦，是无明的意志，最终是无边的虚无。面对虚无，我们所能做的就是否定意志和禁欲，甚至了结生命。叔本华对虚无的揭示，使得久受窒息的尼采仿佛突然吸到了阿尔卑斯森林的清新空气，不由得对叔本华

① 〔丹〕克尔凯郭尔：《实存的体系是不可能的》，载熊伟主编《存在主义哲学资料选辑》上卷，商务印书馆，1997，第43页。
② 〔丹〕克尔凯郭尔：《现时代》，载熊伟主编《存在主义哲学资料选辑》上卷，商务印书馆，1997，第59页。
③ 参见〔美〕威廉·巴雷特《非理性的人——存在主义哲学研究》，段德智译，陈修斋校，上海译文出版社，2007，第178页。
④ 〔德〕叔本华：《作为意志和表象的世界》，石冲白译，杨一之校，商务印书馆，1982，第431页。

生出知己之感。但与叔本华的悲观厌世倾向不同，面对虚无和无底深渊，尼采认为人应该傲视它，在悲剧的舞台上演出乐观、壮丽的戏剧。

接触到虚无的层次，传统形而上学超越感性之上的"真正的世界"也会显示出荒谬性："赫拉克利特在这一点上始终是对的：存在（Sein）是一个空洞的虚构。'假象的'世界是唯一的世界；'真正的世界'只是编造出来的……"① 但是，传统的形而上学为什么执着地相信"真正的世界"的存在呢？尼采认为：

> 哲学家惊喜地意识到理性范畴操作中的可靠性、主观确定性，他们断定，这些范畴不可能源自经验——全部经验都与它相矛盾。那么它们源自何处？——无论在印度，还是在希腊，人们作出了相同的错误结论："我们必定曾经在一个更高的世界里居住过（而不是在一个低得多的世界里，那算什么真理！），我们必定曾经是神圣的，因为我们有理性！"……事实上，迄今为止，没有什么东西比存在（Sein）的错误具有更为朴素的说服力量，一如爱利亚学派所建立的那样，因为我们说的每个词、每句话都在为它辩护！②

尼采在这里道出了柏拉图主义的根源：把设定出来的世界当成了真正的、高级的世界。在柏拉图主义者看来，真正存在的是具有可靠性和确定性的世界。人借助感性手段把握的世界被视为假象的世界，哲学家要拒斥假象世界以常住在真正的世界中。知识导向的哲学家为什么会产生所谓"假象世界"与"真正世界"的区分呢？这跟人的认识方式以及层次有关。

一般说来，人有两种层次的认知世界的方式，一是感观，二是思维。感观的对象能呈现在此时此地的时空中，思维的对象则无法做到这一点，它们是设定出来的。说思维对象是设定出来的，并不是说思维对象不重要，而只是说它们不能在时空中存在，只是对感观方式和人的行为方式具有影

---

① 〔德〕尼采：《哲学中的"理性"》，载熊伟主编《存在主义哲学资料选辑》上卷，商务印书馆，1997，第 139 页。

② 〔德〕尼采：《哲学中的"理性"》，载熊伟主编《存在主义哲学资料选辑》上卷，商务印书馆，1997，第 141 页。

响。它们发挥什么影响呢？它们被设定出来是为了给感观活动和实践活动指引方向，也可以说对后者具有型范作用。对于知识而言，感性提供内容，思维（概念）提供形式。思维的设定对人的感知活动有着很大影响，而且这种影响也是现实的。但柏拉图主义者误把现实的影响当成了现实的、更高级的存在。

鉴于传统形而上学的错误，尼采提出了四个命题来批驳柏拉图主义，并为生命"赢得地盘"。这四个命题是：第一命题，将此岸世界说成假象世界恰恰证明了此岸世界的实在性；第二命题，所谓"真正的世界"只是现实世界"纯属道德光学的幻觉"，是不存在的，是虚无的；第三命题，虚构彼岸世界是无意义的，实际是在向生命复仇；第四命题，把世界分为"真正的"世界和"假象的"世界是生命衰败的表征。① 尼采认为，形而上学的"真正的世界"、彼岸世界的出现是敌视生命的结果，是生命的异化。对尼采把生命与知识对立起来的做法，德勒兹这样评论道：

> 知识和生命的对抗以及知识把自己当作生命裁决者的行为仅仅是一种症候。知识之所以与生命对抗，无非是因为它表现了一种抵抗生命的生命，一种反动的生命，这种生命在知识中找到保存和发扬其类型的手段。②

但是，德勒兹又认为，在尼采那里，生命有时也指"知识化的"和"异化的"生命："当苏格拉底把生命变成知识的奴隶，这一生命应该理解为通过这种方式变为反动的整个生命。但当他把思想变成生命的奴隶，这种生命应理解为某一特定的生命，反动的生命，它成为整个生命和思想的典范。"③ 德勒兹主张把尼采所说的"知识"和"思想"区分开来，前者是一种反动的生命

---

① 〔德〕尼采：《哲学中的"理性"》，载熊伟主编《存在主义哲学资料选辑》上卷，商务印书馆，1997，第141～142页。

② 〔法〕吉尔·德勒兹：《尼采与哲学》，周颖、刘玉宇译，社会科学文献出版社，2001，第146页。

③ 〔法〕吉尔·德勒兹：《尼采与哲学》，周颖、刘玉宇译，社会科学文献出版社，2001，第146页。

形式，后者是对生命的彻悟。但是，不管如何，尼采反对知识给人类带来的形而上学慰藉，主张每个具有意志的生命独立地去关注人生的意义和自我的价值，而不必受知识理性和道德规范的拘束。

我们也知道，不是所有具有生命指向的哲学家都反对形而上学，比如柏格森就称自己的哲学为形而上学。但是毋庸讳言，生命和生存哲学反对传统的形而上学，传统形而上学执着地追求普遍、必然和体系化的知识，认为理性是人类的希望，人类的未来充满光明。与这种乐观倾向相反，叔本华、克尔凯郭尔和尼采等哲学家却在希望和光明的背后揭示出无边的虚无，并指点出生命的特殊性和不可重复性。对此，生命要面对虚无并做出自己的选择：叔本华采取了悲观绝望的应对方式；克尔凯郭尔主张应该选择实在，即在恐怖和战栗中成为自己的（而非教会的）基督徒；尼采认为应该彻底抛开传统形而上学以及基督教敌视生命的做法，发挥生命的强力意志，展开生命的狂欢。虽然尼采本人和克尔凯郭尔一样，认为自己的思想不是形而上学，但海德格尔还是认为尼采脱不开与形而上学的关系："尼采本人早就把他的哲学称为颠倒了的柏拉图主义。但尼采的这种颠倒并没有消除柏拉图主义的基本立场；相反地，恰恰因为它看起来仿佛消除了柏拉图主义的基本立场，它倒是把这种基本立场固定起来了。"①

总之，针对近代以来逐渐张扬的乐观主义，克尔凯郭尔、尼采等人揭露了虚无的存在，并且试图超越知识和伦理，开辟哲学研究的新领地。克尔凯郭尔对体系和客观真理的否定，尼采对真实的世界的质疑，都在警醒当代人：认知理性对于虚无和罪恶缺少体会，认知理性并不能真正拯救人，也不能真正为人提供精神的家园。这需要人类能够自觉进入实存（existence）状态，实现对自身的新的拯救。

但不管是公共的还是个人的拯救，都有一个把世界二元化的问题，即"好"的世界与"坏"的世界的划分："好"的世界中的人要拯救"坏"的世界中的人。生命和生存哲学有着自己的好坏标准和救赎方式，但它难免又像传统形而上学划分"假象世界"与"真正世界"一样，依然是形而上学的思维模式。海德格尔之所以说尼采是最后一个形而上学家，恐怕正是出于这方面的

---

① 〔德〕海德格尔：《尼采》上卷，孙周兴译，商务印书馆，2002，第459页。

考虑。关于这一点，我们还会在后面的章节中详细分析。

5. 后现代主义哲学反对形而上学

谈到后现代哲学时，王治河先生列举了后现代哲学的 11 种思潮，其中"'非哲学'瞄准的是传统的'哲学观'；'非理性主义'的对手是'理性'；'后人道主义'发难的对象是'人'；'非中心化思潮'攻击的是'中心'；'反基础主义'摧毁的是'基础'；'解构主义'志在消解一切二元对立的结构……"① 在后现代哲学看来，理性、人、中心、基础、二元对立结构等都是形而上学的核心与特征。

尽管现代主义有很多理论形态，但都有一个共同的特点，那就是以非理性的实体取代理性的实体，也就是用一种绝对来反对另一种绝对。自 20 世纪后半叶以来，被称为"后现代主义"的新的非理性主义不再寻求某种实体，不再寻求一种取代理性建构的非理性建构，而是自觉地保持一种未完成状态，反对任何观念、范畴和结构的绝对性。后现代主义者往往把自己的思想称为"非哲学"，"非哲学"宣称要自觉地与形而上学划清界限，它其实也有非难哲学或形而上学的意思。大致说来，后现代主义哲学反对形而上学（哲学）有如下几个方面的内容。②

第一，反对形而上学的基础主义，倡导哲学多元化。在后现代主义者那里，以往形而上学的任务是为一切知识奠定阿基米德点，然后为人生指示可靠的行为准则。他们认为哲学这一追寻终极真理的冲动"根本上是乌托邦的"，后期维特根斯坦的"游戏"概念被后现代哲学家们广为接受。语言是游戏，没有根据，不能说理性也不能说非理性，哲学更是如此。利奥塔问：哲学作为一门科学的依据何在？他认为，开科学先河的柏拉图的话语方式本身就不科学，在后现代社会中不再可能把握知识的整体。雅斯贝尔斯还认为，世界是一本从来没有被读懂的手稿，因为原稿丢失了。德里达则认为从来就没有这样的手稿，有的只是它的痕迹。后现代主义者大多反对作为知识基础的、指导人生的、超历史的、中立的基本原则，罗蒂就认为大写的哲学

---

① 王治河：《后现代哲学思潮研究》（增补本），北京大学出版社，2006，前言第 2 页。

② 以下观点参考了王治河《后现代哲学思潮研究》（增补本），北京大学出版社，2006，第 34 ~53 页。

不再是一项可以信赖的事业，哲学严格说来不再是一门学科。拉康宣布永远不要求助于任何实体，要与一切被称为哲学的东西决裂。福柯明确指出，不存在永恒的或一般的哲学观点和用一种中立的客观的方式确立真理的哲学方法。

第二，反对形而上学的封闭的中心思维，倡导开放的多样性思维。后期海德格尔在《哲学的终结和思的任务》一文中认为，传统的形而上学是单一而封闭的，他提倡差异性的"思"。列维纳斯批评以黑格尔为代表的传统哲学忽视了差异。阿多尔诺的"否定的辩证法"的核心概念是非同一性，他自己说，辩证法就是对非同一性的一贯性意识。所以他怀疑一切同一性。同一性是暴政的根源。他认为古老形式的概念只体现普遍，而且不能把握运动。人们要从形式逻辑的同一性的思维定式中解放出来。利奥塔号召人们向整体性开战："让我们激活差异并为差异正名吧！"德勒兹则创造了"孤儿的力比多""产生差异的反复"等反常概念来反击同一性哲学，他认为尼采的意义就在于否定绝对真理、主张一种多元论，只有多元，精神才是自由的。他还说："思维就是掷骰子。"他还与夸塔里制造"多样性概念"，他们认为存在"枝干式思维"和"茎块式思维"。前者指传统哲学，即认为知识建立在牢固的基础（根）上，这使得枝干文化建立起庞大的、中心的、等级的、统一的概念体系。后者则寻求根除树根和基础，寻求挫败统一，追求枝与叶的蔓延，追求多元化和散播，从而产生多样性和差异性。德里达更是不遗余力地反对同一性，他认为同一性中内在地存在差异、非连续性和断裂，一切事物都处于差异之中，并不断产生差异，取消了异质性，理论就完结了。

第三，反对形而上学的整体性，主张个体性。哲学作为对整体、普遍、同一、必然进行追求的学说，本质上就具有一种暴力的性质。追求整体性以牺牲个性为代价。福柯"总体性话语的压迫"，德里达"形而上学与暴力"，拉康的"主人话语"揭示的都是形而上学的压迫性和专制性。主人就是通过占有或控制或操纵知识来练习权力的人，形而上学的主人话语，它假装说出真理，渴望一种类似主人的权力。更有甚者，有人认为"没有不导致统治的哲学"，哲学永远是政治的附庸，它始终为一些人的奴隶地位和另一些人的统治地位进行辩护。在后现代主义女权运动看来，古典哲学传统中的哲学家主要是拥有经济特权和社会地位的白种男人，哲学在权力中发展起来，理性、心灵、精神、白人、男性支配着肉体、物质、实践、非洲人、女人。在传统哲学中，概念化是男人的专长，本能、情绪、感知等则作为女性的特征而被称为非理性的。德里达用解构的利刃解构一切，以声音与书写对立、以灵与肉对立、以存在与非存在对立、以理性与非理性对立、以男性与女性对立纷纷分崩离析，等级森严的逻各斯帝国土崩瓦解了。根据福柯的分析，在任何社会里，权力都是为话语（discourse）（也就是在特定历史环境中的由个人创造的习俗化了的规定、惯例和程序）所固有的，权力无所不在，话语一产生就立刻受到若干权力形式的控制、筛选、组织和再分配。话语不仅受权力控制，而且是权力争夺的对象。真理性话语激发尊敬和恐惧，由于它支配了一切，因而一切必须服从它。

第四，反对形而上学的理性化、概念化，主张哲学与诗同属于一个领域。自柏拉图以来，哲学家往往把哲学与文学区分开来，由于哲学追求真理和确定性，而文学只是虚构、隐喻，所以哲学自认为优越于文学。德里达从根本上摧毁了二者的界限，他认为哲学实际上与诗享有同一个领域。德里达在哲学中找到了隐喻，如 Idea 一词来源于 eido（看见），这与太阳有关。柏拉图的"洞穴比喻"更与太阳有不解之缘。哲学一直是起着太阳作用的充满隐喻的诗。诗公开承认自己的隐喻性质，哲学则自命不凡，不肯承认这一点。指出哲学的隐喻性质后，从事哲学就意味着从事写作，写作就是制作痕迹的工作，不论哲学还是诗，都是如此。

第五，反对形而上学的独白，倡导对话。罗蒂认为，哲学不应该是教育，而应该是富有成效的对话方式，他把这称为教化或陶冶（Edification），是陶冶自己和他人的活动。这种理论的目的是在各种学说之间进行调停，促进不同范式进行对话。因为不存在可通约的基础才需要对话，这种对话应该是开放的、平等的。在他这里，从事哲学就是从事解释的游戏。

后现代主义哲学家内部也有很多差异，但他们都把形而上学理解为专制和暴力的代名词，并把批判形而上学作为自己思想的核心目标之一。应该承认，后现代主义在开拓人类思想空间的可能性、反思人类自由的误区和盲点方面功不可没。但正如德里达所指出的："'走出哲学'并不像有些人想象的那样轻而易举，这些人以为他们早已轻而易举地实现了这一点，一般说来，他们正是在整个谈论过程中被他们宣称已经摆脱了的形而上学所吞噬。"① 其实，这句话也适用于德里达自己。后现代主义在反对形而上学的过程中很难保证自己不是倒转过来的形而上学，事实上，后现代主义用"边缘""差异""融合""不确定性"来批判形而上学的"中心"、"同一"、"二元对立"和"确定性"，无形中又把前者变为新的"中心"和新的"逻各斯"话语。从后现代主义对形而上学的反对中，我们可以体会形而上学的诡异性，形而上学似乎成了哲学摆脱不掉的幽灵。

下面我们对以上五种反形而上学的路径进行总结。首先，它们为什么反对形而上学？总的看来，反形而上学的哲学家认为形而上学的错误在于"虚"和不容忍"异"。在辩证法和实践路径那里，形而上学或者是僵死的，或者是非现实的，或者二者兼而有之，要反对形而上学就要用"历史"和"实践"去批判和纠正之；实证主义和逻辑实证主义之所以反对形而上学，是因为它不是科学，它的理论不能被证实；实用主义反对形而上学的理由则是形而上学不能产生实效，不能引起有效行动或实践；诸如克尔凯郭尔、尼采这样的生命和实存（生存）哲学家则认为形而上学脱离了生命本身，是生命的退化，甚至是生命的敌人；后现代主义反对形而上学是因为形而上学包含着对个人自由实行专制与独裁的逻辑。形而上学不现实、不能证实、不实用、不实存、不自由。"不"代表着这五种路径对形而上学的态度。其中，前四种都在从不同方面突出"实"，以反对"虚"的形而上学，这很可能是现代性世俗化力量进一步张扬所致。后两种尤其突出"异"，以反对追求"同"的形而上学。它们"心中"的形而上学似乎有着不同的面相。在反对形而上学时，五种路径没有清晰的"交集"，它们的批判所对准的"靶子"是多元的，而且很可能其中一种路径又被他人当作形而上学来批判。但不管如何，它们几乎都在突出"实"（虽然其意义差别很大）的诉求，并努力维护"异"的权利。但是，用"实"纠正"虚"，用"异"抵制"同"，都有它们所反对的形而上学的影子。

其次，它们如何反对形而上学？这里的"如何"不仅是指方法，更重要的是指主观态度。辩证法和实践哲学的方法主要是带有否定性、历史性的辩证

① 转引自王治河《后现代哲学思潮研究》（增补本），北京大学出版社，2006，第50页。

法以及把经验实证与思辨结合在一起的批判方法，其对形而上学的态度是强烈的抵触和批判，形而上学似乎就是错误的同义词；实证主义和逻辑实证主义的方法包括语言分析以及证实方法，它对形而上学的态度是拒斥和厌恶，要急切地把形而上学驱逐出境；实用主义的方法主要是考察随后的行动，其对形而上学的态度也是批判的，但似乎没有那么强烈的憎恨和反感；部分生命和实存哲学家用非理性方法反对形而上学，其对形而上学的态度是强烈的不满；最终所有这些批判在后现代主义那里达到了高潮，后现代主义者几乎在所有方面都跟形而上学"唱反调"，在激愤地声讨了形而上学的滔天大罪之后，当场宣判了形而上学的死刑。五种反形而上学的路径从各自的立场和方法出发，几乎都对形而上学痛心疾首、大加挞伐。可是，仔细思考一下，有的坚持反形而上学立场的哲学家在主观态度上过于激烈，这可能会妨碍对形而上学进行更加深入、更为建设性的反思和批判，也可能重犯形而上学所犯的错误。

最后，反形而上学诸路径的走向如何？在西方，形而上学的主题（文化、意识）出现在西方马克思主义者那里，正如梅劳－庞蒂在评价卢卡奇突出贡献时所指出的："（卢卡奇）为意识，从而也为意识形态恢复了地位。"① 陈学明教授也指出："西方马克思主义理论家反对实证主义的经验主义原则和科学主义主张，是为了推崇理性和'形而上学'。他们强调指出，与实证主义的判断恰恰相反，'形而上学'比科学对实在的理解更深刻。"② 至少，在是否反形而上学上，东西方的马克思主义者有了分歧。在反形而上学方面，逻辑实证主义也从最初的坚决拒斥走向了无奈的认可。由于证实原则所面临的重重困难，逻辑实证主义者的理论立场不断软化：从绝对证实发展到证实的概率性，后来在约定性和相对性面前，宣称自身只起到劝告的作用，只是一种说话方式。再到最后不得不承认，形而上学也有存在的权利，没有必要取消形而上学。实用主义也经历了类似的发展过程。在早期实用主义者中，詹姆斯和杜威无疑都反对传统形而上学。皮尔士态度就比较模糊，他一方面反对传统形而上学，另一方面又说："（实用主义）不像实证主义那样喋喋不休地讥笑形而上学，而是

---

① 〔法〕莫里斯·梅洛－庞蒂：《辩证法的历险》（英文版），伦敦，1974，第44页；转引自陈学明《西方马克思主义教程》，高等教育出版社，2001，第5页。

② 陈学明：《西方马克思主义教程》，高等教育出版社，2001，第72页。

从其中提炼出能给予宇宙学和物理学以生机和光明的思想精髓；同时，这种学说在道德领域的运用也是积极的，有力的。"① 等到蒯因提出了"存在论承诺"思想，实用主义哲学中就有了更多的形而上学的身影。在生命和实存哲学中，虽然克尔凯郭尔和尼采都反对形而上学，但也有生命或实存哲学家把自己的哲学称为形而上学，如柏格森和海德格尔。在反对形而上学的时候，很多后现代主义哲学家也如德里达所指出的，在整个谈论过程中被他们宣称已经摆脱了的形而上学所吞噬。

在谈到"时间"的时候，奥古斯丁曾这样说："没有人问我，我倒清楚，有人问我，我想说明，便茫然不解了。"② 对于形而上学我们也不禁产生了类似的茫然，没有追问这个问题之前，我们认为形而上学很容易理解，反形而上学的努力也很正确。在追溯了反形而上学的发展脉络后，我们发现很多反形而上学的努力自身却悖论性地陷入了"再形而上学化"的泥潭中。而且，形而上学概念本身不是更加清晰了，而是更加模糊了。形而上学到底是什么？为什么它像一个挥之不去的幽灵？在回答这些问题之前，我们不妨再审视形而上学的坚守者，看看我们能否从中得到某种启示。

二 谁在坚持形而上学？

康德很早就注意到了人类在面对形而上学时的尴尬："人类精神一劳永逸地放弃形而上学研究，这是一种因噎废食的办法，这种办法是不能采取的。世界上无论什么时候都要有形而上学；不仅如此，每人，尤其是每个善于思考的人，都要有形而上学，而且由于缺乏一个公认的标准，每人都要随心所欲地塑造他自己类型的形而上学。至今被叫做形而上学的东西并不能满足任何一个善于思考的人的要求；然而完全放弃它又办不到。"③ 康德无疑反对注定会导致二律背反的自然的形而上学，但他还是认为形而上学是无法消除的，形而上学有存在的价值。但这种价值主要不是体现在具有相对性的、带有每个个人

---

① 参见赵敦华《现代西方哲学新编》，北京大学出版社，2001，第47页。
② 〔古罗马〕奥古斯丁：《忏悔录》，周士良译，商务印书馆，1994，第242页。
③ 〔德〕康德：《任何一种能够作为科学出现的未来形而上学导论》，庞景仁译，商务印书馆，1978，第163页。

海德格尔的形而上学思想探析

特质的形而上学上，而是表现于科学的形而上学上："形而上学不仅整个必须是科学，而且在它的每一部分上也都必须是科学，否则它就什么也不是。"① 但很遗憾的是，"形而上学直到现在还从未作为科学存在过"。② 于是，康德把希望寄托于未来：虽然科学的形而上学还没有成为现实，但我们不能否定其实现的可能性。是故，严谨的康德把自己的著作命名为《任何一种能够作为科学出现的未来形而上学导论》。如果说把形而上学实现的希望推到将来也算是坚持形而上学的话（这样的坚持在谨慎中略显悲观），那么康德以后"力挺"形而上学的主张则积极、乐观得多。大致上，后康德的形而上学也有五种路径：对德国古典哲学加以继承的形而上学、实用主义重新发现的形而上学、生命与过程的形而上学、现象学所复兴的形而上学、后现代哲学中的形而上学。

1. 对德国古典哲学加以继承的形而上学

在梯利看来，康德的后继者费希特、谢林和黑格尔没有像康德那样对形而上学感到不安。尤其在黑格尔那里，现象界与物自体之间的区分变得没有必要，宇宙的各个方面都被纳入了绝对精神演进的体系。并且他的体系一度在德国占据统治地位。但随着自然科学的胜利进军，黑格尔式的思辨形而上学日渐衰微。洛采、费希纳、哈特曼、冯特和包尔森都认为，没有经验就没有科学和哲学，任何形而上学的体系都没有绝对的确实性。③ 但德国古典哲学的影响依然强大，在德国以及德国以外的地方，都有黑格尔主义这样那样的复活，比如鲁道尔夫·奥伊肯建立起一个形而上学体系，他认为个人生命分享了宇宙生命，并在其中获得自己的个性，人靠直接领悟能把握独立而超然的世界："人心中要没有一无限的力量的活动，人的不断追求，自我活动的冲动，直接领悟和无限性，就不可思议。如果没有一个超验的世界，精神生活则将瓦解。"④

---

① 〔德〕康德：《任何一种能够作为科学出现的未来形而上学导论》，庞景仁译，商务印书馆，1978，第 168 页。

② 〔德〕康德：《任何一种能够作为科学出现的未来形而上学导论》，庞景仁译，商务印书馆，1978，第 165 页。

③ 〔美〕梯利著，伍德增补《西方哲学史》（增补修订版），葛力译，商务印书馆，1995，第 535～539 页。

④ 〔美〕梯利著，伍德增补《西方哲学史》（增补修订版），葛力译，商务印书馆，1995，第 548 页。

从中我们不难发现德国古典哲学的意向。随着《黑格尔的秘密》（斯特林著）一书在英国的出版，一大批深受德国古典哲学尤其是黑格尔哲学影响的思想家大量涌现，并在英国思想界居于领导地位。其中格林攻击休谟的经验主义、穆勒的快乐论等，力图用唯灵主义的形而上学来补充自然科学；布拉德雷认为形而上学研究终极真理，并把作为实在的自我协和的整体作为宇宙的本相。在美国也出现了黑格尔主义的声音，罗伊斯认为万事万物都由观念来解释，实在世界一定是一精神或一组精神。① 我们可以看出，对德国古典哲学加以继承的形而上学具有这样几个特质：一是整体性，它们大多强调个体身处其中的整体（精神和超验的世界）具有更为实在的地位；二是鲜明的唯理论特色，它们反对唯经验论，突出人观念地把握世界的优先地位；与此相连，三是主体性，诸如格林这样的形而上学家认为人是自己行动的主宰者，能够设想一种较好的情况，从而改变和干预将来。②

虽然受德国古典哲学影响的形而上学不居于当代哲学的主流，但仍有一批学者在执着地坚持，希望能纠正唯科学主义的偏差。在理查德·泰勒看来，形而上学是人的必不可少的需要，它使得我们作为有健全理智的人活着。并且形而上学给人的报酬是智慧，而不是无限的智慧和无敌的真理。③ 柯林伍德被学界称为新黑格尔主义者，他认为："对于形而上学的不满至少从康德开始就在哲学家中流行了。这部分地是形而上学家的错误，部分地是那些对此不满的人的错误。"④ 在他看来，形而上学是一门纯粹存在的科学，它研究的是预设。但预设不是绝对的预设，而是具有时代和族群特征的历史性的预设。形而上学的问题是历史问题，它的方法也是历史的方法。⑤ 柯林伍德把历史哲学与形而上学紧密地联系起来。

但是，我们不得不承认，在科学技术日益占据主流话语的时代，在逻辑经验主义在全球盛行的时代，继承德国古典哲学传统的形而上学往往引不起广泛

---

① 〔美〕梯利著，伍德增补《西方哲学史》（增补修订版），葛力译，商务印书馆，1995，第599～607页。
② 〔美〕梯利著，伍德增补《西方哲学史》（增补修订版），葛力译，商务印书馆，1995，第601页。
③ 〔美〕理查德·泰勒：《形而上学》，晓杉译，上海译文出版社，1984，第3页。
④ 〔英〕柯林伍德：《形而上学论》，宫睿译，北京大学出版社，2007，第47页。
⑤ 〔英〕柯林伍德：《形而上学论》，宫睿译，北京大学出版社，2007，第16、44、49页。

的关注。形而上学再次出现在西方哲学界的核心是在 20 世纪五六十年代，以蒯因和斯特劳森为代表的新实用主义者为形而上学在英美哲学界重新恢复了声誉。

2. 实用主义重新发现的形而上学

Michael J. Loux 和 Dean W. Zimmerman 认为，一般都把摩尔和罗素视为鲍桑葵和布拉德雷形而上学体系的反对者，但这一界定是不确切的，尤其是罗素和他们的学生维特根斯坦，其指向都是形而上学的，即为实在的存在论结构（the ontological structure of reality）提供整体的考量。但是，在二次大战前后，对于哲学家来说，把自己作为形而上学家至少是不时尚的。蒯因和斯特劳森对于形而上学重新"合法化"影响至深。蒯因走出了逻辑实证主义哲学，它的"存在论承诺"理论在学界广为传播。斯特劳森则关注我们在谈论和思考世界时所倚仗的概念图式的结构性特征（structural features of the conceptual scheme），他把自己的事业称为描述性的形而上学。经过包括蒯因和斯特劳森在内的哲学家们的努力，不说在英美出现了研究形而上学的热潮，至少传统的反形而上学立场已经出现了松动和软化。① 在《牛津形而上学手册》这本书中，Michael J. Loux 和 Dean W. Zimmerman 把形而上学研究分为八个主题，即普遍与特殊，生存与同一性，模态和可能世界，时间、时 - 空以及持续性，事件、原因和自然，人和意识的本质，意志自由，反实在论和模糊性。在《形而上学：古典的与当代的解读》一书中，Emaline A. 和 Erin H. Hoy 把形而上学的主题界定为五个方面：时间、同一性、意识、自由和认识的实在。② 形而上学在英美哲学界的重新崛起代表着哲学对科学主义的反思与制衡，以上两部著作几乎都把时间、意识、同一性、自由等不能被实证或者很难实证的东西作为主题。英美哲学有着强烈的经验论传统，那么形而上学在英美又是怎么发展起来的呢？这恐怕与实用主义的特殊性有关。

如上所述，实用主义是一种比较彻底的在后性的（posteriori）哲学，它也可以被称为注重效果以及影响的哲学。如果说彻底的唯理论与逻辑推导有关，

---

① Edited by Michael J. Loux and Dean W. Zimmerman, *The Oxford Handbook of Metaphysics*, Oxford and New York: Oxford University Press Inc., 2003, pp. 1 - 2.

② Edited by Emaline A. and Erin H. Hoy, *Metaphysics: Classic and Contemporary Readings*, Belmont, California: Wadsworth Publishing Company, 1991, pp. vii - ix.

如果说彻底的经验论与观察有关，那么实用主义则有把欧陆唯理论和英国经验论融合起来的禀赋。信念和行动之间互相影响之关系包括两个层次，一个层次是眼见为实，即信念得到经验的证实，从而信念得到强化。比如有人说他相信某种植物能治疗荨麻疹，如果这种信念引发的行动证明该植物能消除荨麻疹，那么这一信念就是具有有效影响的，从而是真的；另一个层次是信念本身就能促进更为成功的行动。比如，一个从小就自卑的人接受了心理暗示，医生告诉他，他被注入了神秘的灵力，于是在后来的生命中，这个昔日的自卑者变得乐观并充满生机。"被注入灵力"这个信念是无法被经验证实的，但它确实引起了更为饱满的生命活动。再如对上帝的信仰，人们很难用科学技术来证明上帝的存在或不存在，但对于信徒来说相信有上帝这一信念对其生活产生了积极的影响，他们会更加积极、仁慈和具有宽容精神。从实用主义哲学来看，后一层次的影响也是有效并且真实的。在早期实用主义者那里，经验论的影响或许更大一些，所以形而上学往往遭到他们的拒斥。但在实用主义后来的发展中，效果和影响的超越经验的一面开始发挥越来越重要的作用。与极端唯理论拒斥经验不同，实用主义在立足现实生命经验或体验的同时，也承认超经验的假设对于认识、行动以及生命的重要作用。我们可能永远都不能消除假设的存在。与其漠视和否定人类生命中的这一向度，不如积极地描述和界定它，以便让人的生命活动更为真实和丰富。这恐怕就是形而上学在实用主义那里获得生存空间的原因之一。当然，形而上学在美国获得生存空间的另一个重要原因是，很多欧洲哲学家在二战前后移居美国，他们为实用主义注入了新鲜的血液，从而为实用主义发生"变异"起到了一定的推动作用。

在20世纪五六十年代，提出古老的形而上学问题的哲学家往往小心翼翼，而到了80年代，研究形而上学的美国哲学家已经不满足于零零碎碎的形而上学研究，他们一般都同意蒯因的方法，并试图在 Roderick Chisholm、David Armstrong、David Lewis 等人研究的基础上建构全面的、系统的形而上学。① 此时，我们完全有理由说，形而上学在反形而上学氛围浓厚的英美分析哲学中寻找到了自己的位置，这恐怕是很多分析哲学的前辈学者所未曾料到的。

① Edited by Michael J. Loux and Dean W. Zimmerman, *The Oxford Handbook of Metaphysics*, Oxford and New York: Oxford University Press Inc., 2003, pp. 3-4.

3. 生命与过程的形而上学

在科学享有广泛盛誉的时候，对科学思想提出大胆质疑需要卓绝的智慧；在形而上学遭到猛烈抨击的时候，能够打起形而上学的旗号则需要超凡的勇气。柏格森和怀特海就是具有这等智慧和勇气的人。他们并不是要抛弃科学，而是指出科学的局限，以及形而上学能够对这种局限予以超越的可能性。

在柏格森看来，形而上学的对象是事物的发展过程——绵延，形而上学的方法是直觉方法，形而上学的目的就是进入创造进化的生命洪流之中。关于事物的发展过程，柏格森论述道："这是一种活生生的、从而也是运动着的永恒性，我们自己的特殊的绵延将包含在这种永恒性中，就像振动包含在光中一样；这种永恒性是一切绵延的集聚，就像物质性是它的扩散的集聚一样。……而这种运动正是形而上学的本质。"① 与科学所利用的分析方法相对，形而上学的方法有着自己的特殊性："如果有下面这样一种掌握实在的方法，那形而上学就是这种方法；这种方法绝对地掌握实在，而不是相对地认知实在，它使人置身于实在之内，而不是从外部的观点来观察实在，它借助于直觉，而非进行分析。简单地说，它不用任何表达、复制或者符号肖像来把握实在。因此，形而上学就是一门不用符号的科学。"② 这就是说，直觉能够进入所谓的实在，发现自身也是绵延并处于不断的运动中。而理智的方法往往截取活生生的运动过程的某一瞬间或者某一方面，绵延过程被忽视了。而且把绵延符号化实际上是科学所惯用的空间化的做法，它不适用于把握作为绵延的实在本身。

那么，形而上学的归宿何在呢？柏格森认为，形而上学必须敞开生命创造的可能性，让每个人从无明的习惯势力中抽身出来，以创造的心态与行动去面对和承接大化流行。因此"心灵必须违背自身，必须一反它平常在思想时所习惯的方向，必须不断地修正（或毋宁说改造）它所有的范畴。但是，如果这样做，它就会达到流动的概念，这些概念能够从实在的一切迂回曲折中去了解实在，能够朝向事物的内在生命的真实的运动。只有这样，才能建立起一种进步的哲学，这种哲学摆脱了不同学派之间的争论，从而能够很自

① 〔法〕柏格森：《形而上学导言》，刘放桐译，商务印书馆，1963，第29页。
② 〔法〕柏格森：《形而上学导言》，刘放桐译，商务印书馆，1963，第4页。

然地解决它们的问题，因为这种哲学会抛弃那些表达这些问题的生造的名词。因此，进行哲学思维，就是逆转思维活动的习惯的方向"。① 我们可以看出，在柏格森那里，生命具有冲动性，生命冲动是绵延和运动的本质。生命的活力在于不断创造，一切惰性的、妨碍生命创造的东西都是生命的敌人。形而上学要激发生命创造本身的活力，对本能与理智的自然倾向（惯性的或终究要走向惯性的倾向）施加相反的力量，以便在对抗中保持住生命的可能性与尊严。

　　除了作为逻辑学家、数学家和科学哲学家被载入史册外，怀特海还被视为形而上学家。怀特海认为，生命在自然界中的位置，是科学和哲学的重要问题。生命是一种生成，是一种过程，在生命的过程中实际存在物之间发生着各种联系，也就是"经验"。所以生命也可以被视为贯穿着主观主义的原则。怀特海这样描述自己的思想："实在事物的存在是由其'生成'所构成的。一种实际存在物受到另一种实际存在物之限制的那种方式，就是由那种实际存在物作为主体所享受的现实世界的'经验'。主观主义原则就是，整个宇宙是由主体的经验分析中所揭示的那些要素所组成的。过程就是经验的生成。"② 什么是实际存在物（actual entities）呢？怀特海认为实际存在物具有三重本性：第一，它被过去所限定；第二，它具有以其合生（concrescence）过程为目标的主观性；第三，它具有超主观性，这种超主观性对于其具体满足来说具有实用的价值，而这种具体满足制约着那种超越的创造性。③ 实际存在物与上帝相对，实际存在物的过去是确定的，其将来具有部分的不确定性，这需要主观创造的介入。但是，要去创造、要实现新颖性的需要本身不来自主观性，而来自上帝。这样，每一实际存在物既要创造自己，又要在上帝的影响下不断走出自己，上帝介入了每一实际存在物的生成过程。从来不存在科学所研究的单个的、孤立的事物，世界由现实存在物构成，现实存在物紧密联系在一起，构成了世界的生灭："世界的创造性进展就是那些共同构成严格的事实的事物之生

---

① 〔法〕柏格森：《形而上学导言》，刘放桐译，商务印书馆，1963，第31页。

② 〔英〕怀特海：《过程与实在：宇宙论研究》，杨富斌译，中国城市出版社，2003，第303页。

③ 〔英〕怀特海：《过程与实在：宇宙论研究》，杨富斌译，中国城市出版社，2003，第160页。

成、毁灭和客观永存。"① 与现实存在物相对的是永恒客体，它们是柏拉图意义上的理型。上帝则把现实存在物与永恒客体结合在一起，构成了世界的创造性进化。怀特海把世界等同于生命，把生命等同于实际存在物的创造以及经验，又把实际存在物的创造以及经验等同于过程。怀特海对过程又进行了区分：

> 过程有两种类型：宏观过程和微观过程。宏观过程是从已获得的现实性向获得之中的现实性的转化；而微观过程是各种条件的变化，这些条件纯粹是实在的，已进入确定的现实性之中。前一过程造成了从"现实的"到"纯粹实在的"转化；后一过程造成了从实在的到现实的增长。前一过程是直接生效的，后一过程是目的论的。未来是纯粹实在的，没有成为现实；而过去是由诸现实性所组成的一个联结。诸现实性是由它们的实在的发生状态所构成的。现实是目的论的过程的直接性，实在通过这种直接性而成为现实的。前一过程提供了那些实际上支配着获得的条件；而后一过程提供了现实地所获得的种种目的。"有机体"概念以双重方式同"过程"概念相结合。由种种现实事物构成的共同体是某种有机体。②

从宏观上说，整个过程指向将来，是未完成之物；从微观上看，任何一个过程都以完成为目的，并都以已经实现的其他存在物为条件或者根据。总之，每一种实际存在物本身只能被描述为一种有机过程，它在微观世界中重复着宏观世界中的宇宙。对于复杂的进化中的宇宙来说，形而上学具有特殊的地位："阐明'万物皆流'这一说法中所涉及的意义，是形而上学的主要任务之一。"③

从主题上看，柏格森和怀特海都关注形而上学，但由于他们知识背景的差

---

① 〔英〕怀特海：《过程与实在：宇宙论研究》，杨富斌译，中国城市出版社，2003，作者前言，第6页。

② 〔英〕怀特海：《过程与实在：宇宙论研究》，杨富斌译，中国城市出版社，2003，第391页。

③ 〔英〕怀特海：《过程与实在：宇宙论研究》，杨富斌译，中国城市出版社，2003，第380页。

异，二者的形而上学方案也有着很大差异。就影响而言，柏格森的形而上学在20世纪早期曾风靡世界，但后来就逐渐沉寂下来。怀特海的形而上学则直接启发了诸如格里芬这样的建设性后现代主义者，过程哲学现在依然活跃于国际哲学界。

4. 后现代哲学中的形而上学

在人类发展的早期，几乎有文明的地方都出现了精神崇拜和在此基础上的精神原则，如宗教信仰、正义追求、道德准则、对美好将来的向往等。在物质绝对匮乏的年代，这些精神原则给苦难的人类带来了希望和安慰。在韦伯所言的合理化的现代化的冲击下，精神因无法实证化和数量化而遭到质疑，精神原则被纯粹的物质原则（实证原则）所取代，西方人传统的精神载体——上帝——已经被宣布死亡。于是实证的原则成了一种霸权话语，现在西方社会也基本上是按照这种原则来理解人，谁谈论精神就会被贴上有神论、形而上学的标签。丹尼尔·贝尔的"资本主义文化矛盾"、哈贝马斯的"生活世界殖民化"，就是在精神被宣布为"非法"、精神被"祛魅"的情况下，人们生活中出现的精神空虚、价值失落现象的表现。于是在西方，"整个西方社会弥漫着困惑与不满，家庭中如此，工作场所也是如此。在日常行为和我们的人生目标之间完全缺乏必要的联系。并非个别的现象是，越来越多的人变得无法忍受经常性的恐慌感和不满"。[①]

在这种情况下，部分建设性后现代主义者又把希望寄托在精神以及形而上学上，哈曼提出的"第三种形而上学"也产生了一定的影响：

　　"第三种形而上学"这一术语是建设性后现代主义思想家、美国纯理性研究学院院长威廉斯·W. 哈曼在《后现代异端：作为原因的意识》一文中所提出来的（本文的标题便来源于此）。哈曼认为，有三种形而上学选择可以作为我们世界观的基础，为清楚起见，我们对之作一简要解释。

　　第一种选择：唯物主义一元论（物产生心）。主张宇宙的基本构成是物质——能量。不管意识为何物，当进化发展至足够程度，它就会从物质

---

① 〔美〕大卫·施沃伦：《财富准则——自觉资本主义时代的企业模式》，王治河译，社会科学文献出版社，2001，第5页。

（即大脑）中产生，我们对意识的认识都必须从根本上与我们研究大脑所得到的知识相一致。

第二种选择：二元论（或准二元论）。认为宇宙有两种基本构成，一是物质——能量方面，二是心——精神方面，两者在本体论上属于不同的类型。

第三种选择：先验一元论（心产生物）。宇宙的基本构成是心或意识，在宇宙的心中，物质能量世界如同梦幻一般。一句话，意识是世界的真正本质。①

哈曼等人之所以要提出第三种形而上学，原因是他们非常迫切地想超越现代性，并转换关于世界基础的假设。在他们看来，第一种和第二种形而上学都是现代性的，必须走向第三种形而上学。第三种形而上学与人类的古老智慧相一致，它其实就是格里芬等后现代哲学家所推崇的万有经验论。② 万有经验论也可以被称为"泛灵论"，持有这种观点的人认为万物皆具有进行创造性影响的某种力量。建设性后现代哲学在上述万有经验论的基础上，逻辑地推出了"有神论"，但这种"有神论"和传统的基础主义神学和现代自由主义神学是根本不同的，格里芬称之为"自然主义有神论"。哈茨霍恩则说："哲学神学的基本任务是通过合作去发现我们普通人类思想的最底层究竟是什么？"这种替代"先验的"和"非经验主义"的方法被格里芬称为"深奥的经验论"（deep empiricism），因为它在每一经验的深处，在飞逝的表面性下面寻求那些普遍的特征。③

总的看来，后现代主义哲学中的形而上学主张试图走出西方现代哲学的框架，甚至从东方神秘的智慧中寻求帮助。与大多数后现代主义者不同的是，这种形而上学的突出特点是强烈的综合性和现实感，以及谋求人与人、人与自然的和谐。他们也不拒斥科学和理性，他们的基本诉求是多元融合和鼓励创造。如果说现代性包含着"祛魅"的旨向，那么后现代主义哲学中的形而上学无

---

① 吴伟赋：《论第三种形而上学——建设性后现代主义研究》，学林出版社，2002，第100页。

② 吴伟赋：《论第三种形而上学——建设性后现代主义研究》，学林出版社，2002，第101页。

③ 吴伟赋：《论第三种形而上学——建设性后现代主义研究》，学林出版社，2002，第120、130～131页。

疑具有"返魅"的意愿。因此，后现代主义的形而上学中有着浓重的神秘性，它的一些断言也缺乏充分的根据。不过，它在克服二元对立思维方式方面所表现出的积极探索的态度和开放的胸怀倒是值得我们赞赏的。

还有很多试图复兴和坚持形而上学的哲学家，限于篇幅我们就不一一列举了。通过上述分析我们可以看出，坚持形而上学的主要策略有四种。一是继承赫拉克利特的传统，从整体、流变、过程的角度理解和发展形而上学，受到德国古典哲学影响的英美形而上学、怀特海的过程哲学、后现代哲学中的形而上学或多或少都体现出这一特征；二是从知识走向生命，试图在这一新领域中体现形而上学的超越性以及自由自觉性，柏格森的生命哲学、海德格尔的此在形而上学就是这种努力的表现；三是从前提反思与追问的角度理解形而上学，这表现为实用主义背景中的形而上学主张；四是从植根于意向性活动的人的超越活动角度重新理解形而上学，舍勒、海德格尔等形而上学家无疑就是这种策略的实行者。就影响力而言，后三种策略在西方哲学界受到的关注更大一些。其中，实用主义的形而上学导致科学哲学以及语用学语言分析哲学的进一步昌明，生命形而上学与现象学方法合流产生了舍勒的价值哲学、海德格尔的基础存在论以及萨特等人的存在主义等理论成果。

或许很多哲学家并不把存在主义当作形而上学，存在主义只是不去追求成为最高原理、最终原因等知识论意义上的形而上学，但它有着明显的超越日常、超越惯性存在的倾向。要知道，形而上学（τα μετα τα φυσικα）本身就意味着对自然之物的反思和超越，如果我们不把自然局限在自然界上，而是把τα φυσικα 理解为自然而然形成的认识、习惯，那么存在主义就是从知识和习惯这种自然超越到体现着自由自觉性的生存。所以存在主义也有一定的形而上学性。

实用主义作为前提反思的形而上学与生命形而上学是西方哲学界坚持形而上学的主力军，它们对于形而上学在当代的发展具有至为重要的意义。同时，后形而上学的声音也不能被忽视，它也是面对形而上学的一种值得尊重的选择和反应。

三　何为后形而上学？

从 20 世纪中叶起，"后……"成为东西方学界的一件盛事，各种"后……

主义"纷至沓来：后现代主义、后结构主义、后殖民主义、后工业社会、后马克思主义、后哲学、后实用主义……甚至在日常生活中，"80后""90后"等也成为国人熟悉的词汇。后（post），反映了当代人对自己历史地位的反思意识，也反映了当代人面对当今错综复杂的局面试图做出新选择的超越意向。一般说来，"后"有如下几种意思：一是时间上在……之后，如后工业社会、后殖民主义、"80后"、"90后"等，当然后工业社会、后殖民主义并不完全是时间意义上的"在……之后"，它们也有否定、批判和超越此前阶段的意思；二是指彻底否定和批判，如很多后现代主义者对现代性的态度；三是指扬弃和吸收中的超越，如一些后马克思主义者、后实用主义者所表现出的意向。在形而上学领域，除了坚持形而上学和反对形而上学的主张之外，还有后形而上学的主张。如果我们严格按照时间的顺序来理解后形而上学这个词，那么亚里士多德和安德罗尼柯之后的哲学都是后形而上学。如果形而上学指的是西方思想史上相对稳定的一种思维路径，如果这种思维路径强调寻找稳定的基础、谋求超越感性以达至秩序与和谐、主张合乎逻辑地进行表达，那么后形而上学就是指出这种思维路径的局限性，并努力超越之。

后形而上学者非常清楚，历史上的从柏拉图到黑格尔的形而上学主张都建立在某种主体和意识神话的基础上，但在当代这种神话破产了，变得无以为继了。同时，反形而上学又很容易落入形而上学的窠臼。"对着干""你说东我就说西"可说是反形而上学的策略，但是多、差异、边缘、他者无形中又成为绝对的东西，反形而上学又带有了明显的形而上学性。

在这种情况下，后形而上学出场了。后形而上学对形而上学既不坚持，也不激烈反对。如哈贝马斯对亨利希复兴形而上学的主张虽然判定其为"漫无边际"和"毫无意义"，但还是"本着友好的态度，怀着敬重和仰慕"。① 在哈贝马斯看来，哲学还应存在，但要作为后形而上学存在，即"它只能发挥批判力量，因为它已再不拥有一种关于好的生活的肯定理论。形而上学之后，具体的生活世界只是作为背景而存在，其非对象性的整体性避免了被理论作为对象加以把握"。② 谈到形而上学的时候，罗蒂也表达了这样的

---

① 〔德〕哈贝马斯：《后形而上学思想》，曹卫东等译，译林出版社，2001，第10、25页。

② 〔德〕哈贝马斯：《后形而上学思想》，曹卫东等译，译林出版社，2001，第49页。

观点：

> 被发现之物与被发明之物之间的区分是绝对之物和相对之物之间的区
> 分的翻版，是其本质脱离于与他物联系之物和其本质依赖于与他物联系之
> 物之间的区分的翻版。在数世纪的演进中，这个区分对于德里达称作
> "在场的形而上学"一直是至关重要的。那个形而上学是对于"超越游戏
> 所触及之界限的充分在场"的探索，是对理性无法触及的某种绝对的探
> 索。所以假如我们希望放弃那种形而上学，我们就必须停止区分绝对之物
> 和相对之物的工作。①

罗蒂赞成放弃在场的形而上学，但他又认为后现代主义者对形而上学的反
对是似是而非的，他们"不可能性""不可呈现性"的修辞学不仅弄巧成拙，
而且使得自己获得了不好的名声。② 在罗蒂看来，后形而上学不以否定和摧毁
为鹄的，而是主张用希望取代知识，"开辟出成为新人类的新途径的需要，创
造出这些新人类居住的新天堂、新地球的需要，优先于对稳定、安全和秩序的
愿望"。③ 与有些后现代主义者的为解构而解构不同，罗蒂的后形而上学体现
出较强的建设性和责任感。

韦尔默也提出了自己的后形而上学思想，他一方面承认形而上学处于没落
时期，另一方面又主张与形而上学团结一致：

> 不但要把意义的概念，而且要把真理的概念、推论辩护的概念、合理
> 性的概念从形而上学的束缚中解放出来，后者仅仅为我们提供了基础主义
> 与相对主义之间、理性主义与非理性主义之间、终极基础与根本没有基础
> 之间的一种二元选择。很容易表明，这正是阿多诺和哈贝马斯哲学中的某

---

① 〔美〕理查德·罗蒂：《后形而上学希望——新实用主义社会、政治和法律哲学》，黄勇编、
张国清译，上海译文出版社，2003，第96～97页。
② 〔美〕理查德·罗蒂：《后形而上学希望——新实用主义社会、政治和法律哲学》，黄勇编、
张国清译，上海译文出版社，2003，第135页。
③ 〔美〕理查德·罗蒂：《后形而上学希望——新实用主义社会、政治和法律哲学》，黄勇编、
张国清译，上海译文出版社，2003，第76页。

种根本冲动的目标。为这种冲动进行辩护，就意味着捍卫形而上学终结的这样一种观念，它并不是要抛弃理性和现代性，而是意味着理性和现代性的批判的自我肯定。也许这才堪称是与处于没落时刻的形而上学的团结一致。①

韦尔默认同理性和现代性的理想，但一直为二者提供基础的形而上学本身已经出现严重问题，所以要构建后形而上学的现代性，即走出西方中心主义的现代性理想，主张现代性有着多元的实现路径，把现代世界中的民主构想为有待于具体的人民在他们置身的特定历史情境中历久弥新地"创制"和改善的一种谋划。② 在构建后形而上学现代性时，对形而上学曾经起到的作用也要有同情式理解，不能一棍子打死。因此，即使形而上学已经处于没落时期，后形而上学也要尽力与其保持团结一致，以便扩大和完善现代性伟大事业的基础。

后形而上学家不赞成形而上学，但也不赞成反形而上学诸家的做法。这固然说明他们的理性与冷静，但随之而来的是他们理论中是否有形而上学因素的疑问。我们认为，后形而上学主张也不能说完全与形而上学没有干系，如哈贝马斯倚重的"生活世界"又成了一种基础，虽然并非形而上学意义上的基础；罗蒂对于新地球、新天堂所持的乌托邦理想也很难说没有一点形而上学的影子；韦尔默对道德普遍主义、民主的世界秩序、现代世界中的普遍人权的承诺③也显示出与形而上学的关联。但无论如何，后形而上学思想的主旨是既可以避免传统形而上学的"理性陷阱"，又可以保有启蒙理性的批判锋芒。后形而上学者的社会责任感和承接西方传统的良苦用心我们应该能体会到，但形而上学是否就如他们所言的已经瓦解和没落？形而上学是否没有了重生的可能性？后现代主义、后形而上学等"后……"本身不就继承着"物理学之后"

① 〔德〕阿尔布莱希特·韦尔默：《后形而上学现代性》，应奇、罗亚玲编译，上海译文出版社，2007，第 320 页。

② 参见〔德〕阿尔布莱希特·韦尔默《后形而上学现代性》，应奇、罗亚玲编译，上海译文出版社，2007，作者序，第 2 页。

③ 参见〔德〕阿尔布莱希特·韦尔默《后形而上学现代性》，应奇、罗亚玲编译，上海译文出版社，2007，作者序，第 2 页。

（τα μετα τα φυσικα）的"在……之后"（μετα）的思维指向吗？如此看来，后形而上学甚至后现代主义不也是形而上学的特殊表现方式吗？

我们看到，康德之后，形而上学依然是一个充满吊诡的游戏场，依然是无休无止的争吵的战场。很多哲学家把形而上学当作攻击的靶子，然而那些反对形而上学的哲学家往往又被后人冠以形而上学家的名号，如黑格尔用辩证法反对形而上学思维方式，但他又被视为形而上学的集大成者；马克思反对只是"解释世界"的形而上学，但哈贝马斯却毫不客气地说马克思的思想也是一种形而上学；尼采用强力意志重估一切价值，用酒神精神反对形而上学，他甚至宣称"上帝死了"，但其后学海德格尔断言尼采是"西方最后一个形而上学家"；"拆构"了西方形而上学的海德格尔也未能幸免，这顶刚刚送出去的帽子又被另外一个后学德里达戴回到他自己的头上；德里达则声称要反对形而上学就必须使用形而上学的概念，换言之就必须使自己哪怕暂时成为形而上学……

那些坚持形而上学的哲学家又如何呢？在英美，很多形而上学家执着地谈论时间、自由、因果性等主题，我们不能否认其治学的严谨和对形而上学的坚守，但他们的理论很难对丰富多彩的社会现实产生太大的影响。已经渐渐走向沉寂的柏格森生命哲学不用多说，即便是依然活跃的过程哲学和建设性后现代主义的新形而上学，也经常被指责为"宏大叙事"和过于神秘化。海德格尔倒是提出了此在形而上学的观念，但这种哲学与纳粹的意识形态产生了很多纠葛。

总之，反形而上学容易"再形而上学化"，人们对坚持形而上学的做法毁誉参半，后形而上学也难脱与形而上学的联系。我们不禁要问，应该如何理解和界定歧见纷呈的形而上学？形而上学何为？

四　形而上学何为？

τα μετα τα φυσικα 一词在亚里士多德的时代并未出现，公元前 60 年安德罗尼柯（Andronicos）在编撰亚里士多德遗著时，先将关于自然的可感觉运动变化事物的著作编在一起，命名为τα φυσικα，而把现在所谓《形而上学》的各篇章放在τα φυσικα 之后，并集合在一部书内，取名为τα μετα τα φυσικα。

τα μετα τα φυσικα 的拉丁文对应词为 Metaphysica，英文对应词为 metaphysics，德文为 die Metaphysik，法文是 metaphysique。对 τα μετα τα φυσικα 有很多种理解，流传最广的一种理解是：τα φυσικα 的对象通过"感"而知之，而 τα μετα τα φυσικα 的对象则只能"思"而知之。东方学者遂根据《易传·系辞》中"形而上者谓之道，形而下者谓之器"一语，把它译作"形而上学"。

τα φυσικα 与 τα μετα τα φυσικα 之间的博弈反映了存在于西方的二元对立倾向。为了弄清"形而上学"的含义，我们需要关注 μετα 和 φυσικα 两个关键词，对二者的不同理解，将组合出不同的"形而上学"。事实上，这也正是形而上学纷争不断，以及让人有扑朔迷离之感的重要原因。

τα φυσικα 是中性单数名词 το φυσικον 第一格与第四格的复数形式，直译为"（论）诸自然物"。亚里士多德论述自然物的课堂讲稿被命名为《物理学》（论自然），亚里士多德对自然的定义是："自然就应当是在自身中具有运动本原的事物的形状和形式，这些形状和形式除了在理性上外，不与事物相分离。"① 他还认为，人的形式是自然，自然也被说成是生成。② 物理学所面对的对象是运动着的事物，用感观可以把握，它包括地上的物体和空中的天体。在亚里士多德看来，人工制品不是靠着自己的运动而成形的，人工制品属于创制（τεχνη）的领域。而像动植物的生长和繁殖、物体的位移、天体的运动、无生命的元素等，都属于自然物。物理学研究因为自身而运动着的自然物之中的形状和形式，换言之，物理学研究自然物运动的本质和形式（φυσις, nature）。

μετα 是个介词，当它与第二格相连的时候，其意思是"和……在一起（with），和……一道（in company with）"；当它与第四格相连的时候，意思就是"在……背后（behind），在……后面（after）"。在复合语中，它分有着在……里面、同……一起、时间上后于、追随、从一个地方转到另一个地方等意思。③

① 〔古希腊〕亚里士多德：《物理学》，徐开来译，见苗力田主编《亚里士多德全集》第二卷，中国人民大学出版社，1991，第33页。
② 〔古希腊〕亚里士多德：《物理学》，徐开来译，见苗力田主编《亚里士多德全集》第二卷，中国人民大学出版社，1991，第33页。
③ Francis H. Fobes, *Philosophical Greek: an Introduction*, Chicago: the University of Chicago Press, 1957, p. 24.

μετα的意思比较复杂，但安德罗尼柯采用τα μετα τα φυσικα 一词的用意却在于指称亚里士多德讲稿中"后于"和"超出"自然领域的那一部分，它超出经验领域而到达靠思辨把握的普遍和神圣的领域。于是这就产生了形而上学的第一种含义：如果说τα φυσικα 研究自然物的自然性，那么τα μετα τα φυσικα 则关注永恒、不动和可分离的对象的超自然性，或者说τα μετα τα φυσικα 指向了"非自然"。

对于这些对象，亚里士多德论述道："很显然认识它们的应该是思辨科学，而不是物理学（物理学是关于某些运动着的东西的），也不是数学，而是先于两者的科学。物理学所研究的是可分离的但并不是不运动的东西，某些数学研究不运动，却也不能分离存在而且在质料中的东西，只有第一哲学才研究既不运动又可分离的东西。"① 从亚里士多德的这段话中我们可以看出，物理学所研究的对象是运动而可分离的，第一哲学的对象则既不运动又可分离。对象的不运动，说明第一哲学的对象不是具体的、时空中的对象，而是抽象、普遍的对象；对象的可分离，说明第一哲学的对象能够被区分，并能够借助逻辑来描述。亚里士多德把这门思辨科学称为第一哲学和神学，并认为普遍就是第一性，它的研究对象包括作为存在的存在、是什么以及存在的东西的属性。② 所谓作为存在的存在（ον η ον），其意思是"存在者之为存在者"或"存在着之为存在着"。ον 是系动词 ειναι 的现在分词中性形式，基本相当于英文的 being，其意思是"存在着"，可以引申为"存在着的（存在者）"。ον η ον 其实是在追问所有被称为"存在着"的东西之所以存在的基础。"是什么"是存在者与其他存在者区别开来的本质，存在的东西的属性则是存在者的诸种性质中区别于实体的性质。简言之，"作为存在的存在"关注存在者的"何以如此"，侧重于对存在者进行动态和历时态的分析；"是什么"主要研究存在者稳定的本质，侧重于静态和共时态分析；而存在的东西的属性则主要研究存在者的偶性。

还有一点需要注意，在亚里士多德那里，第一哲学（προτη φιλοσοφια）

---

① 〔古希腊〕亚里士多德：《形而上学》，苗力田译，见苗力田主编《亚里士多德全集》第七卷，中国人民大学出版社，1993，第 146~147 页。

② 〔古希腊〕亚里士多德：《形而上学》，苗力田译，见苗力田主编《亚里士多德全集》第七卷，中国人民大学出版社，1993，第 147 页。

"先于"物理学以及数学，不仅在重要性上超过后二者，而且也是后二者的基础；而安德罗尼柯的τα μετα τα φυσικα一词却突出了形而上学的"在后性"，突出了对物理学的反思和超越。不管是在先还是在后，亚里士多德和安德罗尼柯都分有着一个共同的认识，那就是通过与物理学的比较，把思辨科学的重要性和神圣性凸显出来。

我们可以说，τα μετα τα φυσικα表现为对"自然"这个领域的态度以及随之而来的行为。如果说亚里士多德对"自然"的态度尚属比较中性的话，后来的很多哲学家对"自然"的态度只能用"贬抑"来形容了。在他们看来，"自然"意味着意见、常识、尘世、偏见和感性的领域，而作为"自然之后"的形而上学则通过超越自然，从而达到了"知识"、"天国"、"真理"和理性的世界。我们在奥古斯丁、笛卡尔甚至柏格森等哲学家那里可以看到这种类型的形而上学，这种形而上学表现出对自然的拒斥和超越。当然，我们要注意，柏格森形而上学也超越自然，但这里的"自然"指的是"习惯成自然"意义上的"自然"，因此形而上学就不是超越到知识与理性处，而是要超越到直觉的、创造的、更具有自由自觉性的生命境界。

如果对"自然"持有肯定和赞赏的态度，同时又不认同诸如经验论、实证主义等反形而上学的主张，那么就会产生形而上学的第二种含义。这时，形而上学就不是超越自然的"自然之后"，而是返回自然。海德格尔在《形而上学导论》中着重阐发了此种意义的形而上学：

> 按照我们对φυσις这个词的解释，这个词意味着在者之在。假如问的是περι φυσεως，是关于在者之在，那么对自然（physis）——古意上的物理学（Physik）——的讨论，本身就已经超出诸自然物（τα φυσικα），超出存在者，而超越到了存在。物理学（Physik）一开始就决定了形而上学的本质和历史。同样在把存在作为actus purus（托马斯·阿奎那），把存在作为绝对概念（黑格尔），把存在作为同一意志的永恒回归（尼采）的种种主张中，形而上学依然一直作为"物理学"（Physik）而存在。①

---

① Heidegger, *Einfuehrung in die Metaphysik*, Sechste Auflage（Tuebingen：Max Niemeyer Verlag GmbH & Co. KG），1998, S. 14.

在海德格尔看来，形而上学也是超越，是对存在者的超越，不过这种超越在"自然"中就完成了。自然不是无生命物、植物和动物构成的领域，而是通过自由计划和安排而进入在者整体，从而进入既绽开又持留的强力中。但是西方人对这种意义上的自然已经遗忘了，因此要重新回到自然，因为那里存在人以及民族的精神上的根据。相对而言，学界更熟悉"超越自然"意义上的形而上学，对"返回自然"意义上的形而上学则较为陌生。

我们还可以从形而上学的诸种表现形式来理解形而上学，形而上学有着最高层次的原理、反思与怀疑、前提追问和生命转变等形式。

如果把 meta 理解为"超越"，那形而上学就是"大全之学"，它主要是指对诸门学科的超越、归纳和总结，是最普遍、最真实的知识。在这种形式的形而上学看来，具体学科都只研究世界的某个或某几个部分，不足以揭示世界的全貌。海德格尔曾经援引了 A. G. Baumgarten 对形而上学的定义："形而上学是包含人类知识第一原理的科学（Metaphysica est scientia prima cognitionis humanae principia continens）。"① 在 Baumgarten 看来："存在论、宇宙论、心理学和自然神论指向了形而上学（Ad metaphysicam referunter ontologia, cosmologia, psychologia et theologia naturalis）。"② Baumgarten 所理解的形而上学观就是"大全之学"意义上的形而上学。

如果把 meta 解为"在……之后"，那么形而上学就是"反思之学"。相比较动物而言，人的行为常常表现出迟滞的特征，人对世界的反应（response）是谋而后定。不特如此，人还对自己的思想本身进行思考，这也就是冯友兰先生所谓的"思想思想"。人不仅思考对象，人还思考人与对象的关系，人还能对人与对象的关系本身进行思考，人还能对思考关系本身这个本身进行思考，这逐渐深入的"在……之后"体现出形而上学追本求源的特点，海德格尔就曾说过："在存在论原野上，一切'源出'都是降格。"③ 形而上学动人心魄

① A. G. Baumgarten, *Metaphysica*, Ed. Ⅱ. 1743, §1. 引自 Heidegger: *Kant und das Problem der Metaphysik*, Band 3 der Gesamtausgabe（Frankfurt am Main: Vittorio Klostermann GmbH），1991. S. 5。

② A. G. Baumgarten, *Metaphysica*, Ed. Ⅱ. 1743, §2. 引自 Heidegger: *Kant und das Problem der Metaphysik*, Band 3 der Gesamtausgabe（Frankfurt am Main: Vittorio Klostermann GmbH），1991. S. 5。

③ 〔德〕海德格尔：《存在与时间》，陈嘉映等译，三联书店，1999，第 381 页。

的地方就在于它的彻底性。后现代主义自以为能够通过"解构"和否定来宣布形而上学的终结，殊不知它不能对解构进行解构，而且解构和否定正好体现形而上学的本质特征。我们在上文说后形而上学某种意义上还是形而上学，其实作为"现代主义之后"的后现代主义又何尝不是形而上学的另一种表现形式？后现代主义一方面还是"主义"，另一方面它更鲜明、更集中地体现出它所批判的形而上学所具有的反思与批判的本色。

如果把 meta 当作"元"，那么形而上学就是"前提追问之学"，它研究诸具体学科无力解答的基础问题和基本问题。这样的形而上学主要追问各门学科的前提和基础，在这个意义上，所有学科都会有自己的形而上学部分。此时，形而上学被称为"元……学"，如元物理学、元历史学、元经济学，等等。

如果把 meta 理解为"翻转"，那么形而上学就是"翻转之学"。在《形而上学的基本概念》中，海德格尔对形而上学做了这样的界定：

> τα μετα τα φυσικα 现在就不再意味着关于物理学之后的教导，而是事关这样一种关联，即自身转离诸自然物（den φυσικα）以及自身趋向别的在者，转向一般在者以及转向那本真的在者。这种翻转（Umwendung）在本真的哲学中发生。第一哲学（προτη φιλοσοφια）就是这种意义上的形而上学。①

形而上学不是物理学之后的更高原理，而是意味着一种翻转，即从诸存在物处转离，而转向在者整体和本真的在者，这其实就是《形而上学导论》中所言的"自然"。翻转也就是返回，形而上学就不再是一味地超越感性（uebersinnlich）。海德格尔认为，很多西方哲学家已经遗忘了自然、脱离了自然，他们所做的就是不断地重新表象（vorstellen, represent），并把加工后的东西（概念的或数字的东西）视为世界的实相。相反，世界的本来面目不在这样的表象中，而在表象之前、在自然中。在那里，世界初次生成为它本来的样

---

① Heidegger：*Die Grundbegriffe der Metaphysik*：*Welt-Endlichkeit-Einsamkeit*，Band 29/30 der Gesamtausgabe（Frankfurt am Main：Vittorio Klostermann GmbH），1983，S. 59.

子，本真的此在在虚无和可能性中撑开了一个世界。在这个在者整体中，万物得以是其所是。

通过以上分析，我们看到，形而上学大体表现为"大全之学"、"反思之学"、"前提追问之学"以及"翻转之学"。在西方哲学的历史上，人们长期把"大全之学"视为形而上学的不二选择。"大全之学"致力于从特殊对象超越为普遍对象，以及从局部的层次超越到整体的高度。更为重要的是，"大全之学"贯穿着必然性的思维，保证必然性的要么是形式逻辑，要么是辩证逻辑。如果把特殊对象和局部领域的研究与人的有限性联系在一起，那么作为"大全之学"的形而上学就是对人的有限性的克服和超升。从这个角度看，"大全之学"体现了哲学家追求永恒和无限的雄心壮志，也难怪一代代哲学家会选择投身到构建形而上学体系的大军中去。然而事与愿违，作为"大全之学"的形而上学不仅陷入了为科学所鄙视的争吵与混乱，自己也逐渐失去了科学之王的称号。时至今日，一提起"形而上学"，受过严谨的科学训练的学者还不免皱眉侧目，唯恐避之不及。正如康德所正确地指出的，出现这种情况的原因在于"大全之学"妄想脱离经验而建立空中楼阁式的体系，然而这空中楼阁的构建形式和原则又恰恰仅适用于经验领域。于是，"大全之学"就会陷入"二律背反"，就会矛盾百出、徒惹厌恶。我们应该承认，"大全之学"虽志存高远，但这条探索之路基本上是条死路，它的消极意义（展现人类某种思维方式失败的惨痛教训）远大于积极意义。再加上出于特定历史原因，在一些国家"形而上学"是主流意识形态所集中批判的靶子，所以世界各地不约而同地掀起反对和抵制形而上学的浪潮，这跟"大全之学"的一度流行以及颇具戏剧性的失败有着很强的关联。

笔者认为，虽然作为"大全之学"的形而上学已经基本失去了生命力，但作为"反思之学"、"前提追问之学"以及"翻转之学"的形而上学依然具有勃勃生机。对"大全之学"展开质疑和批评的做法正体现着"反思之学"的"在……之后"的精神。"在……之后"并不是追随和仿效，而是如密涅发（罗马的智慧女神）的到黄昏才起飞的猫头鹰那样，有着更为独立而清醒的反思意识。在 John F. Post 看来，形而上学不仅需要反思精神，它甚至还需要一些自嘲意识："形而上学家因此需要带着一种讥讽的感觉来看待自己的事业，而这种自嘲的感觉来自认识到自己的假定可以是多么的脆弱。"① 某种程度上，西方文化之所以依然枝繁叶茂、精进不已，作为"反思之学"的形而上学功莫大焉。

从休谟和康德开始，对科学的形而上学基础进行追问的传统逐渐得到发扬光大，作为"前提追问之学"的形而上学代有传人。形而上学的所长不是向"上"发展以形成最完满的体系，而是向"下"深挖以确定科学的根基是否牢固。形而上学的这条"下行"路线不仅适应了近代以来世俗化的需求，也为形而上学的发展提供了作为严格科学的现象学（胡塞尔）、科学哲学、语言分析哲学中的"描述的形而上学"等新形式。甚至在历史哲学中也出现了这种认识，如柯林伍德就曾从前提追问的角度来界定形而上学："形而上学是关于某一历史事实的，即绝对预设。"②

作为"翻转之学"的形而上学属于生命哲学的范畴。相对而言，它还不太为人所周知。其实，基督教中的"皈依"（conversion）一词就有"翻转"之义。圣徒保罗（原名扫罗）曾参与了迫害基督门徒的行动，但当他在行路时，他被天上的光四面照着，并仆倒在地。随后他发生了巨大的转变，不仅虔诚地相信基督及其宣讲的福音，还通过积极的传道扩大了基督的影响。③ 奥古斯丁的人生翻转也向我们讲述了类似的故事，起先他相信异教，到人生的某一时刻他转向了上帝，他的生命也发生了重大改变。在"翻转之学"看来，每一个人都生活于或曾经生活于或再度生活于无明、罪恶、惯性和自发的生命状态中，这时其生命需要转向智慧、善良、自由和自觉的状态。其实佛教中的"转识成智""众生即佛陀"就意味着生命从身不由己转向自由自觉的过程。由于近代以来的形而上学长期浸淫在知识论中，所以作为"翻转之学"的形而上学没有得到充分的发展。克尔凯郭尔、叔本华、尼采、柏格森、海德格尔以及雅斯贝尔斯等人其实都在致力于生命哲学的研究，虽然精粗有别、路径各异，但在促进生命转变上，他们都有着相同的旨趣。不过，柏格森和海德格尔更为明确地把这种致力于生命"翻转"的哲学称为形而上学。

① John F. Post: *Metaphysics*: *A Contemporary Introduction* (New York: Paragon House), 1991, p. 2.
② 〔英〕柯林伍德：《形而上学论》，宫睿译，北京大学出版社，2007，第49页。
③ 参见《新约全书·使徒行传》第8章以及第9章。

　　下面，我们谈一谈τα μετα τα φυσικα的中文翻译问题。很多学者都把中文"形而上学"视为对τα μετα τα φυσικα的准确翻译。① 但是，在仔细追问之下，我们发觉"形而上"的含义并不明确，至少自古它就有着不同的解读方式。根据马振彪先生的梳理，张载先生把"乾"和"坤"看成万物都遵循的道，其余各卦都是乾坤的变化和应用，因而是器。同张载先生一样，刘沅把乾坤视为万物都遵循的理，但他又认为，在体现理的各种有形中，上焉精微者为道，下焉粗浅者为器。姚配中把形而上解释为在天的象，把形而下解释为在地成形的器。马其昶说，"形上"指四象，法天道之阴阳；形下谓卦画，法地道之柔刚。② 朱熹曾说："形而上者无形无影，是此理；形而下者有情有状，是此器。"③ 高亨认为"形而上者谓之道，形而下者谓之器"其实是将天地一切分为道器两类。④ 黄寿祺和张善文先生认为，形是事物的形体，居形以上的为抽象的"道"，居形以下（包括形）的是具体的器。⑤ 邬昆如先生认为："中国哲学中的'形而上者谓之道，形而下者谓之器'（《易经·系辞》），其'道''器'之分野在于'形'概念。'有形'之物是'形而下'，'无形'事物是'形而上'。不过，'形而上'原理一旦落实'成形'，就是'形上的'活动'创生''形而下'的世界。"⑥ 叶秀山先生也说："有形的就是 physics，指广义的物理学。'物理'在古希腊那里是指自然、自然现象，也是生长的意思。大千世界成长变化这样一个过程就叫物之理、物理。而'道'是形而上的，形而上就是无形。"⑦

　　由上我们可以看出，在解读"形而上者谓之道，形而下者谓之器"的时候，很多学者都据之将世界划分为形而上（道）和形而下（器）两个层次，其中形而上是无形的道，形而下是有形的器物。他们的观点也并非没有根据，如《易传·系辞》就有"形乃谓之器"之语。由此，在很多学者那里，"形而

---

①　叶秀山：《哲学要义》，世界图书出版公司北京公司，2006，第 36 页；孙正聿：《哲学通论》（修订版），复旦大学出版社，2005，第 44 页。

②　参见马振彪著《周易学说》，张善文整理，花城出版社，2002，第 676 页。

③　朱熹：《朱子语类》，中华书局，1986，第 2421 页。

④　高亨：《周易大传今注》，齐鲁书社，1998，第 407 页。

⑤　参见黄寿祺、张善文《周易译注》，上海古籍出版社，2004，第 527 页。

⑥　邬昆如主编《哲学入门》，上海世纪出版集团、上海古籍出版社，2005，第 118 页。

⑦　叶秀山：《哲学要义》，世界图书出版公司北京公司，2006，第 35～36 页。

上者"其实就成了"形以上者","形而下者"也就成了"形以下者"。这样的理解对不对呢？至少乍看起来它甚为符合《易传》的原义，与西方 τα μετα τα φυσικα 一词也有着很强的对应性。但笔者认为，这种理解存在如下几个方面的问题。

其一，相对忽视了"形而上者谓之道，形而下者谓之器"一语的语境，从而遮蔽了"形而上"的原义。

我们先来看"形而上"的出处：

> 乾坤，其易之缊邪？乾坤成列，则易立乎其中矣。乾坤毁，则无以见易。易不可见，则乾坤或几乎息矣。是故形而上者谓之道，形而下者谓之器，化而裁之谓之变，推而行之谓之通，举而错之天下之民谓之事业。[①]

人们在引用"形而上者谓之道，形而下者谓之器"一语的时候，很少同时引用"是故"二字。究其原因，大概是觉得这两个字无关紧要，是故忽视之。但"是故"表明，它随后的文字不过是推论和结果，而作为前提和原因的正是"乾坤"二卦在整个易经体系中所具有的举足轻重的地位。《易传·系辞》的作者在努力告诉人们，"乾坤"二卦是易经的精髓和首脑，它们与易有着本质性的关联：没有"乾坤"，易无由体现；易无由体现，"乾坤"也很可能就止息了。从这段引文可以看出，张载先生的解读是有道理的，"形而上者"和"道"都指向了"乾坤"二卦。遗憾的是，很多学者没有特意突出这一点，而只是从"形而上者谓之道，形而下者谓之器"一语出发，把"形以上"的作为道，把"形以下"的作为具体的器。但是，"形而上"是否就是"形以上"，"形而下"是否就是"形以下"？在很多先生看来，形是事物的形体，"形而上"也就是"形以上"的"道"。这似乎能解释得通，但问题出在"形以下"上。既然"形"是具体事物的形体，那"形以下"又是什么呢？什么是在具体事物形体以下的东西呢？超感观的存在物我们能理解，怎么理解低于感观的存在物？同样，既然形是事物的形体，那么易传作者为什么不直接说"形者"，而说"形而下者"呢？

---

① 《易传·系辞上》。

可见，把"形而上"理解为"形以上"，把"形而下"理解为"形以下"存在一定的逻辑困难。笔者认为，问题的关键是很多学者对"形"做了不适当的解释。汉语"形"有着至为丰富的含义，《辞海》中所列出的含义就包括形象、形状、形势、显露（动词）、对照（动词）、型、铏、刑。① 笔者认为，在以上那段引文中，"形"应该理解为"卦形"，即 64 种阴爻与阳爻排列组合而成的卦象。而且，64 卦象（形）中有上下和高低之别。其中，上者为乾坤两卦形，它们包含的是其余卦形都遵循的道理（道）；下者为其余 62 卦形，它们是道理所由体现的工具（器）。

这种理解的长处在于避免了通常解读的逻辑问题，即如果把形理解为外形和器物，那么"形而下"就不好解释。否则只说"形"就可以了，为何还要"下"，下到哪里去呢？而且，"形而上"和"形而下"不是"方位"概念，而是"地位"（价值）概念。无论"形而上者"还是"形而下者"都是"形"（卦形），它们的差别在于道与器、理与事、体与用之间地位上的不同。笔者赞同张载先生的理解，把"乾坤"作为"形"中之上者（道），而把余下的卦视为"形"中之下者（器）。这样看来，"形而上"就不是"形以上"。我们往往一厢情愿地认为"形而上"就是超越有形。其实从本义上来讲，"形而上"只限于 64 卦的语境中，而且"形"并不是或者并不完全是我们所理解的具体的器物。"形而上者"并不脱离形，它要借助"形"来承载。张载之后诸家在解读"形而上"时的偏失在于脱离了易经的语境，从而在"形上"与"形下"上歧义纷然，诸家往往从《易传》中找到只言片语来展开自己的解释，比如姚配中就根据"在天成象，在地成形"来理解"形而上"和"形而下"，把"形而上者"解为"在天的象"，把"形而下者"解为在地的"器"；而黄寿祺和张善文先生的观点也有自己的根据，他们注意到《易传·系辞》中"形乃谓之器"一语，从而一方面认为"形"是事物的形体，另一方面又把"形"包括在"形而下"之中，以克服"形而下"所带来的逻辑困境。其实"道"并不离"形"，从而也不完全是"抽象"的。"形而上"的原义是卦形中之地位高超的乾坤二卦，它们是其余卦的原理和基础。而作为"超越形体以上的道"的"形而上者（学）"则是引申义。

---

① 参见《辞海》，上海辞书出版社，1999 缩印本（音序），第 1906 页。

其二，"形而上"的原义和引申义均无法真正与西方的τα μετα τα φυσικα
对应。中文"形而上"的原义无法与τα μετα τα φυσικα对应，因为前者只适
用于易经64卦的语境，而后者则适用于理解宇宙中的一切。或许有读者会认
为，易经中的"乾坤"二卦的道理和精神也适用于解释整个宇宙。但我们要
知道，无论"自强不息"的刚健精神，还是"厚德载物"的柔顺精神，都是
对自然和人事进行的带有很强目的性的解说，它们是一种伦理学甚至美学意义
上的宇宙精神，并不能有效涵盖τα μετα τα φυσικα所具有的"知识论"指向。
虽然"大全之学"意义上的τα μετα τα φυσικα屡遭诟病，但追求普遍、彻底
的知识（episteme）却是τα μετα τα φυσικα非常重要的活动之一。"形而上"
具有道德和美的超越冲动，但并没有鲜明的知识论指向。所以，我们认为
"形而上"的原义与τα μετα τα φυσικα并不完全对应。

那么，为什么说"形而上"的引申义还是无法与τα μετα τα φυσικα对应
呢？在具有柏拉图主义倾向的西方哲学家那里，τα μετα τα φυσικα只是超越
具体事物，但并不超越"形"，它要是超越到更高和更真的"形"〔μορφη
（form），ιδεα（idea）〕那里去，这种意义的τα μετα τα φυσικα甚至可以被译
为"形学"。并且，"形而上学"的引申义虽然如τα μετα τα φυσικα那样有着
二元对立，但二者在否定和超越后有着不同的结果，τα μετα τα φυσικα通过
超越达到了更真的"形（式）"，"形而上"则通过超越达到了无形无象、无
法言说的境界。"形而上"引申义所指向的"道"已经超出易经的文本范围，
而进入了老子《道德经》中"道"的境界。这种"道"无形、无象并且不可
言说。而《易传》中的"道"（乾坤）是有形的（依托卦形），并且乾道与坤
道都能表达，并为人所领会。所以，与通行的理解相反，"形而上学"并不是
τα μετα τα φυσικα的准确译法。

其三，如果要避免"形而上"引申义的逻辑矛盾，就必须引入"道"、
"形"和"器"的三分法，这依然无法与τα μετα τα φυσικα对应。这种新的
理解不把"形"理解为具体的事物或者事物的外形，而是理解为卦形或文字
符号。"形而上者"就指抽象的道理（道），而"形而下者"则指具体的器具
或者事物。这种理解当然避免了"形而上"与"形而下"引申义的逻辑困难，
但是τα μετα τα φυσικα突出的是"自然"与"后（超越/非）自然"的二分
与对立。根据排中律，二者之间并没有中间地带。有读者也许会说，西方哲学

毕竟也要依托文字和符号来表达，处于"道"、"形"和"器"三分法视野中的"形而上学"可以弥补西方τα μετα τα φυσικα 逻辑上的缺陷。但是，我们是在进行翻译而不纯然是在进行创作，要尊重τα μετα τα φυσικα 的本义，更要重视翻译中"信"的原则。虽然我们完全可以对τα μετα τα φυσικα 进行发挥和发展，但不能说这就是西方τα μετα τα φυσικα 本有的含义。

或许可以主张直接用英文 metaphysics 来对应τα μετα τα φυσικα，或者用没有多少文采的"自然之后"来翻译τα μετα τα φυσικα。这样做的目的是提醒人们，我们很容易从自己的文化背景来理解τα μετα τα φυσικα，从而有可能使得伽达默尔所言的"视域融合"转为"视域遮蔽"。当然，鉴于人们已经习惯了"形而上学"这种古朴文雅的译法，我们也可以沿用它，但在使用这个词的时候一定要有一种不执着于名相的清醒意识，以避免望文生义所带来的模糊和曲解。

τα μετα τα φυσικα 具有多种含义和形式，它还有着发展与完善自身的可能性。我们能否说，在对待τα μετα τα φυσικα 上，不是要不要τα μετα τα φυσικα 的问题，而是要何种τα μετα τα φυσικα 的问题？我们在面对τα μετα τα φυσικα 的时候一定要更加耐心而理性，不然会妨碍我们对它进行更加深入、更为建设性的反思和批判，也很可能会遏制这一来自西方文明深处的特殊活动的生命力。

接下来的问题是：形而上学的历史可谓源远流长，研究形而上学的哲学家也可谓灿若群星，为什么要如此重视海德格尔的形而上学思想，研究海德格尔的形而上学思想有什么特殊意义？

五　为什么研究海德格尔形而上学思想？

我们之所以看重海德格尔的形而上学思想，是因为海德格尔的形而上学思想中包含了"翻转之学"、"前提追问之学"和"反思之学"这几个非常具有生命力的维度，代表着形而上学在新时代发展的基本方向。它不仅仅是生命的"翻转之学"，是研究世界的基础（基础存在论），它还追问科学技术的形而上学（传统意义上的）前提，它还有着很强的批判性——对传统的解构（Destruktion）。

　　如我们在前面所提到的，柏格森认为形而上学就是逆转生命中的习惯的方向，从而走向更为自由自觉的创造状态。海德格尔直接把一种特殊的生命活动本身——翻转（die Umwendung）——称为形而上学：从知识论立场翻转回日常世界，从常人状态翻转回本真的自身。

　　除了为整个世界寻找根基外，海德格尔还研究现代自然科学的基础问题。海德格尔非常突出数学在现代科学中的基础地位，他认为现代的认识（科学）是数学的认识要求，而"作为心灵设想（Mente concipere），数学因素是一种可以说跳跃了物的对物之物性的筹划（Entwurf）。这种筹划才开启了一个领域，物，也即事实，就在其中显现自身"。这就是说，我们所谓的事实、事物都是作为数学因素的心灵的设想和构造。这样一来，数学成了"现代世界"的普遍标准。在海德格尔看来，形而上学离数学这个世界的源头更近："现代自然科学、现代数学和现代形而上学都是源出于广义上的数学因素这个同一根源。由于形而上学在这三者中内涵最广大，是关于存在者整体的，同时由于形而上学要作最深刻的把握，要追问使存在者成为存在者的存在，因此，正是形而上学必须直抵其最深基石，挖掘出它的数学基础和基地。"[1] 可见，海德格尔把数学理解为现代物性的源头和现代世界观的根基。同时，必须借助形而上学才能把这一根基清理出来并上升到理性的高度来。不过，在这里，形而上学已经不是正面的、需要回复或维护的东西，而成了需要克服的东西。关于这一点，我们下面还会谈到。

　　在谈到现象学的"解构"（Destruktion）、"建构"（Konstruktion）以及"还原"（Reduktion）的关系时，海德格尔在《现象学的基本问题》中这样说道：

　　　　所有哲学讨论，甚至最彻底的、新开始的讨论，都是通过被传承的概念（由此还有被传承的境域和视角）进行的，对于那些境域和视角不能立刻确切说，它们原本并且真正地源于存在领域和存在建制（这领域和建制是它们要求以概念方式把握的）。由此，一种解构，亦即对被传承的、必然首先得到应用的概念的批判性拆除（一直拆除到这些概念所由

────────────

① 参见孙周兴编《海德格尔选集》下卷，上海三联书店，1996，第849、870、875页。

出的源泉）便必然属于对存在及其结构的概念性阐释，亦即属于对存在的还原性建构。只有通过解构，存在论才能在现象学上充分保证存在论诸概念的纯正性。……哲学之建构必然是解构，亦即一种在向传统的史学回归中进行的对被传承之物的拆除，其含义并非否定，并非把传统判为一无所是，而恰恰相反是对传统的实际的继承。①

在《存在与时间》的导论部分，海德格尔同样谈到了对传统进行解构的必要性："这样取得了统治地位的传统首先与通常都使它所'传下'的东西难于接近，竟至于倒把这些东西掩盖起来了。流传下来的不少范畴和概念本身曾以真切的方式从源始的'源头'汲取出来，传统却赋予承传下来的东西以不言而喻的性质，并堵塞了通达'源头'的道路。传统甚至使我们忘掉了这些渊源。传统甚至使我们不再领会回溯到渊源的必要性。"以及"这一解构工作并不想把过去埋葬在虚无中，它有积极的目的；它的否定作用始终是隐而不露的，是间接的。"②

海德格尔非常重视对传统进行貌似消极、实则积极的批判性解构，这样做的目的是通过对传统的解蔽（Unverborgenheit），使得世界的基础（Grund）和本来面目（自然）呈现出来。同时，海德格尔对解构的重视也反映出他具有很强的反思意识。甚至我们可以说，海德格尔形而上学的重要特征更在于否定而不仅仅在于肯定，更在于促进反思而不仅仅在于给出确定答案，更在于使人无家可归而不仅仅在于给人提供稳定的家园。

另外，我们之所以把海德格尔从众多的形而上学家中单独挑选出来加以研究，还有几个方面的原因。首先，海德格尔的形而上学体系具有很强的包容性。它融合了许多大哲学家的观点，比如他对胡塞尔现象学方法和内时间意识思想、对亚里士多德的实践（πραγμα）和制作（τεχνε）思想、对康德的先天

---

① Heidegger：*Die Grundprobleme der Phaenomenologie*，Band 24 der Gesamtausgabe（Frankfurt am Main：Vittorio Klostermann GmbH），SS. 31－32. 中文译文参考了〔德〕海德格尔《现象学之基本问题》，丁耘译，上海译文出版社，2008，第26～27页。

② Heidegger：*Sein und Zeit*（Tuebingen：Max Niemeyer Verlag），1967，S. 21，S. 23. 中文译文参考了〔德〕海德格尔《存在与时间》，陈嘉映等译，三联书店，1999年修订译本，第25、27页。

（a priori）和图式（Schema）思想、对尼采强力意志等思想均予以重要的发展与扬弃。研究海德格尔的形而上学思想，对于我们宏观把握西方哲学乃至形而上学有着重要的帮助。

其次，海德格尔的形而上学的走向耐人寻味。海德格尔"形而上学"的初衷是引导西方人进入更为自由自觉的生命境界，但其结局却是与纳粹意识形态产生了关联。在遗憾之余，我们也应看到，海德格尔的形而上学思想有其缺陷。它只是让人置身于存在的伟力，只是让人在向死的境遇中以及自己民族的天命中决断，这缺失了共同的共度性和标准，从而有可能在激情中迷失方向，有可能陷入价值虚无主义。而且，向城市文明（civilization）之前追溯的"林中路"未必能成为"人间大道"。某种程度上，阿伦特和哈贝马斯的工作就是纠海德格尔形而上学革命之偏，用话语的理性力量来对治浪漫主义、民族主义所产生的排他性和破坏性的效应，并借助话语力量重构共同体，为海德格尔处所缺失的伦理关怀提供有力支撑。但不管怎样，研究海德格尔的形而上学思想能使我们认清形而上学的困局和限度。

再次，海德格尔的形而上学思想对当代西方哲学具有深远的影响。在为数众多的哲学家中，海德格尔被很多人称为与维特根斯坦比肩的 20 世纪最伟大的哲学家。我们往往发现一个非常有趣的现象，海德格尔很早就前瞻性地对一些问题做出了独立研究，但很多理论并不太为人所知晓。比如，在海德格尔把人界定为"无家可归者"很久以后，萨特才宣称：出去（生存，ecstasis）比"是什么"重要（存在先于本质）。海德格尔宁愿使用"此在"这个略显生硬的词，也不使用近代以来通行的"主体"和"人"；很久以后，福柯才发布自己的发现：人死了。后期海德格尔注重对作为"坐架"的技术进行深度分析和批判；很久以后，法兰克福学派才批判使人异化的科学技术。在《存在与时间》中，海德格尔指出了日常共在的非自立和非本真状态。① 很久以后，阿伦特和哈贝马斯才发现共在需要重新构建。海德格尔提出，人处于被抛状态（Geworfenheit）；很久以后，结构主义才宣称人并非全然自由，背景（Horizont）和结构决定人的行为。海德格尔早就把"存在论差异"（die ontologische Differenz）作为自己理论的重心；很久以后，后现代主义才到处用

---

① 〔德〕海德格尔：《存在与时间》，陈嘉映等译，三联书店，1999 年修订译本，第 149 页。

否定性的"是"反对在者和各种"中心"。我们可以毫不夸张地说，海德格尔的"形而上学思想"对存在主义、结构主义、社会批判理论、解构主义、后现代主义等均产生了重大影响。

最后，海德格尔的形而上学思想与东方哲学有着进行对话的可能性。在《海德格尔思想与中国天道：终极视域的开启与交融》一书的结语处，张祥龙教授提出这样的见解："读者能否感受到，一个虽然还处于边缘的却有着巨大潜力的思想可能性正在到来？这指的是中西和东西思想进行微妙的和势必重塑双方的对话可能性。"① 海德格尔不仅认真研读过《老子》和《庄子》，他还试图与萧师毅先生合译《老子》。20 世纪中期以后，海德格尔多次谈到他对东西方思想交汇的看法，他希望使欧洲和西方的说（Sprache）与东方的说进入对话，以便在此对话中有某些东西从共同的本源中涌流出来。② 可以说，海德格尔是东方思想的知音，研究其形而上学思想可以增强对东方文化的体认。

也许有读者会产生疑问，海德格尔的形而上学思想毕竟只是其毕生学术体系的一个部分或一个段落，说海氏的形而上学思想对西方当代哲学产生深远影响，以及海氏的形而上学思想与东方哲学存在对话的可能性，这是否有人为拔高海德格尔的形而上学思想之嫌？说海德格尔的思想不就可以了吗，为什么要言必称海氏的形而上学？笔者认为，在海德格尔的思想体系中，有一个类似于基督宗教的"三位一体"结构，那就是"存在论－现象学－形而上学"的一体三面的关系。其中存在论突出研究对象，现象学突出研究方法，形而上学突出研究的目的和旨趣。这几个方面可以说是互相融贯、互相支撑的。其存在论是以现象学为方法的、以形而上学为"第一要务"的存在论，现象学是以存在论为对象、以形而上学为指导的现象学，形而上学是以存在论为基础、以现象学为工具的形而上学。相对而言，存在论和现象学已经备受关注，形而上学维度的研究还有待进一步深入，所以我们有意突出海德格尔的形而上学思想，希望读者鉴之。

以上分析了反形而上学的五种路径，认为它们反形而上学的主要原因是传

---

① 张祥龙：《海德格尔思想与中国天道：终极视域的开启与交融》，三联书店，1996，第437 页。

② 参见张祥龙《海德格尔思想与中国天道：终极视域的开启与交融》，三联书店，1996，第22～23 页。

统形而上学的"虚"和不容忍"异",但很多反形而上学的路径出现了"再形而上学化"的问题。上文还介绍了复兴形而上学的主张,它们依托德国古典哲学、实用主义哲学、生命哲学和现象学等重新理解和构建形而上学。上文还试图挖掘形而上学本身的含义与形式,认为形而上学大致有着"超越自然"和"返回自然"两种基本含义,以及大全之学、反思之学、前提追问之学和翻转之学四种形式。

海德格尔的形而上学思想既反对大全之学,又融合了反思之学、前提追问之学和翻转之学,堪称西方 20 世纪形而上学的一次范式转换。如果联系海德格尔思想前后期的变迁,我们可以说,对形而上学的反思几乎伴随海德格尔整个学术生涯。在 20 世纪 20 年代到 30 年代中期,他对形而上学寄予厚望,他不仅在理论上进行大胆创新,而且也逐渐投身甚至迎合现实政治。从 20 世纪 30 年代中期以后,他逐渐认识到形而上学的不合理之处,于是开始反思和批判形而上学,包括反思和批判现代科学技术的形而上学基础。最终,在诗与思的新生命境界中,他提出要克服和扬弃形而上学,以走向"泰然任之"(die Gelassenheit)。

通过梳理海德格尔形而上学革命的来龙去脉,我们不仅可以了解一个思想家思想发展的曲折历程,也可以借助其失误甚至失足来反思当下文明中的误区和不足。当然,形而上学既不会因为海德格尔大力提倡而风行于世,也不会因为海德格尔的扬弃甚至克服而在这个星球上消失。如何恰当地理解和定位形而上学,如何发挥形而上学合理的生命力,将是我们这些后来者长期的任务。

第一章
海德格尔的"形而上学转向"

很多人把海德格尔视为反形而上学的代表人物，这不仅因为他提出过"克服形而上学""哲学（形而上学）的终结"等命题，还因为他分析了技术的形而上学基础，展开了著名的技术批判。也有学者认为海德格尔是一个形而上学家，认为海德格尔之拒斥形而上学，也是形而上学自身的特殊发展形态："想要拒斥形而上学的人都不得不拒斥哲学本身；而反过来，任何一个还想进行一种哲学思考的人，包括海德格尔在内，最终也都不得不走上形而上学之途，他对形而上学的拒斥只不过使形而上学又一次提高了自己的层次而已。从这个意义上来说，形而上学真正是人类哲学思维的摆脱不了的宿命。"[①] 海德格尔的传记作家萨弗兰斯基也认为海德格尔有形而上学思想，他还提出了海德格尔的"形而上学革命"概念。[②]

看来，学界在"海德格尔是不是形而上学家"这个问题上存在分歧。笔者认为，说海德格尔是或不是形而上学家的关键在于弄清他在何种意义上反对形而上学，他又在何种意义上坚持和发展形而上学。海德格尔与形而上学的关系还是比较复杂的，在其思想的早期和中期，他一方面批判传统形而上学，另一方面他还积极建构他心目中合理的形而上学形态；在其思想的后期，他认为

---

① 邓晓芒：《西方形而上学的命运——对海德格尔的亚里士多德批评的批评》，《中国社会科学》2002 年第 6 期，第 39 页。

② 萨弗兰斯基这样说道："他（海德格尔）在 1933 年的颠覆活动中，发现了形而上学的基础事变，一个形而上学的革命：'我们德国人的人生此在发生了彻底的翻转。'（1933 年 11 月 30 日，图宾根讲话）。"参见〔德〕吕迪格尔·萨弗兰斯基《来自德国的大师——海德格尔和他的时代》，靳希平译，商务印书馆，2007，第 299 页。

应该克服一切形而上学。很多人往往忽视海德格尔曾经作为一个形而上学家的事实，而只把他当作反形而上学者。其实，海德格尔的"形而上学"阶段在其思想历程中自有其重要地位，或者恰恰是形而上学阶段为海德格尔的思想转折开辟了道路。

一 海德格尔"形而上学转向"的发生

学术界一般把海德格尔的思想划分为早期思想和后期思想两个阶段，如约翰逊认为："有些读者觉得海德格尔的思想在《存在与时间》出版之后有了戏剧性的转变，他们甚至谈论'海德格尔（Ⅰ）'和'海德格尔（Ⅱ）'。大约从1930年开始，海德格尔的著作确实有风格上的改变，在一定程度上也改变了论题。"① 孙周兴等学者也认为："一般学者认为海德格尔的思想之'转向'发生在三四十年代，特别是以一九三〇年的演讲 Vom Wesen der Wahrheit（论真理的本质）和一九四六年的 Brief ueber den Humanismus（关于人道主义的书信）为标志。"② 海德格尔自己却说1937年他思想中就有了被称为转向的事实内容，③ 但他同时还认为："只有从海德格尔Ⅰ那里思出的东西出发才能最切近地通达在海德格尔Ⅱ那里有待思的东西。但海德格尔Ⅰ又只有包含在海德格尔Ⅱ中，才能成为可能。"④ 我们不禁要问：学者们为什么会争论于海德格尔的转折发生的具体时间？为什么不同学者会提出不同的时间点？笔者认为，很重要的原因是，使得海德格尔Ⅰ与海德格尔Ⅱ区别开来的不是一个"点"，而是一个"带"，这个"带"是海德格尔Ⅰ和海德格尔之间的一个过渡阶段。它既与早期思想（海德格尔Ⅰ）相关联，也与后期思想（海德格尔Ⅱ）相关联。有鉴于此，我们尝试着把海德格尔的思想发展分为三个阶段：早期"基础存

---

① 〔美〕帕特里夏·奥坦伯德·约翰逊：《海德格尔》，张祥龙、林丹、朱刚译，中华书局，2002，第47页。
② 刘小枫选编《海德格尔式的现代神学》，孙周兴、李哲汇、阳仁生等译，华夏出版社，2008，第84页之译注。
③ 〔德〕海德格尔：《给理查森的信》，王炜译，熊伟校，载孙周兴选编《海德格尔选集》下卷，上海三联书店，1996，第1276页。
④ 〔德〕海德格尔：《给理查森的信》，载孙周兴选编《海德格尔选集》下卷，上海三联书店，1996，第1278页。

在论"阶段、中期"形而上学"阶段和后期"诗－思"阶段。海氏的"形而上学"阶段既承接以往的"基础存在论"研究，又为后来走向"诗－思"的境界开辟了道路。在"形而上学"阶段，他一方面继续依托此在来研究存在问题，另一方面也在弱化此在的基础性、个人性和重要性。到后来，从 20 世纪 30 年代中期（海德格尔所说的 1937 年）开始，他逐渐认识到形而上学的不合理之处，于是开始反思和批判所有形而上学，包括反思和批判现代科学技术的形而上学基础。最终，在诗与思的独特视角中，他提出要克服和扬弃形而上学，以走向"泰然任之"（die Gelassenheit）的生命境界。

应该说在《存在与时间》出版后海德格尔就开始了转折（Kehre，或译转向）。不过，海德格尔起初倒并不是要反对自己在《存在与时间》中的基本思想，而是要进一步聚焦到核心问题上，只是他没有料到，"思想"会迫使他在一定时候发生根本的转折，于是就有了前期思想和后期思想的巨大差异。虽然"形而上学"阶段不算很长，但这一阶段对于我们全面理解海德格尔的存在思想有着重要的意义，这一承上启下的"形而上学"阶段应该引起我们的关注。

从 20 世纪 20 年代中后期开始，"形而上学"成了在海德格尔诸多专著、笔记、课堂讲稿和演讲稿中频繁出现的主题词，比如：（1）*Metaphysische Anfangsgruende der Logik im Ausgang von Leibniz*（《从莱布尼茨发端的逻辑的形而上学的初始基础》，*1928*）；[1]（2）*Kant und das Problem der Metaphysik*（《康德和形而上学问题》，*1929*）；（3）*Was ist Metaphysik*（《什么是形而上学》，*1929*）；（4）*Die Grundbegriffe der Metaphysik：Welt-Endlichkeit-Einsamkeit*（《形而上学的基本概念：世界－有限性－孤独》，*1929/1930*）；（5）*Aristoteles，Metaphysik Θ1－3：von Wesen und Wirklichkeit der Kraft*（《亚里士多德的形而上学 Θ1－3：关于力量的本质和现实性》，*1931*）；（6）*Einfuehrung in die Metaphysik*（《形而上学导论》，*1935*）；（7）*Die Ueberwindung der Metaphysik*（《形而上学之克服》，*1938/1939*）；（8）*Die Metaphysik des Deutschen Idealismus*（《德国唯心主义的形而上学》，*1941*）；（9）*Nietzsches Metaphysik*（《尼采的形

---

[1] 英译本为 Heidegger, *The metaphysical foundations of logic*（Bloomington：Indiana University Press），translated by Michael Heim，1984。英译本的标题中没有翻译"im Ausgang von Leibniz"。

而上学》，*1941/1942*）；等等。

毫不夸张地说，从 20 世纪 20 年代中后期到 30 年代中期，"形而上学"是海德格尔哲学思考的中心问题。值得一提的是，《什么是形而上学》还是海德格尔的教授就职演讲稿。教授就职演讲是一个学者学术生涯中的大事，他们往往会借此机会阐发自己最得意的创见和自己研究中的精华部分。海德格尔的教授就职演讲以"形而上学"为主题，正说明形而上学在他心目中居于何等重要的地位。存在问题是海德格尔一生的核心问题，为什么从 20 年代后期他却"突然"转向形而上学，以至于简直可以称为形而上学的"爆发"？海德格尔转向形而上学意欲何为？

在西方哲学的传统中，存在论与形而上学有着一定的重合性。海德格尔在分析 A. G. Baumgarten 的形而上学定义和分类后，把形而上学做了普遍形而上学和特殊形而上学的划分，其中存在论是普遍形而上学（Metaphysica generalis），宇宙论、心理学和自然神论属于特殊形而上学（Metaphysica specialis）。① 我们可以看出，海氏实际上把存在论与一般形而上学等同起来，存在论研究属于形而上学研究应该是没什么问题的。但是，在《存在与时间》发表之前，海德格尔较少使用"形而上学"来指称自己的研究。是什么原因促使他有意突出形而上学呢？

二 对海德格尔"形而上学转向"原因的分析

在一战之中以及之后，在德国出现了复兴形而上学的趋势。海德格尔在《存在与时间》导论的开端处这样写："我们的时代虽把重新肯定'形而上学'当作自己的进步，但这里所提的问题如今已久被遗忘了。"② 在这里，海氏一方面提示出形而上学在当时出现了某种复兴迹象，另一方面也对这些形而上学研究遗忘存在问题表示不满。在萨弗兰斯基的笔下，第一次世界大战的爆发就在德国引起了"精神"与"形而上学"的复兴："当时明显存在着两种有力的

---

① Heidegger, *Kant und das Problem der Metaphysik*, Band 3 der Gesamtausgabe（Frankfurt am Main：Vittorio Klostermann GmbH），1991, S. 9.

② 参见〔德〕海德格尔《存在与时间》（修订本），陈嘉映、王庆节译，熊伟校，三联书店，1999，第 3 页。

势力的对立：深刻的文化对抗肤浅的文明；有机共同体对抗机械式的社会；英雄对抗商人；激情对抗伤感；道德对抗计算式的思维"。① 同时，他还指出："是什么精神实体使战争登场？有人认为，这是唯心主义的胜利。长期以来，它被唯物主义和实用思想闷得喘不过气来。现在，它终于怒吼了。"② 精神和唯心主义等都与形而上学有着极强的关联。其中极端的唯心主义是理念主义和理想主义，它对于经验和"现象"有着拒斥态度，而这正是传统形而上学的根本特征。精神也是非物质性的，它的超越性和非感性方面也指向了形而上学。可见，在战争爆发后，传统形而上学的某些特征在各种名号的学说中集中地体现了出来。

战争结束之后，形而上学的复兴浪潮并没有止歇，很多文化名人继续把战争中释放出的文化创造力应用于精神信仰的构建活动中。某种程度上，逻辑实证主义不遗余力地批驳形而上学，也从侧面反映出形而上学在当时有着强劲而广泛的影响。如果形而上学已经日薄西山，逻辑实证主义者们不会迸发出如此巨大的热情。在反对形而上学浪潮的斗争中，为达到"擒贼先擒王"的目的，逻辑实证主义的代表人物卡尔纳普就曾引用海德格尔的教授就职演讲《什么是形而上学》中的段落来揭示有些形而上学命题在形式上的荒谬性。③ 在公众以及卡尔纳普等人看来，海德格尔在 20 世纪二三十年代无疑是形而上学复兴浪潮中的"大人物"。

如前所述，除了大环境潜移默化的影响外，现象学也为海德格尔探讨形而上学问题提供了新的方法和视野。借助现象学方法，海德格尔等人的"新"形而上学就获得了巨大的发展余地，而且在与科学主义的分庭抗礼中，也逐渐站稳了脚跟。

海德格尔"转向"形而上学还有一个具体的原因：在《存在与时间》发表后，很多读者往往从世界观和人类学的角度来解读其思想。这让海德格尔产

---

① 〔德〕吕迪格尔·萨弗兰斯基：《来自德国的大师——海德格尔和他的时代》，靳希平译，商务印书馆，2007，第 80 页。

② 〔德〕吕迪格尔·萨弗兰斯基：《来自德国的大师——海德格尔和他的时代》，靳希平译，商务印书馆，2007，第 81 页。

③ 参见〔德〕鲁道夫·卡尔纳普《通过语言的逻辑分析清除形而上学》，载洪谦主编《逻辑经验主义》，商务印书馆，1989，第 23～26 页。

生了为自己正名的迫切冲动，而他最终选择了"形而上学"这个名称来与世界观和人类学撇清关系。海德格尔的传记作家萨弗兰斯基说："《存在与时间》问世后的头一年，哲学界公众期待在读完他的著作之后，他能为读者提供一个包括了生活各个方面的关于人在世界中生活的一个全面系统的描述。人们把《存在与时间》作为哲学人类学的著作来读，希望这个项目继续完成。"① 海德格尔明确拒绝这种把他的哲学当作世界观的公众期待，他一直对世界观哲学抱有抵触情绪。在《现象学的基本问题》与《形而上学的基本概念：世界－有限性－孤独》等讲稿中，他都对世界观哲学给予否定性的定位。比如，在《现象学的基本问题》中，他这样说："'世界观教化不属于哲学的任务'这个论点之所以成立，在于它的正确性无疑立于这样一个前提之下：哲学并不与这样那样设定的存在者肯定性地相关联。"② 在《形而上学的基本概念：世界－有限性－孤独》中，海德格尔又说，哲学的双重表象（Schein，也有假象之义）——科学与世界观——使得哲学持续地处于不确定性（Unsicherheit）之中。③ 在其早期讲稿《宗教生活现象学》（Phaenomenologie des religioesen Lebens）中，在谈到形式显示（formale Anzeige）时，海德格尔曾这样说：

> 看一眼哲学史就可发现，对对象性之物的形式规定完全支配了哲学。如何可能预防这种偏见、这种先入之见呢？这恰恰就是形式显示要完成的。作为方法环节，形式显示属于现象学的阐明本身。为什么把它叫作"形式的"呢？形式的东西就是某种合乎关联的东西（etwas Bezugmaessiges）。显示是要先行显示出现象的关联……现象的关联和实行不能事先规定，而是要保持在悬而不定中。这乃是一种与科学极端对立的态度。④

① 〔德〕吕迪格尔·萨弗兰斯基：《来自德国的大师——海德格尔和他的时代》，靳希平译，商务印书馆，2007，第244~245页。

② Heidegger, *Die Grundprobleme der Phaenomenologie*, Band 24 der Gesamtausgabe（Frankfurt am Main：Vittorio Klostermann GmbH），1975，S. 13.

③ Heidegger, *Die Grundbegriffe der Metaphysik*：*Welt-Endlichkeit-Einsamkeit*，Band 29/30 der Gesamtausgabe（Frankfurt am Main：Vittorio Klostermann GmbH），1983，S. 16.

④ 参见〔德〕海德格尔《形式显示的现象学：海德格尔早期弗莱堡文选》，孙周兴编译，同济大学出版社，2004，第73页。

　　从这些引文我们可以看出，海德格尔认为真正的哲学（现象学）并不像科学那样急于事先规定对象之物是什么，更重要的是反思和直观对象被关联的方式。对于现象学来说一个对象的"是什么"并不是最重要的。海德格尔完全有理由说，自己并不关心人生步骤和职业规划等世界观的事务，自己所要做的是让每个人直面人生此在的形式结构本身。所以海德格尔所理解的哲学不解决给公众提供正确的世界观的问题，它只是把世界与人生此在的实际处境与结构揭示出来，至于选择什么样的世界，以及选择何种人生道路，那是每个人生此在自己的事情。

　　而且，胡塞尔对《存在与时间》的批评很可能进一步刺激了海德格尔。海德格尔曾经送给胡塞尔一本《存在与时间》，胡塞尔对该书进行了认真的阅读。在该书的一个空白处，胡塞尔写下了这样一段话："海德格尔把对对象和共相的所有领域，以及对世界整体领域的决定性的现象学的澄清，变换或改变为人类学的；整个问题都被翻转了：与自我相对的是此在，等等。以那样一种方式所有的事情变得冗长无味地不清晰，并且哲学失去了它的价值。"① 在胡塞尔的心目中，哲学应该致力于成为严格、明晰的科学，而应远离充满"相对性"和"模糊性"的人类学。事实上，海德格尔本人并不谋求使哲学成为胡塞尔意义上的科学，说他的哲学带有相对性和模糊性并没有冤枉他。但是我们也知道，人类学的主题是田野调查、人种研究、民族与习俗演变、民族的心理与文化以及语言的结构等，通过以上研究可以达到扩充对人的认识的目的。公正地讲，海德格尔哲学的终点并不是人类学，他魂牵梦萦的问题是存在。研究人生此在只是为进入存在问题提供基础。除了上述原因外，海德格尔转向形而上学研究还有没有其他的考虑呢？

三　海德格尔"形而上学转向"的诉求

　　海德格尔一方面会为受到各方的"误解"和批评而郁闷，另一方面，海

---

① Husserl, *Psychological and Transcendental Phenomenology and the Confrontation with Heidegger* (*1927 – 1931*) (Dordrecht/ Boston/London：Kluwer Academic Publishers), edited and translated by Thomas Sheehan and Richard E. Palmer, 1997, p. 284.

德格尔本人也很清楚，《存在与时间》是一部未竟之作，这直接导致读者只把《存在与时间》视为基础存在论，而又把基础存在论解释为人类学。在他看来，真正重要的还不仅仅是此在存在论。在自己所收藏的第一版《康德与形而上学问题》的扉页上，海德格尔做了这样一个注解："很快就很清楚了，人们没有进入真正的问题（参见《存在与时间》第一部的第三篇和第二部）。"①因此，为了履行自己在《存在与时间》中的承诺，他决心把真正的问题——"时间与存在"以及对"存在研究历史进行建设性的解构"——作为自己学术的重心。

由于很多人把基础存在论等同于哲学人类学，海德格尔不得不另谋"出路（Ausgang）"。"形而上学"成了研究《存在与时间》的后续问题，从而也是真正的问题的"避难所"。②既然"基础存在论"容易被当作哲学人类学，那么更具有学术味道的"形而上学"就应该不会引起误解了。为了减弱已经造成的过于突出此在的印象，他甚至在《形而上学导论》中这样说道："在作为整体的诸在者中，根本找不到正当理由来强调这个被称为人类的并且我们自己恰好身属其中的在者。"③在《存在与时间》中，此在还被赋予一种存在者状态上（ontisch）和存在论上（ontologisch）的优先地位，④但在此处，人生此在的优先性已经大打折扣了。

对海德格尔来说，使用"形而上学"来指称自己的研究有诸多方便之处。首先是学术上的好处。形而上学不仅能有效涵盖存在论研究，还能给存在论研究带来一种特有的紧张与压力感。我们知道，$\tau\alpha$ $\varphi\nu\sigma\iota\kappa\alpha$ 与 $\tau\alpha$ $\mu\epsilon\tau\alpha$ $\tau\alpha$ $\varphi\nu\sigma\iota\kappa\alpha$ 之间有一种紧张的博弈关系，二者之间的张力是存在于西方的二元对立倾向的一种反映。他想借形而上学来反对令人难以忍受的学术体制、社会机制以及生

---

① Heidegger, *Kant und das Problem der Metaphysik*, Band 3 der Gesamtausgabe (Frankfurt am Main: Vittorio Klostermann GmbH), 1991, SS. Ⅻ – Ⅷ.

② 在《康德与形而上学问题》的第四版前言中，海德格尔说自己要在康德的哲学中寻求庇护。见 Heidegger, *Kant und das Problem der Metaphysik*, Band 3 der Gesamtausgabe (Frankfurt am Main: Vittorio Klostermann GmbH), 1991, S. ⅩⅣ.

③ Heidegger, *Einfuehrung in die Metaphysik*, Sechste Auflage (Tuebingen: Max Niemeyer Verlag GmbH & Co. KG), 1998, S. 3.

④ 参见〔德〕海德格尔《存在与时间》（修订本），陈嘉映、王庆节译，熊伟校，三联书店，1999，第16页。

活中的庸常状态。

雅斯贝尔斯在《哲学自传》中这样写道："1920年初，我和我的夫人在弗赖堡逗留了几天……当时胡塞尔夫人把海德格尔称之为现象学之子。我当时讲到，我的一个女学生阿芙拉·盖格尔（Afra Geiger），一位杰出的人物，想来弗赖堡，到胡塞尔这儿来学习，但是根据胡塞尔研讨班的接收规定，她被拒之门外。我说，这样，学院的程式使得胡塞尔和她都失去了机会。因为胡塞尔这样便失去了亲自结识此人的机会。我谈话期间，海德格尔插嘴，激烈地为我辩护。这是两个青年人结成联盟，反对秩序的抽象权威联盟。"① 传统形而上学的刻板和僵硬肯定为海德格尔所不取，但τα μετα τα φυσικα 本身所蕴含的强烈的对比性和否定性指向可能会符合海德格尔的需要和口味，因为它不但会冲击僵硬的、平庸的东西，还会带来秘密和惊恐。海德格尔在《形而上学的基本问题》中这样说道：

> 如果尽管有各种困难，我们的个人此在仍无困窘，如果仍缺乏秘密，那么在我们这里首先涉及的是，为人类赢得那种基础和方向，使人类在其中像遇到人生此在的秘密一样重新与自己相遇。这种让人接近他自身的要求和为此需付出的努力，会使今天的一般人和庸人忐忑不安，甚至使他们眼前发黑，于是他们便拼命抓住各种偶像。这是完全正常的反应，如果你期待别的反应，那只证明了你的误解。我们首先得重新呼唤那个能够给我们人生此在制造惊恐的人。②

对于海德格尔来说，形而上学可以一方面使他继续关注存在问题，另一方面也使他借此突出了从常人向自身、从理论到生活的转变，加上它还非常便于海德格尔营造一种令他自己沉醉同时令他人窒息的紧张气氛，所以形而上学就

---

① 〔德〕雅斯贝尔斯：《哲学自传》，第97页；引自〔德〕吕迪格尔·萨弗兰斯基《来自德国的大师——海德格尔和他的时代》，靳希平译，商务印书馆，2007，第152页。

② Heidegger, *Die Grundbegriffe der Metaphysik: Welt-Endlichkeit-Einsamkeit*, Band 29/30 der Gesamtausgabe（Frankfurt am Main: Vittorio Klostermann GmbH），1983，S. 255. 译文摘自〔德〕吕迪格尔·萨弗兰斯基《来自德国的大师——海德格尔和他的时代》，靳希平译，商务印书馆，2007，第253页。

成了海德格尔摆脱基础存在论"窘境"的理想选择。

其次是人事上的好处。因为喜欢农村生活，以及甚至有些刻意地要与学院派划清界限，海德格尔在人群中非常"扎眼"。有些人把他奉若神明，有些人称他为"麦氏教堂镇来的变小戏法的"。① 作为普通教师，这种特立独行会增加魅力和些许神秘感。但作为成名人物和讲座教授，海德格尔需要同事和学界的尊重，需要威严。但学界对海德格尔的印象却不太好，萨弗兰斯基在引述卡西尔的夫人在1950年的生活回顾中讲道："同事们让她和她的丈夫对海德格尔不一般的举止做好充分的思想准备，'关于他如何拒绝任何社交上的习惯规矩，我们听了很多'。她周围的人一直担心会发生更坏的事情。人们私下里窃窃私语，'如果可能的话'，他想把恩斯特·卡西尔的哲学'就地消灭'。"② 如果人们都像卡西尔周围的人那样认为他喜欢惊世骇俗并且有野蛮粗俗之嫌，那对他开展学术活动，对他协调各种学术关系都是不利的。一方面"基础存在论"已经被误解为人类学，另一方面海德格尔也不想总是被人叫作"变小戏法的"，所以转向形而上学可以使自己至少从字面上远离人类学，而且这样一来他与学院派的隔膜与界限也会变得模糊起来。海德格尔不是一个爱憎分明、坚持如一的人，正如阿伦特曾在给雅斯贝尔斯的信中所描述的："我宁愿称其〔海德格尔〕为没性格。……他的的确确不具有性格，所以也还没有什么坏的性格。"③ 对于海德格尔来说，为了在学界和同事心目中产生威严和认同感，从基础存在论转向更为"学术性"的形而上学，未尝不是一件可以接受的事情。

《存在与时间》问世后，海德格尔成了备受关注的人物。转向形而上学，不仅是出于学术和人事的考虑，也表明他已不满足于所取得的成就。1929年，他在给伊丽莎白·布洛赫曼的信中写道："我的冬季学期的形而上学讲课……应该

---

① 参见〔德〕吕迪格尔·萨弗兰斯基《来自德国的大师——海德格尔和他的时代》，靳希平译，商务印书馆，2007，第132页。

② 〔德〕吕迪格尔·萨弗兰斯基：《来自德国的大师——海德格尔和他的时代》，靳希平译，商务印书馆，2007，第240页。

③ 〔德〕吕迪格尔·萨弗兰斯基：《来自德国的大师——海德格尔和他的时代》，靳希平译，商务印书馆，2007，第397页。

使我得以重新开始。"① 海德格尔自此就开始从各个方面展开自己的形而上学研究：逻辑、语言、精神、意志、坐架，等等。海德格尔思想有一个渐变过程，从早期的基础存在论，到形而上学，再到海德格尔后期的"诗－思"，人从地位卓越者成了"天地人神"圆舞曲中的一个元素，人不再是中心性的了。同时，强健有为的英雄主义也逐渐被自然无为的"泰然任之"所取代。

　　对于人们经常讨论的海德格尔思想中的转折（Kehre）而言，此转折并不是一下子发生的，其间经历了很多积累和曲折。《存在与时间》发表之后，海德格尔就开始从"基础存在论"阶段转向"形而上学"阶段，转向"形而上学"是为了更为集中与彻底地研究存在问题。同时，走向"形而上学"也就走向了一条充满荆棘与艰险的转变之路。

---

① 《海德格尔与布洛赫曼通信集》，第 32 页；引自〔德〕吕迪格尔·萨弗兰斯基《来自德国的大师——海德格尔和他的时代》，靳希平译，商务印书馆，2007，第 245 页。

第二章
从"非自然"到"返回自然"：
海德格尔对形而上学的发展

如我们在前文中所探讨的，τα μετα τα φυσικά表现为对"自然"（物理学）这个领域的态度以及随后的行为。对μετá和φυσικá的不同理解，将组合出不同含义的"形而上学"。其一是"非自然"，即"自然"意味着意见、常识、尘世、偏见和感性的领域，而作为"非自然"的形而上学则通过超越达到了"知识"、"天国"、"真理"和理性的世界。我们在奥古斯丁、笛卡尔甚至柏格森等哲学家那里可以看到这种类型的形而上学。其二是"返回自然"。这种理解的代表人物是海德格尔，他认为形而上学的超越在"自然"中实现。"自然"在他那里既是"与存在理解相关联"意义上的此在的"自然"，也是在亚里士多德所言的创制（πραγμα）中显现出来的、"是着并且不是着"、具有既绽开又持留强力的自然，在海德格尔看来，这两种意义上的"自然"都被传统形而上学所遮蔽，τα μετα τα φυσικá的真实含义其实应该是"返回自然"。

一 作为"非自然"的传统形而上学

雅斯贝尔斯把公元前800年到公元前200年之间的时代称为人类的"轴心时代"，因为在这一时期东西方文明几乎同时进入了精神上的突变期，并深深地影响着人类文明此后的进程。在中国，儒家和道家传统成形；在印度，《奥义书》和佛家经典出现；在西方，古希腊哲学蓬勃发展。之所以称这一时期为人类精神的突变期，是因为三种文明相继从各自的神话世界观阶段进入了不同形式的理性文明阶段。其中古希腊哲学从神话世界观"走出"得更彻底，其对西方文明以及世界文明的影响也更为深远。

对于作为古希腊哲学最初形态的自然哲学，理查德·塔纳斯曾这样说道："对自然，应该按自然本身而不是根本超自然的什么东西来加以说明，应该用非个人的措辞而不是个人的男女诸神来予以解释。由拟人神祇统治的原始世界开始让位于一个以原始的自然元素如水、气或火为其起源与物质的世界。"①自然哲学的兴起也是"祛魅"（disenchantment）的过程。不过现代化意义上"祛魅"所要祛除的是宗教神学全面统治的世界观，自然哲学所要祛除的是神话世界观。神话世界观和宗教神学世界观都是人对世界的解释，前者的主要特点是非抽象性、互渗性（事物之间没有清晰的界限）和拟人性，突出事物之间偶然的、神秘的由诸神负责的关联；后者虽更加体系化、非人格化（上帝没有人的形象），但也相信"奇迹"、宣扬越荒谬越信仰："上帝之子死了，这是完全可信的，因为这是荒谬的。他被埋葬又复活了，这一事实是确实的，因为它是不可能的。"②

某种意义上，自然哲学的兴起可以被称作西方文明的第一次启蒙运动。表面上看起来，泰勒斯"水是万物的始基（αρχη）"的命题不仅平平无奇，而且充满稚气。但是，泰勒斯却开辟了寻找世界同一性的传统，直到今天这种原则依然被广泛应用，比如我们今天从"原子""夸克"等角度来理解我们的世界，虽然在喝水的时候很少有人会说自己在饮用夸克，但从基本粒子的角度解释物质世界的做法却被现代人所广为认可。另外，泰勒斯命题中的水也不是我们感官所接触的具体的水，而是一种理性的原始物质，它是在感性观察基础上进行抽象的结果。换一种说法，它是"词"，而不是具体的感性事物。同时，抽象的"词"要在具体的"物"中寻求验证。也正是基于不同的感性基础，阿那克西曼德和阿那克西美尼才提出了不同于泰勒斯的原始物质：无定形和气。

毕达哥拉斯学派已经不是在感性观察基础上进行理性抽象，而是直接把理性的"数字"视为整个物质世界的起源和本质，虽然他们找到的"词"依然

---

① 〔美〕理查德·塔纳斯：《西方思想史——对形成西方世界观的各种观念的理解》，吴象婴等译，上海社会科学院出版社，2007，第20页。

② 德尔图良：《论基督的肉身》，第15章。转引自赵敦华《基督教哲学1500年》，人民出版社，1994，第107页。

带有感性色彩，但毕达哥拉斯学派已经迈出了超越早期自然哲学的关键一步，即用只有在人类这里才能产生的抽象的数学原则来给予万事万物以普遍的秩序。赫拉克利特一方面用抽象的逻各斯（词，道）来解释宇宙运行，另一方面逻各斯还是与带有具体意象的"火"相关联。而只有到了巴门尼德那里，"非自然"（否定自然哲学）、"超越感性"意义上的形而上学才初露端倪。

在谈到研究真理的途径时，巴门尼德借女神之口说道："第一条是：存在者存在，它不可能不存在。这是确信的途径，因为它遵循真理。另一条是：存在者不存在，这个不存在必然存在。"①

这一段译文历来争讼不已，正如王路教授在《是与真——形而上学的基石》中指出的，在卡恩著作发表之前，人们争论的焦点之一是εστιν是否有主语以及主语是什么。而在卡恩著作发表之后，人们逐渐接受其从句子框架角度理解εστιν的解读方式。② 在卡恩以及接受卡恩观点的人看来，引起争议的诗句应该翻译为：

一条路：——是——，并且不可能——不是——……另一条路：—…不是——，并且——不是——乃是对的……③

卡恩把εστιν理解为单字句，理解为没有内容的纯形式句。这当然可以避免εστιν的主语有没有以及是什么的问题，但这种解读方式也并不是没有问题。巴门尼德怎么会拒绝否定句？斯宾诺莎曾经说过，规定就是否定。A 是 B，同时也就意味着 A 不是 C，这样一来，"——是——，并且不可能——不是——"就解释不通。同样，"—…④不是——，并且——不是——乃是对的"也没有什么问题，似乎不值得巴门尼德花这么大心血来批判。

我们认为，只从形式角度理解εστιν会遮盖巴门尼德哲学所思考的领域和

---

① 参见《西方哲学原著选读》（上卷），商务印书馆，2002，第 31 页。
② 参见王路《是与真——形而上学的基石》，人民出版社，2003，第 98～107 页。
③ Mourelatos, A. P. D., *The Route of Parmennides*, pp. 54－55. 转引自王路《是与真——形而上学的基石》，人民出版社，2003，第 107 页。
④ 此处疑为印刷错误，似乎应是——，而不是—…。

路径。εστιν 是 ειμι①（相当于英文的 am）的现在时主动语态单数第三人称形式，其主语（它）往往省略。但这绝不是说主词不重要，恰恰相反，"它"提示着巴门尼德的思考进入了新的层次和阶段。世界上的人和事情林林总总，迁流不已，不管整个宇宙还是某个微粒，都可以称之为"它"，并且"它"在"是着"。在巴门尼德看来，对这一点进行怀疑是没有道理的。正如柏拉图主义者经常举的那个例子，某个具体的桌子是可以烧毁的，但"桌子"概念本身却无法烧毁。同样的道理，被称为"它"的某个东西可以变化甚至消灭，但用来指示某个东西的"它"却是不变、不灭的。很多人混淆了用来指代的"它"与被"它"所指代的东西，东西是感性的，"它"却是思维出来的。在巴门尼德看来，我们要尽力把握不动不变的"它"，其方式就是思维，"因为能被思维者和能存在者是同一的"。② 在贝克莱那里，能被称为"是"的东西就是能被感知的东西；而在巴门尼德这里，能被称为"是"的东西只能是被思维的东西，如果不能被我们思维，那就不能说对象"是"。

巴门尼德对感性的世界表现出强烈的拒斥态度，他认为真正的对象（它）不是经验对象，而是完美的理想对象，即理智所把握的对象。巴门尼德说过，真实的东西（它）是不动不变的，它不在感性领域，要追求圆满真理，不能以茫然的眼睛、轰鸣的耳朵或舌头为准绳，而要用理智来解决纷争的辩论。要用心灵牢牢地注视那遥远的东西，一如近在目前。③ 具体的某个东西一会儿是这样，一会儿是那样，而抽象的"它"永远是其本身，不会发生变化。也就是说，真正的对象并不存在于时空中，它的栖身之所就是人的"词语行为"，人们借助心灵的直观（思维）来把握"词"所指向的"对象"。这些对象可以说是使用符号的人类所构造出来的，但一旦能够进入这个对象领域，人们在面对纷繁复杂的感性世界的时候就不会茫然，而是能用这个"新"世界的规则来赋予整个宇宙以秩序。而且在思维中理想对象之间的界限也是清晰可辨的，A 就是 A，A 不是非 A，要么 A，要么非 A。相反，感性世界的对象则是

---

① 很多学者往往把 εστιν 当作系词 ειναι 的第三人称单数形式，这原则上没有什么错。但希腊语动词根据现在时主动语态第一人称单数形式的词尾（ω 或者 μι）区分为 ω 动词或者 μι 动词，比如 ειμι 是 μι 动词，所有其他人称的词尾变化都被称为 μι 动词词尾变化。

② 《西方哲学原著选读》（上卷），商务印书馆，2002，第 31 页。

③ 《西方哲学原著选读》（上卷），商务印书馆，2002，第 31 页。

变动不居的，正如维特根斯坦后来所发现的，不同感性对象能从不同角度进行归纳和描述，在感性领域不存在真正稳定、必然的东西。① 在巴门尼德和支持巴门尼德的人看来，只有在超出经验对象的领域中才能寻找到普遍、必然和"真实存在"的东西，才能用"是"下判断。

巴门尼德已经注意到对象之间的形式上的同一性（都是"是着的它"），他排斥对象间的差异性，认为"它"是不变的、连续的"一"。柏拉图则把差异性引入了超感性领域，认为同为"它"的理念之间存在"质"的差异，是"一"与"多"的统一。

可以说巴门尼德开辟了西方哲学的新纪元，在此之前，古希腊哲人还要经常借助感性力量来展开自己的理论活动，而在巴门尼德以后，越来越多的哲学家熟悉了这个超感性的领域，并不断用超越经验的"先天"原则来整理感性杂多，从而为世人提供了一个又一个专门的学科领域，如逻辑学、植物学、动物学、地质学、物理学、生理学，等等。

但是巴门尼德依然把自己的哲学称为"论自然"，其实他的哲学已经不是或者至少不全是通常意义上的自然哲学。在西方哲学史上"自然"有两种意义，一是自然哲学时期的变动不居的"涌现着"的自然（φυσις），二是不动不变的更"圆满"的自然。第二种意义上的"自然"与英文"本性"或"本质"（nature）之间具有了越来越强的相关性。② 如果我们把"自然"理解为自然哲学意义上的"自然"，那么巴门尼德无疑是"非自然"者。在巴门尼德之后，φυσις 意义上的"自然"逐渐成为西方哲学的"上马石"，很多哲学家继承"非自然"的事业，把自然看成反对和批驳的对象，目的是找到真正的知识，以进入永恒和不朽的宇宙（cosmos）中。

在很多人看来，自然哲学只是西方哲学的起点，而"后于自然"的柏拉图主义哲学才真正使得哲学登堂入室。非常巧合的是，"后于自然"正好被称为τα μετα τα φυσικα（形而上学）。由于前苏格拉底哲学没有很好地满足形而

---

① 针对当时大多数逻辑学家语言分析中的形式化倾向，维特根斯坦向人们指出，语词所指向的对象并没有共同的本质，诸对象之间充其量存在错综复杂、重叠交错的类似性。在传统逻辑学家那里，使用"种+属差"的方法，就能解决大部分逻辑问题。在维特根斯坦看来，应该允许概念存在模糊性，这取决于概念外延的个别性和多样性。

② 参见赵敦华《西方哲学简史》，北京大学出版社，2001，第3页。

上"学"（logy）的体系性要求，智者学派的怀疑主义在古希腊风靡一时。为应对智者学派对永恒、必然和普遍的知识的挑战，苏格拉底和柏拉图确立了不动、不变的"理型"（或理念）的主导地位。柏拉图认为，感官所接触的世界不过是虚幻的影子，它们是对理型世界的模仿和分有。哲学家要向心灵深处探索，把理型世界揭示出来，并用它规范变动不居的现象界。亚里士多德则用逻辑学的方法来构建形而上学，不过他把自己的事业称为"第一哲学"。

亚里士多德在众多"是者"中确定作为"主词"的"根本的是者"（实体），然后对实体进行表述。亚里士多德有时更强调感性的"这一个"作为实体的地位，亚里士多德区分了"第一实体"与"第二实体"。在《范畴篇》中，亚里士多德说过如下一段话："实体，在最严格、最原始、最根本的意义上说，是既不述说一个主体，也不存在一个主体之中，如'个别的人'、'个别的马'。而人们所说的第二实体，是指作为属而包含第一实体的东西，就像种包含属一样，如某个具体的人被包含在'人'这个属之中，而'人'这个属自身又被包含在'动物'这个种之中。所以，这些是第二实体，如'人'、'动物'。"① 在这里，亚里士多德给人的印象就是更重视作为个别的人、个别的马的第一实体。但古希腊哲学占主流的原则毕竟是在"多"中寻求"一"，在"变"中寻求"不变"。亚里士多德还说过："尽管存在的意义有这么多，但'是什么'［ti estin］还是首要的，因为它表示实体。"② 虽然表示实体并不一定就是实体，但"是什么"却是理解实体的关键，在很多时候，哲学家们直接把作为本质的"是什么"与实体等同起来，即使亚里士多德本人也把作为"属"的名相称为第二实体。后来，第二实体（本质，"是什么"或"其所是"）成为事物的基础，它一经变化事物就丧失了自身的同一性，它也成为判断的主词，大有取代第一实体之势。具体说来，实体是属性的主词，属性是实体的谓词。其中本质属性与实体的联系是必然的，非本质属性（偶性）与实体则是偶然的关系。即使偶然的关系也蕴含着必然性：属性必然依赖于实体。所有这些关系都用主（词）谓（词）结构的语言形式来表达

---

① 〔古希腊〕亚里士多德：《范畴篇》，见苗力田主编《亚里士多德全集》第一卷，中国人民大学出版社，1997，第6页。

② 参见（古希腊）亚里士多德《形而上学》，苗力田译，见苗力田主编《亚里士多德全集》第七卷，人民大学出版社，1997，第160页。

（或者用后现代的话语，实体与属性关系是对语言主谓结构的表达）。亚里士多德还在三段论的基础上发展出一个必然的逻辑体系，任何科学都要满足"必然地导出"这个形式条件，否则就不能称为"学"，而只能是意见和经验之谈。

在海德格尔看来，亚里士多德那里存在两种研究存在的路径，一是主谓结构路径，即所谓十范畴理论；二是潜能现实理论研究路径。[1] 前者通过十个谓词来理解"是"的问题，后者通过过程来理解"是"本身；前者把"是"本质化、在者化，后者把"是"时间化。但总的来说，范畴理论对后世的影响更大一些。自此以后，西方形而上学的主流沿着主谓逻辑进展，在很多哲学家看来，"自然"意味着意见、常识、尘世、偏见和感性的领域，而作为"自然之后"的形而上学则通过超越自然，从而达到了"知识"、"天国"、"真理"和理性的世界。我们在奥古斯丁、笛卡尔甚至柏格森等哲学家那里可以看到这种类型的形而上学，这种形而上学表现出对自然的拒斥和超越，从而是"非自然"的。当然我们也要注意，柏格森形而上学也超越自然，但这里的"自然"指的是"习惯成自然"意义上的"自然"，因此形而上学就不是超越到知识与理性处，而是要超越到直觉的、创造的、更具有自由自觉性的生命境界。

康德对形而上学有着独到的理解，他可谓西方形而上学史的关键人物，说他起着继往开来的作用是不过分的。他一方面终结了超越自然、非自然的知识论意义上的形而上学，另一方面也提示出形而上学发展的新路径。康德是超越自然、非自然的传统知识论形而上学的终结者，他认为知识论上的、"非自然"的形而上学会陷入二律背反的尴尬处境。同时，康德也提示出挽救危在旦夕的形而上学的可能性，一是把自然领域（知识）与自由领域（信仰）分开，着重在自由和信仰领域探索与研究形而上学；二是积极探索自然领域的前提和基础问题（这其实就是我们前面分析过的作为"前提追问之学"的形而上学）；三是实际演习作为"自然倾向"的形而上学，以揭示传统形而上学的迷失，以及增强避免陷入迷失和错乱的理性能力。

---

① Martin Heidegger, *Aristotle's Metaphysics Θ 1 – 3: on the Essence and Actuality of Force* (Bloomington: Indiana University Press), translated by Walter Brogan and Peter Warnek, 1995, p. 8.

其实自然领域也不是无关信仰，在康德那里，作为现象界的自然要以"物自体"以及"先验统觉"为前提，对这些前提只能信之，而无法知之。若没有对这两个前提的信仰，知识领域就无法圆融和自足。我们从后世的"科学共同体"观念中也能够看出，知识领域也不得不研究信仰和价值问题。越来越多的学者认识到，与其视信仰和价值为异己和陌路，倒不如正视这个领域，并理性反思和审视它在科学研究工作中的地位和作用。

康德把自然与自由区隔，可谓为后世自然科学与人文学科的划分、事实与价值并立，以及科学主义与人文主义的对峙，开了先河。人类不能纯粹地生活于事实和经验的领域，人还要有先验和超验的领域。把人类活动区分为经验、先验和超验，这只是一种理想的划分，其实人的活动是三种方式的这样那样的统一。我们在讲经验、先验和超验的时候，其实所指的是以经验为主导的活动、以先验为主导的活动和以超验为主导的活动。

以经验为主导的活动主要以眼、耳、鼻、舌、身为渠道来获取信息，其对象往往具有"此时此地"的特征。以先验为主导的活动与以超验为主导的活动的共同点是二者都借助"信"来把握对象。所不同的是，"信"得以维持的手段不同。没有人见过桌子概念，也没有人见过人的概念，但我们相信"有"桌子概念，我们相信"有"人的概念。没有人能看到普遍的人性和善，但大多数人还是相信有人性和善。不过，对"桌子"和"人"的概念的相信与对人性及善的相信之间有区别，前者能够在经验对象中找到对应者，或者能遵循逻辑上的"规律"，而后者一是无法找到经验中的对应者，二是可以不遵循逻辑规律（如对善的把握不一定需要推理能力的帮助）。前者就是以先验为主导的活动，后者是以超验为主导的活动。以先验为主导的活动中的"信"靠经验对应以及逻辑一致来维持，符合这两个条件，我们就说我们有道理相信有桌子、有人……超验活动中的"信"主要靠自己的意志与感受来保持，我愿意相信有上帝，我愿意相信有福音，我愿意相信有普遍的人性，只因为这对我有感召力，只因为这是值得相信的以及这让我生命有了得以立足的根据。

笔者认为康德划分"自然"与"自由"的功绩在于提示人们，人类的大多数活动可以从"知识"和"信仰"的角度来理解。"知识"不能离开经验对象（时空形式整理过的对象），而且要利用人类的先验能力来形成具有普遍必然性的判断，有着不以个人、种族乃至人类意志为转移的法则，这些法则指导着人们如何求知。人们对这些法则只能"发现"之，而不能"发明"之。"信仰"则与经验对象（时空形式整理过的对象以及功利对象）无关，它志在寻求具有普遍必然性的关于善的判断，这个领域有着贯彻人类意志的法则（绝对命令），它指导着人们如何做人。人们对这些法则只能"发明"之，而无法像知识那样"发现"之。而在这两个领域之间的是"审美"的天地，它依靠可经验的对象来传达人类的自由意志。其中比较靠近"知识"一侧的审美活动形成了"写实"风格，比较靠近"信仰"一侧的审美活动则形成了"写意"风格。

康德的三大批判分别立足于人的求真、为善和审美能力，创造了令后人叹为观止的恢宏体系，它们既反映了康德所具有的科学至上倾向，也是他所生活的时代的产物。但是在康德之后，人们却越来越难以坚守对普遍必然性的信心。在知识（自然）领域，如休谟早就指出了的，除了数学和逻辑学这样的形式科学还能某种程度上自豪于自己的严格和严密之外，任何一门涉足经验对象的科学都饱受历史性和相对性的折磨，以至于波普只能从反面来说明科学活动中的必然性，即被完全证实是不可能的，被证伪是必然的。我们在上面也论述过，知识领域无法彻底排斥信仰以及价值的存在，历史性和相对性方法被吸收进科学哲学研究中，统计性、非线性、模糊性等也成为一些新兴科学的关键词。

在自由领域，寻找普遍法则的努力到处可见，但提出绝对和普遍法则的人们则发现自己经常处于反对和质疑的旋涡中。这虽然不足以证明普遍必然法则的不存在，但至少会让人们面对这一类问题时更加审慎。而在一些存在主义者看来，科学不能担负起指导人生的职责，而自由不像康德所理解的那样表现为人类的普遍而必然的绝对命令，而只能表现为个人在超越活动中具有无穷无尽的可能性。①

一方面是贯穿于"自然"和"自由"的普遍必然性理想受到怀疑，另一方面是"自然"与"自由"的关系也日渐紧张。逻辑实证主义者认为应该把具有自由倾向的哲学驱逐出自然研究领域。在卡尔纳普看来，如果形而上学自认为是艺术，只是情感和感悟的特殊表达，那就没有必要拒斥之。但问题是形

---

① 参见〔德〕雅斯贝斯《生存哲学》，王玖兴译，上海译文出版社，2007，第7、15页。

而上学往往冒充它所不是的东西（比如科学），它只是貌似理论，实则是虚假的理论。① 因此要坚决地把形而上学从理论尤其是科学的行列中驱逐出去："科学世界概念的代表坚定地站在单纯人类经验的基础之上，他们满怀信心地开展工作去清除形而上学和神学的千年垃圾，或者像有些人所说的那样，在经历了形而上学的间歇之后，又回复到一个统一的尘世的世界图景，这种世界图景在一定意义上说乃是古代没有神学的魔术这一信念的基础。"②

自然科学研究者反对以"自由"为主导的哲学，并称之为形而上学，一些人文主义者则反对以"自然"为主导的哲学，同样称之为形而上学。在克尔凯郭尔看来，体系哲学家漠视实存的个人，取消一个人作为个人这件事情，而且每一个思辨哲学家都非常自大，他们随意把自己和人性混为一谈，仿佛由此他就成为一种无限伟大的东西，但同时他又根本什么也不是。克尔凯郭尔说，他们完全是在一种纯粹的心智不清的状态下把自己和人类混为一谈的。③传统形而上学家之所以漠视个体以及人类个体的实存，原因无非有两个，他们一是认为万物没有实际上的区别（平均化的逻辑），二是认为"类"这个范畴对于"个体性"范畴具有优势地位。④虽然克尔凯郭尔在反对体系哲学家时他脑中浮现出来的敌人是黑格尔，但自然科学研究者也动辄从粒子和系统的角度来理解人自身以及人类社会，可以说在"漠视"个人自由的共谋与行动中也分了一杯羹。

总之，传统形而上学把"非自然"（非难自然）作为超越有限性、达到无限性的手段，这种致思取向一方面扩展了人类的思维空间，提高了人类把握外界的能力，另一方面也极大地限制了感性领域，造成了鄙视经验、厌弃现实的不良后果。同时作为"非自然"的形而上学还陷入了令自己声名大降的混乱

---

① 〔德〕鲁道夫·卡尔纳普：《通过语言的逻辑分析清除形而上学》，载洪谦主编《逻辑经验主义》，商务印书馆，1989，第34～36页。

② 〔奥地利〕汉恩、〔奥地利〕纽拉特和〔德〕卡尔纳普：《科学的世界概念：维也纳学派》，载陈波、韩林合主编《逻辑与语言——分析哲学经典文选》，东方出版社，2005，第213页。

③ 〔丹〕克尔凯郭尔：《实存的体系是不可能的》，载熊伟主编《存在主义哲学资料选辑》上卷，商务印书馆，1997，第43页。

④ 〔丹〕克尔凯郭尔：《现时代》，载熊伟主编《存在主义哲学资料选辑》上卷，商务印书馆，1997，第59页。

中。在康德之后，反对形而上学的浪潮不但没有平息，而且呈现日渐高涨之势。比如在那篇著名的反对形而上学的檄文中，卡尔纳普就声称："在形而上学领域里，包括全部价值哲学和规范理论，逻辑分析得出反面结论：这个领域里的全部断言陈述全都是无意义的。这就做到了彻底清除形而上学，这是早期的反形而上学观点还不可能做到的。"①

康德把传统形而上学即离开经验构建最高等级知识的倾向称为自然的（意为"自然而然的"）的形而上学，② 逻辑实证主义则进一步以传统形而上学的"非自然"性来证明形而上学的不合法。"自然"成了形而上学的切肤之痛，除非证明形而上学本来就是"自然"的。海德格尔的形而上学独辟蹊径，他认为形而上学恰恰就是"自然"，形而上学要"返回自然"。

二 作为"返回自然"的海德格尔的形而上学观

康德划分"自然"与"自由"既让不同性质的学科对自己的性质和位置更为明确，也无形中拉开了两个领域间相互争斗的序幕。而在海德格尔看来，在所谓"自然"和"自由"之间的那个领域，即所谓审美领域，才是"自然"和"自由"的根。按照自然哲学追本求源的传统，那"一开始者"（开始之点，αρχη）才是最重要的。既然这个中间领域是知识与信仰的根，它也就成了αρχη，从而也就成为真正意义上的"自然"。对此，海德格尔这样论述道："希腊人并不是通过自然过程而获知什么是 φυσις 的，而是相反。它们必得称之为 φυσις 的东西是基于一种对在的诗－思的基本经验才向他们展示出来的。"③ 海德格尔认为，被称为"自然"的东西不是通常所谓自然界，也不是作为自然现象的运动过程，而是基于人的一种基本体验而向人呈现出来的、绽

---

① 〔德〕鲁道夫·卡尔纳普：《通过语言的逻辑分析清除形而上学》，载洪谦主编《逻辑经验主义》，商务印书馆，1989，第 13 ~ 14 页。

② 康德认为："形而上学虽然不是作为科学，但毕竟作为自然禀赋（metaphysica naturalis〔自然而然的形而上学〕）是现实的。"参见〔德〕康德《纯粹理性批判》，李秋零译，中国人民大学出版社，2004，第 46 页。

③ Heidegger, *Einfuehrung in die Metaphysik*, Sechste Auflage（Tuebingen：Max Niemeyer Verlag GmbH & Co. KG），1998，S. 11.

开着的强力以及由强力支配的持留。① 这种基本体验就是创制。这种思想来自他对亚里士多德著作的阅读。按照亚里士多德的理解，人的体验可以分为理论、实践和创制三种：

> 思辨的、理论的思考则不是实践的，它只有真与假而不造成善与恶。寻求真理是一切思考的功用，而实践思考的真理要和正确的欲望相一致。②

> 实践所具有的理性品质不同于创制所具有的理性品质，两者并不相互包容。实践并不是创制，创制也不是实践。营造术就是一种技术，并且是创制的理性品质。……技术和具有真正理性的创造品质是一回事情。一切技术都和生成有关，而进行技术的思考就是去审视某种可能生成的东西怎样生成。它可能存在，也可能不存在。这些事情的开始之点是在创制者中，而不在被创造物中。凡是由于必然而存在的东西都不是生成的并与技术无关，那些顺乎自然的东西也是这样，它们在自身内有着生成的始点。既然创制与实践不同，那么技术必然是创制的而不是实践的。③

在亚里士多德看来，作为理论的体验发现本有的东西（知识），作为实践的体验发明应有的东西（如做人的道理），作为创制的体验则创造不曾有的东西（用品和作品）。事实上，哲学上通行的"真善美"三大领域的划分方式正是发轫自亚里士多德。在前两种体验中，知识和做人的道理不产生自体验者，因为他们所体验到的东西具有普遍必然性，不依赖于个人而存在；而在创制体验中，创制者对于对象的影响甚大，可以说不同的创制体验会导致不同的对象。亚里士多德还把必然存在与生成对立起来，并且作为创制的理性品质的技艺（τεχνη，或译为技术）和生成有着紧密关联。虽然亚里士多德把创制与理

---

① Heidegger：*Einfuehrung in die Metaphysik*，Sechste Auflage（Tuebingen：Max Niemeyer Verlag GmbH & Co. KG），1998，SS. 11 – 12.

② 〔古希腊〕亚里士多德：《尼各马科伦理学》，苗力田译，见苗力田主编《亚里士多德全集》第八卷，中国人民大学出版社，1994，第121~122页。

③ 〔古希腊〕亚里士多德：《尼各马科伦理学》，苗力田译，见苗力田主编《亚里士多德全集》第八卷，中国人民大学出版社，1994，第124页。

论和实践并列，但西方哲学家大多把关注的焦点放在了知识和伦理上。而在知识和伦理之间，知识又居于更为重要的地位。长久以来，从知识角度审视一切成为一种势力甚强的传统，从理论角度来理解和观察自然就不令人感到奇怪了。对此，海德格尔深表痛惜："那只眼，那种看，即曾原始地观入主宰作用中才深察出筹划来的眼与看，就此洞察而创制出事业来的眼与看，此时变成单纯的观看与细看与呆看了。"①

海德格尔认为，创制比理论与实践都原始，"自然"应该从创制角度来理解："至于 φυσις 和 τεχνη 本质上的相同尚需经过特别的考察才可弄清。"② 创制（πραγμα）实质上就是创造，包括理论和实践在内的人类活动也无非都是创造，但海德格尔把技艺意义上的创造看成创造活动中的"第一实体"，理论和实践的创造都要以它为根据。在《存在与时间》一书中，海德格尔就已经有意突出 sein 的第一人称单数形式 bin，他把 bin 既解释为 bei（关联），也解释为 bauen（建造）。在英译本《存在与时间》的一处注释中，英文译者也说："在这里，海德格尔看起来又倚重于格里姆（Grimm），他把'bei'，'bauen'以及'bin'继续联系起来。"③

海德格尔还把形而上学称为超越活动，在教授就职演讲《什么是形而上学》中他明确指出："超越存在者之上的活动发生在此在的本质中。此超越活动就是形而上学本身。"④ 笔者认为，可以从三个环节来理解他说的超越活动：超越者–被超越的东西–超越到何处。超越者因为能够超越才被称为超越者，超越者之所以能够超越，是因为超越者能够进行亚里士多德所说的创制活动。我们在上面讲过，创制与理论以及实践都不同，创制者是其作品（被创制的东西）的 αρχη（始点或者原因），创制者与其作品的关系是充满各种可能性

① Heidegger：*Einfuehrung in die Metaphysik*, Sechste Auflage（Tuebingen：Max Niemeyer Verlag GmbH & Co. KG），1998，S. 48.

② Heidegger：*Einfuehrung in die Metaphysik*, Sechste Auflage（Tuebingen：Max Niemeyer Verlag GmbH & Co. KG），1998，S. 13.

③ Heidegger, *Being and Time*, trans. By John Macquarrie & Edward Robinson（London：SCM Press Ltd），1962，p. 80. 一些建筑师非常关注海德格尔对建造的阐释，有的还直接把 bauen 翻译成建筑，其实海德格尔用 bauen 所指甚广，并不局限在建筑上。

④〔德〕海德格尔：《形而上学是什么》，载孙周兴选编《海德格尔选集》上卷，上海三联书店，1996，第 152 页。

的，面对对象的时候创制者具有强力，不仅不会被局限在如理论和实践那样的单一的可能性上，还能创造一个特定对象被置入其中的整体（体现一种原则与秩序的世界），同时还要使得这一切处于敞开中，不至于立刻消失，质言之能够对抗住死亡。具有此种强力者被称为超越者。

被超越的东西一方面是在者，另一方面是面对在者的不自由的作为方式，它其实就是对象导向的作为方式，海氏称之为存在者状态（ontisch）。存在者状态就是只看到对象，而看不到对象是自己的强力构造出来的，从而在面对对象时要么只是理论观察（海氏所谓单纯的观看与细看），要么就是陷入对象中被对象弄得眼花缭乱（海氏所谓呆看）。这种存在方式不仅不能成就在者，也错失了自己的强力，因此需要被超越。

那么超越者要超越到何处呢？超越者通过否定不自由的存在方式而达到真正自由的境界。理论和实践在海德格尔看来都把人与对象的关系限定在某种或某几种可能性上，而在充满创造力的创制活动中，创制者和被创制的东西都充分敞开，于是在各种可能性中选择了一种最合适的可能性。这样，通过成就被创制的东西，创制者也自我成就。这是一种在"诗－思"境界中呈现出来的、强力充分涌流的世界。在这里，万物有生死，有断续，这其实就是生成。不过海氏认为生成不是自发的，而是自由的，不是现成的，而是创造出来的。海德格尔所意指的自然就是这一充满活力、充满张力（生与死、开启与遮蔽等）的大化流行本身。自然就是不仅不被在者所局限，还要用创制的态度和行为创造在者，把自己和在者都带入自由的高妙境界。海德格尔认为形而上学就是通过不断否定不自由的存在方式，一方面达致自由，另一方面回归本应具有的自由状态。

在《存在与时间》中，海德格尔突出"我是即我建造、我关联"，其人类中心论和提升主体的意味很强。虽然未必一定是海德格尔的本意，但读者会认为存在论不过是把"我是"作为"它是"的基础，这也是公众从哲学人类学角度解读海氏《存在与时间》的重要原因。甚至海氏自己也说："《存在与时间》所走的道路和所做的努力'违反其意愿而进入了一个危险的境地，即只是重新增强了主体性……'"[1] 在后来的发展中，海德格尔逐渐限制自己的

---

① 〔德〕海德格尔：《尼采》第二卷，德文版，第1941页。载孙周兴选编《海德格尔选集》上卷，编者引论，上海三联书店，1996，第6页。

"人类中心主义"倾向，他不但在 30 年代中期的授课中有意把人与宇宙中其他在者放在同等的位置，甚至在此后只把人理解为"天地人神"中的一个要素。在《形而上学导论》中他所突出的不是"我是"之"是"（bin），而是"它是"之"是"（ist），并把"在"（sein）视为 ist 的不定式：

> 我们照此办法就是从不定式来理解"在"这个动名词，而这个不定式本身又始终是指着这个"ist"，及其所摆出来的形形色色。这个确定的单独动词形"ist"直说［陈］式现在单数第三人称，在此有一种优先地位。我们领会"在"时不是眼望着"du bist"，"ihr seid"，"ich bin"或者 sie waeren 来领会的，虽然后面这几项也完全和这个在（ist）一样是十足的"在"的变异形态。我们把"在"算作"ist"的不定式。反过来说我们也不是随随便便，几乎是不这样是不可能的，从"ist"那儿来说明"在"这个不定式。①

正如我们在论述巴门尼德时所提到的，世界上的人和事林林总总，不管整个宇宙还是某个微粒，都可以称之为"它"，并且"它"在"是着"。其实一开始并没有一个抽象的 das Sein 在"是着"，有的是活生生的可以用第三人称"它"来指称的东西以及它的"是"（或是着）。不定式 sein 则是随后的一种理论概括，不是生成的始点。如果说 Es ist 指向了具体的"此时此地"并有着有限性，那么 sein 本身则无具体的"此时此地"的限制，从而是非限定的，也就是"不定式"（Infinitiv）。"Es ist"的所指是万物自是其是，万物生机勃勃地成长，万物按照自己的强力和命运而运行。这不就是海德格尔用自己的"创制之眼"所看出的"自然"（φυσις）吗？海德格尔这样描述自然："φυσις作为绽开是可以处处经历到的，例如天空启明（旭日东升），大海涨潮；植物的更生，动物和人类的生育。"② 而且，诸如大地、天空、大海、植物、神以及人这样的存在者都具有绽开着的强力，都是"自然"："φυσις 原初的既是天

---

① Heidegger, *Einfuehrung in die Metaphysik*, Sechste Auflage（Tuebingen：Max Niemeyer Verlag GmbH & Co. KG），1998，S. 70.

② Heidegger, *Einfuehrung in die Metaphysik*, Sechste Auflage（Tuebingen：Max Niemeyer Verlag GmbH & Co. KG），1998，S. 11.

又是地，既是岩石又是植物，既是动物又是人类与作为人和神的作品的人类历史，归根结底是处于天命之下的神灵自身。"①

如何表述这种"自然状态"呢？海氏认为传统的西方哲学习惯于通过谓词来理解"是"的问题，西方形而上学的主流是主谓逻辑。主谓逻辑的形而上学确实如海氏所批评的，往往从名词、共相的角度理解"是"本身，把"是""是者化"了。比如，从动物来理解人，从植物来理解树。这充其量只是把某个主词置于种、属和差所组成的逻辑"宇宙"（cosmos）中，并没有实质性地对准"是"本身。如海德格尔所理解的，"是"不是"是者"，但"是"又离不开"是者"，因为"是"毕竟是"是者"之"是"。如何解决这一矛盾呢？如何既不从"是者"角度理解"是"，又不使"是"一无所是呢？

那就只能走出主谓逻辑，而代之以"主动逻辑"。所谓"主动逻辑"就是用动词或现在分词来界定"是者之是"。比如一棵树"是"，这指的是一棵树在作为树而"树着"。树"树着"就是树作为树直立着（在汉语中，树就是立）、四季枯荣着。而且更为重要的是，对于人来说，树"树着"就是树能遮阳、能结果实、能作为木材供人使用，等等。树的自我创造以及被人改造都是其"是"或者其"树着"。如果树不"树着"，而是"朽烂不可立、不可用乃至不可辨"，那就不能再称之为树，至少不再是通常意义上的树。按照这种"逻辑"，"是者"因为"是"而被称为"是者"，"是"则是"是者"的"是"。不同"是者"因为不同"是"的方式而被称为某个"是者"。比如，树因"树着"才成其为树，楼房因"楼房着"才成其为楼房，学校因"学校着"才成其为学校，国家因"国家着"才成其为国家，世界因"世界着"才成其为世界……笔者认为，海德格尔之所以经常玩名词动词化的游戏，正是出于这种"主动"的"逻辑"。在这种"逻辑"中，sein 是对"树着"、"学校着"以及"世界着"这些"是着"的类比性的概括。而且"主动逻辑"还有一项好处，那就是它时刻提醒人们从生成和变化的角度理解"是"。"是"即（它）"是着"，而且（它）还在"不是着"。在《形而上学导论》中，海德格尔说：

---

① Heidegger, *Einfuehrung in die Metaphysik*, Sechste Auflage（Tuebingen：Max Niemeyer Verlag GmbH & Co. KG），1998，S. 11.

如果我们把二者照希腊人那样来理解，形成就是进入在场状态又从此状态离去，在就是升起的现象的在场，不在就是不在场，那么这个升起与下落的交互关系就是现象，就是这个在本身。①

在海德格尔看来，在（是）本身包括进入和离去、升起和下落以及生与死等诸多相反的力量和趋势，"是者是着"就等于说"是者在是着同时也在不是着"，是者之所以还"是"，那表明"是着"还没有完全被"不是着"所取代，否则"是者"就变成了"不是者"（das Nicht）。传统形而上学只关注"永远的是着者"（实体、形式、上帝、主体、精神等），海德格尔心目中的形而上学则追问"是者"的"是着"和"不是着"，甚至可能"不是着"更为重要，因为一方面"它"长久被忽视，另一方面"它"更能激发创造者本真的创造力。"是着"和"不是着"是"是"的现象的一体两面。

从这个角度来理解，赫拉克利特和巴门尼德就不是对立着的，而是分别突出了同一问题的不同方面："人们总把形成的学说划归赫拉克利特而认为是和巴门尼德尖锐对立的！其实赫拉克里特是和巴门尼德说同一回事。如果赫拉克利特说的不是同一回事，那么他就不会是伟大的希腊人中最伟大者之一了。"②海德格尔想表明，赫拉克利特和巴门尼德都是研究 Sein 的问题，其中巴门尼德侧重于"是着"（seiend），而赫拉克利特则侧重于"不是着"（nicht seiend）。由于"是着"和"不是着"是不可分割的两个方面，所以谈其中一个方面就不可避免地也会涉及另外的方面。因此海德格尔会认为赫拉克利特和巴门尼德说的是同一回事。

海德格尔在《什么是形而上学》的演讲中把"为什么就是存在者在而'无'倒不在？"（Warum ist ueberhaupt Seiendes und nicht vielmehr Nichts?）③作为形而上学的基本问题，可能也正是要提醒人们，不能以"后自然"的、知

---

① Heidegger, *Einfuehrung in die Metaphysik*, Sechste Auflage（Tuebingen：Max Niemeyer Verlag GmbH & Co. KG），1998, SS. 87 – 88.

② Heidegger, *Einfuehrung in die Metaphysik*, Sechste Auflage（Tuebingen：Max Niemeyer Verlag GmbH & Co. KG），1998, S. 74.

③ 〔德〕海德格尔：《形而上学是什么》，载孙周兴选编《海德格尔选集》上卷，上海三联书店，1996，第153页。

识论的方式探讨"是"的问题，要回到本真的自然哲学中去领略、欣赏和创造在对抗死亡（"无"的重要表现形式之一）中用强力而形成的"艺术作品"，同时还要关注"无"（不是）的问题。如果不是这样，就会出现大错："因为如果我由于总说无显然不在就不理睬无，这却是追问在的问题之一大失误（至于无根本不是什么在者，这并不排斥无以其方式而属于在）。"① 在海德格尔眼里，是与不是，在与无，"是着"与"不是着"是构成"它"的一个整体。如果只是研究一个方面，尤其是只研究"是"和"是着"而忽略"不是"和"不是着"，那就会误解具有有限性和历史性的 Sein 本身。事实上，苏格拉底之后的很多哲学家正是因为无法进入有限性和历史性的存在问题，才使得哲学一再遗忘存在问题本身。

因此，海德格尔始终对前苏格拉底哲学称颂不已："伟大的东西从伟大开端，它通过伟大的东西的自由回转保持其伟大。如果是伟大的东西，终结也是伟大的。希腊哲学就是如此，它以亚里士多德作为伟大的终结。只有平常理智的和渺小的人才会设想伟大的东西是无限持续的并将这种持续视为永恒。"② 海德格尔认为，希腊哲学的伟大是它的开端（αρχη）是探讨开端的自然哲学，自然哲学从创制角度理解存在，从而融入了那伟大的强力之中。亚里士多德一方面下启知识论中心主义的哲学，另一方面毕竟上承自然哲学的余绪，故而海德格尔称其为伟大的终结。同时，伟大的东西不在永恒中，而在于曾经或正在用强力对抗死亡和虚无，并尽力撑开和保持住作品的最好（最合适）的可能性。在这里，海德格尔心目中"自然"是强力充分涌流、创造力得到极大发挥的境界。这种"创造"的境界就是形而上学所要追问的在者之在。

当然，我们也必须指出，"自然"不仅仅是《形而上学导论》中的"自然"，它在海德格尔那里还有其他理解和表述。我们认为，海德格尔的"自然"观中有"人道的"自然观和"天道的"自然观之别。海德格尔的形而上学要把人们带回到"自然"或"存在"中去，与"自然"或"存在"的关联

---

① Heidegger, *Einfuehrung in die Metaphysik*, Sechste Auflage (Tuebingen：Max Niemeyer Verlag GmbH & Co. KG)，1998，S. 85.

② Heidegger, *Einfuehrung in die Metaphysik*, Sechste Auflage (Tuebingen：Max Niemeyer Verlag GmbH & Co. KG)，1998，S. 12.

使得此－在与形而上学得以可能。问题是"存在"本身是否一定要与人生此在有关。如果认为有了人生此在才有"存在",而且存在者的"存在"就是人生此在所领会出来的"存在",那这是"人道的"自然理解倾向;如果认为不管有没有人以及人生此在,"存在"都"在",而且存在者的"存在"自身与人生此在所理解出来的"存在"并不是一回事,那么这就是"天道的"自然理解倾向。海德格尔的思想中兼有这两种相互对立的倾向。

在"人道的"自然解释的视域中,没有此在,存在者存在与否变得没有意义;甚至没有此在,存在者就不存在。在《存在与时间》中,海氏不仅认为此在在存在者层次上以及存在论层次上具有优先地位,他还认为:"追问存在问题无它,只不过是对此在本身所包含的存在倾向刨根问底,对先于存在论的存在领会刨根问底罢了。"① 先于存在论就是在理论形态的存在理解之前对存在的理解。在他看来,存在既是此在的存在,也是非此在的存在者的存在。此在的存在就成了一切存在者存在的基础。海德格尔在这里认为,只有人或者人中的此在才能与"存在"发生关联,能够发生这种关联的存在状态也被称为"生存",也就是此在的"自然"。海德格尔在 1928 年夏季学期的大课中说过这样的话:"形而上学属于人的本性(Natur,或译为'自然')。并且因而人生此在在朝向形而上学的倾向(Vor-liebe,或译为'偏好')中拥有其本质(Wesen)。我们也能说:所有生存已经是一个哲学探讨(Philosophieren)。"② 在这里我们尤其要注意,康德曾把形而上学视为人类的自然而然的禀赋或倾向,即受自己的"求知"需要驱动而不断前进,直到其问题不再能由理性的经验应用来回答。海德格尔的独特之处在于发掘人类"自然倾向"中的合理之处,在《康德与形而上学》的"附录"中,他这样说:"对于作为人类的自然禀赋(Naturanlage)的形而上学的可能性的基础,它要求一个彻底的、重新的揭示,即一种导向如是之形而上学的可能性的此在的形而上学。"③ 当然,

---

① 〔德〕海德格尔:《存在与时间》(修订本),陈嘉映、王庆节译,熊伟校,三联书店,1999,第 18 页。

② Heidegger, *Metaphysische Anfangsgruende der Logik im Ausgang von Leibniz* (Frankfurt am Main: Vittorio Klostermann GmbH), 1990, S. 274.

③ Heidegger, *Kant und das Problem der Metaphysik*, Band 3 der Gesamtausgabe (Frankfurt am Main: Vittorio Klostermann GmbH), 1991, S. 273.

海德格尔所说的"自然禀赋"与康德所批评的传统形而上学的"自然禀赋"并不完全一致，海德格尔所说的"自然禀赋"是"在先地关联存在者的存在"，这种"前爱"（Vor-liebe）也是哲学之爱，而且是更本真的哲学之爱。形而上学（哲学）从这个意义上说就是人的本性（自然）。

在"天道的"自然解释视域中，存在问题不等于存在本身。人只是一个发问者，存在是人的一个问题。没有此在，存在者的存在只是变得对此在没有意义，其自身还在"是着"。人只是改变非此在的存在者向此在呈现的方式（Weise），人并不能真正改变这些存在者，比如人把被称为泥土的东西塑造成雕像，但并没有改变泥土本身，只是改变了泥土向人的呈现方式。在讲授《形而上学导论》的海德格尔那里，虽然存在对此在来说非常重要，但存在（自然）未必要同此在相关联。在海德格尔看来，"自然"指的就是存在者的存在："依循对 φυσις 这个词的解释，这意味着诸在者之在。"① 而且自然并不是被人创造出来的，它独立于人而"存在"："Φυσις 是指卓然自立这回事，是指停留在自身中展开自身这回事。"② 对此，海德格尔甚至有意嘲讽人的自命不凡："任何一个在者都处于同等的地位。……我们必须摒弃所有特殊的、个别的在者的优越地位，包括人在内。因为这个在者有什么稀奇！……不提这个问题（形而上学的基本问题：究竟为什么在者在而无反倒不在？），星球照样按照它的轨道运行；不提这个问题，万物照样生机勃勃成长。"③ 确实，跟整个宇宙进程比起来，人类的历史简直渺小到可以忽略不计的程度。不管有没有形而上学，不管有没有人类，广袤的宇宙都会"独立而不改，周行而不殆"。

在"人道的"自然理解那里，关联存在就是存在，或者（此在）对存在的理解就是存在，关联存在也是此在的"自然"（本性）；在"天道的"自然理解那里，关联"存在"只是关联到"自然"，但"自然"自身与"被关联

---

① Heidegger, *Einfuehrung in die Metaphysik*, Sechste Auflage（Tuebingen：Max Niemeyer Verlag GmbH & Co. KG），1998，S. 14.

② Heidegger, *Einfuehrung in die Metaphysik*, Sechste Auflage（Tuebingen：Max Niemeyer Verlag GmbH & Co. KG），1998，S. 47.

③ Heidegger, *Einfuehrung in die Metaphysik*, Sechste Auflage（Tuebingen：Max Niemeyer Verlag GmbH & Co. KG），1998，SS. 3 – 4.

到的存在"不是一回事。同时，虽然二者不是一回事，但人生此在可以从自然本身的"创造"中"习得"一种使得自身强大的力量。其实在《存在与时间》中，海德格尔似乎就有着在"人道"与"天道"之间犹豫和摇摆的迹象，他一方面认为存在者不是现成物，而是由人的活动揭示出来的："森林是一片林场，山是采石场，河流是水力，风是'扬帆'之风。随着被揭示的周围世界来照面的乃是这样被揭示的'自然'。"① 另一方面在该页他紧跟着说了下面这段话："那个'澎湃争涌'的自然，那个向我们袭来又作为景象摄获我们的自然，却始终深藏不露。"② 这个"澎湃争涌"的"自然"与《形而上学导论》中的"自然"非常类似。我们可以看出，"天道的"与"人道的"自然理解在海德格尔那里"争执"了很长时间，最终"天道的"自然理解在海德格尔后期思想中占据了上峰。

在这里，我们仿佛又听到了康德划分"物自体"与"现象界"的回声。康德之后，哲学家们不得不在这个基本问题上做出回答。有的哲学家（如费希特）取消了"物自体"，有的（如叔本华）实际消解了现象界，还有的（如黑格尔）努力打通二者。对于海德格尔来说，早期的他更为偏重现象界，晚期的他则选择了与"物自体"同在。但即便是与"物自体"同在，人的存在还是表现在与"物自体"或"自然"（存在自身）的关联上。如果自然是"（它）是着—不是着"，那么与自然关联着，就是用自己的"方式"关联"（它）是着—不是着"，让其作为……是着－不是着。而且此在的方式（Weise）也是从自然的伟大创造而来。有如是之关联方式的人不能遮蔽自然，而是要让自然如其所是地呈现。

对于宇宙来说，有没有形而上学都没有什么影响，但对人类而言形而上学却有着特别的意义。形而上学给予人的是"天地的心"。没有这个"心"，宇宙照样自是其是；有了这种"心"，"此－在"不仅能够更好地理解自己并展开自己的存在，还能让宇宙更好地如其所是，还能使人带着"天地之心"自如地参与到"天地"的"创造活动"中去。

---

① 〔德〕海德格尔：《存在与时间》（修订本），陈嘉映、王庆节译，熊伟校，三联书店，1999，第83页。

② 〔德〕海德格尔：《存在与时间》（修订本），陈嘉映、王庆节译，熊伟校，三联书店，1999，第83页。

海德格尔曾说形而上学容易铸成大错①，他一方面想表明传统形而上学犯下了很大的错误，另一方面是想强调本真的形而上学深不可测，很容易错认了自己的对象。他可能没有想到这句话对他自己同样适用。正是在形而上学阶段，他出任大学校长，同样错认了纳粹党和希特勒，甚至把他们看成德国的希望。这成了他挥之不去的尴尬，也成了他后期哲学致力于克服形而上学的重要根由之一。

但在其思想的形而上学阶段，海德格尔却正满怀着信心和雄心，他认为应该重新回到古希腊哲学家所体会到的生命境界中，回到那伟大的开端处，让德意志民族〔这个形而上学的（metaphysische）民族〕② 焕发出真正的生命力和创造力，"返回自然"也就成了他所理解的形而上学的当然选择。同时，"返回自然"不是随随便便就能实现的，这需要有能够理解自然、领受自然之神力的存在者，而这样的存在者无疑只能是此在，而且此在与自然有着对于形而上学来说可谓基础性的关联。

---

① 〔德〕海德格尔：《形而上学是什么》，载孙周兴选编《海德格尔选集》上卷，上海三联书店，1996，第152页。

② Heidegger, *Einfuehrung in die Metaphysik*, Sechste Auflage（Tuebingen：Max Niemeyer Verlag GmbH & Co. KG），1998，S. 29.

第三章
"此－在"与"自然"之关联：
海德格尔形而上学的基础现象

　　海德格尔认为人可以与"自然"无关，但形而上学一定不能与"自然"无关。海德格尔所理解的"自然"一开始是"与存在理解相关联"意义上的此在的"自然"，后来发展为自在的"是着——不是着"（seiend-nicht seiend）的强力本身。二者之所以都被称为形而上学，那是因为二者都强调"此－在"与"自然"的关联，形而上学是"此－在"的基本现象，形而上学就是"此－在"本身。对于形而上学以及"此－在"自身而言，"此－在"与"自然"的关联是本质性的。"此－在"与"自然"的关联具有个体性、整体性与有限性等特征。

一　关联"自然"："此－在"与形而上学的关键所在

　　海德格尔认为"此－在"与形而上学有着紧密的关联，在他的教授就职演讲《什么是形而上学》中有一段话表明了这一点：

　　　　人的此在只有当其将自身嵌入"无"中时才能和存在者打交道。超越存在者之上的活动发生在此在的本质中。此超越活动就是形而上学本身。由此可见形而上学属于"人的本性"。形而上学既不是学院哲学的一个部门，也不是任意心血来潮的一块园地。形而上学是此在内心的基本现象。形而上学就是此在本身。因为形而上学的真理寓于此深不可测的底层，所以就是最接近它的紧邻也经常有把它认得大错特错的可能。因此没有任何一门科学的严格性赶得上形而上学的严肃性。哲学绝不能以科学观念的尺度来衡量。①

郜元宝和张汝伦先生也曾对这段话进行翻译：

> 人的此－在只有投入无中才能关联到在者。超越存在者是此在的本性。但此一"超越"本身正是形而上学。这就是为什么形而上学属于人的本性。形而上学既非经院哲学的一分支，亦非偶然观念一领域。形而上学是此－在的基本现象。它就是此－在本身。因为形而上学的真理如此深奥莫测，所以形而上学领域始终潜伏着铸成大错的危险。也正因此，没有哪一门科学的原则能够和形而上学的严肃性同日而语。哲学绝不能由科学观念的标尺来衡量。②

对于理解海德格尔的形而上学思想，这段话非常重要，而且有几句话尤为关键。第一，人的此在只有投入无中才能关联到在者；第二，超越存在者是此在的本性，形而上学就是这一超越本身；第三，形而上学是此－在的基本现象，它就是此－在本身。

先来看第一句：人的此在只有投入无中才能关联到在者。主语是"人的此在"，难道还有人的非此在吗？海德格尔确实提到过"非此在"，在《形而上学的基本概念》中，他对人进行了划分，一种人因能与"在"相关联所以被称为 Dasein 或 Da-sein（此在或此－在），另一种人失去了这种关联而被称为 Nicht-Da-sein（非－此－在）以及 Weg-sein（Abwesendsein）（失掉"存在"的存在者或者失去本质的存在者）。③ 海德格尔根据是否关联着"存在"来区分人。这样，并不是每一个人都能被称为"此－在"，"此－在"是人的本质

---

① 〔德〕海德格尔：《形而上学是什么》，载孙周兴选编《海德格尔选集》上卷，上海三联书店，1996，第152页。

② 〔德〕海德格尔：《人，诗意地安居：海德格尔语要》，郜元宝译，张汝伦校，广西师范大学出版社，2000，第25～26页。

③ Heidegger, *Die Grundbegriffe der Metaphysik：Welt-Endlichkeit-Einsamkeit*, Band 29/30 der Gesamtausgabe（Frankfurt am Main：Vittorio Klostermann GmbH），1983, SS. 94–95.

性的、应该被追求的存在状态。那么，什么叫关联在者？

关联也就是与……打交道、与……关系着。顾宪成在一副对联（风声雨声读书声声声入耳，家事国事天下事事事关心）中描写了人广泛地与……关系着的存在状态。一个人，其实完全可以"两耳不闻家外事，一心只务吃穿住"（原谅我很不工整的改动），但这副对联揭示出人也可以主动关心、关联国家和天下的事务，并展现了一个中国古代士人的风范。这是否说明人的世界的大小取决于自己"心"（"关心"之"心"）的大小，是否说明人的世界是自己关系、关联出来的？

马克思说过："凡是有某种关系存在的地方，这种关系都是为我而存在的；动物不对什么东西发生'关系'，而且根本没有'关系'；对于动物来说，它对他物的关系不是作为关系存在的。"① 从这个角度看，海德格尔把人的存在方式称为"Sorge"（烦或者操心），可谓大有深意。海德格尔显然已经意识到，人之为人，就在于人是一个关联者，而且在关联中有一种忧虑的情绪，担心着……会失去，恐惧着……会来临。海德格尔进一步把与用具打交道（关联）称为操劳（Besorge），而把与他人打交道称为操持（Fuersorge）②。

海德格尔的 Sorge 思想跟胡塞尔的意向性理论不能说没有关联。我们在前言中曾论及胡塞尔的意向性理论，通过引用胡塞尔的原话（意向性即对某物的意识），我们得出这样的观点：意向性理论就是主张有什么活动就有什么对象，人的不同对象性活动将导致不同的对象，对象在相关的对象性活动中呈现出来。在《时间概念的历史引论》以及《现象学之基本问题》中，海德格尔都用不小的篇幅来探讨意向性问题。在《时间概念的历史引论》中，在谈到胡塞尔对意向性理论的发展时，他说："在胡塞尔那里决定性的事情是，他不是从教条和前提的方向看（只要它们是现成的），而是从现象自身的方向看，即知觉就是把自己指向（什么）（Sich-richten-auf）。"③ 在《现象学之基本问题》中，他也说："恰恰必须借助意向性及其既非主观之物亦非客观之物的特

① 《马克思恩格斯选集》第 1 卷，人民出版社，1995，第 81 页。
② 〔德〕海德格尔：《存在与时间》（修订本），陈嘉映、王庆节译，熊伟校，三联书店，1999，第 222～223 页。
③ Heidegger, *Prolegomena zur Geschichte des Zeitbegriffs*, Band 20 der Gesamtausgabe (Frankfurt am Main: Vittorio Klostermann GmbH), 1979, S. 37.

点来固执地询问：难道不应该基于这种既非客观亦非主观的现象来对该现象显然归属存在者做出不同以往的把握吗？"①海德格尔一方面接受始自布伦塔诺、成熟于胡塞尔的意向性理论（海氏认为意向性理论源自亚里士多德和中世纪哲学），另一方面又反对把意向性理解为现成的主体把握现成的对象，因为如果是那样的话，意向性活动本身也变成了现成的。他把意向性活动理解为既非客观亦非主观的现象。事实上，萨弗兰斯基也是这样理解的："我既不是先经验我自己，然后再经验世界，也不是相反，先经验到世界，再经验到我自己，而是在经验中，二者不可分割地联系在一起，它们是同时给出的。在现象学中这种经验被称为'意向性'，对海德格尔来说，这是现象学的最重要的观点。海德格尔不像胡塞尔那样将此理解为意识的结构，而是把这种经验把握为人生此在的世界联系。"②

正如萨弗兰斯基所指出的，海德格尔对意向性理论进行了发展，他认为胡塞尔的意向性理论主要解决现成存在者如何在知觉中被知觉的问题，他对意向性的发展则在于进一步追问"对被意指的意向对象的存在方式的领悟"。③在海德格尔看来，胡塞尔的贡献在于从 intentio（意向活动）—intentum（意向对象）、Noesis（意向活动）—Noema（意向对象）、Qualitaet（质性）—Materie（质料）等角度细致入微地描述人的表象、表述等意识行为，但胡塞尔大多数时候只是告诉人们现象自身是怎样的，他没有很好地解决现象自身为什么是这样的问题。海氏本人认为，这个问题其实是人如何与在者打交道的问题，是"存在"（或存在领会）如何被展示的问题，质言之是存在论意义上的问题。他说："如果我们把一切对于存在者的行为都标识为意向行为，那么，意向性（Intentionalitaet）就只有根据超越才是可能的。"④虽然他把超越（存在理解）看成意向性的根据，但从他以"关联"（操心）来解读人生此在的存在这一点

---

① Heidegger, *Die Grundprobleme der Phaenomenologie*, Band 24 der Gesamtausgabe（Frankfurt am Main：Vittorio Klostermann GmbH），1975, S. 93.

② 〔德〕吕迪格尔·萨弗兰斯基：《来自德国的大师——海德格尔和他的时代》，靳希平译，商务印书馆，2007，第 198 页。

③ Heidegger, *Die Grundprobleme der Phaenomenologie*, Band 24 der Gesamtausgabe（Frankfurt am Main：Vittorio Klostermann GmbH），1975, S. 101.

④ 〔德〕海德格尔：《论根据的本质》，载孙周兴选编《海德格尔选集》上卷，上海三联书店，1996，第 166 页。

来看，意向性理论对他的存在论产生了很大的影响。

在海德格尔看来，操心之为操心，并不只是指点着此在与人或物的关联，作为此在的人更应该关联、忧心自己的存在，这才是人之为人最重要的东西。存在是海德格尔毕生关注和研究的问题，他总是"固执地"认为西方传统的、主流的哲学遗忘了"存在"问题，哪怕它拥有各种令人眼花缭乱的"存在论"体系。什么叫关联存在呢？海德格尔用"存在"到底指"什么"呢？

笔者认为还要从"关联"的角度来理解"存在"，"存在"说的是关联者的关联方式以及被关联者的被关联方式。关联与方式（Weise）成为理解存在的关键词语。

与非人的存在者不同，人有能力关联自己的存在。在他为《什么是形而上学》所写的导言《回到形而上学的基础》一文中，海德格尔说："具有生存方式的存在物，就是人。惟有人存在。高山是有的，但它不存在。树木是有的，但它不存在。马是有的，但它不存在。天使是有的，但它不存在。上帝是有的，但它不存在。'惟有人存在'这个命题，绝不是说：只有人是真正的存在物，而一切其余的存在物不是真正的存在物，只不过是人们的假象和想象而已。'人存在着'这个命题是说：人是那样一种存在物，这种存在物的存在是通过存在的无遮蔽状态的敞开的内在性，从存在出发，从存在之中标志出来的。"① 海德格尔在这里还是突出只有人生此在才能与"存在"关联起来，而这种关联是以此在能够发问为前提的："存在的意义问题还有待提出。如果这个问题是一个基本问题或者说唯有它才是基本问题，那么就须对这一问题的发问本身做一番适当的透视。所以，我们必须简短地讨论一下任何问题都一般地包含着的东西，以便能使存在问题成为一个与众不同的问题映入眼帘。"② 在《形而上学导论》中他同样认为发问是"存在"问题得以"解答"的关键所在："这样的发问不是在者范围之内随意发生的一种事件，譬如落下的雨点之

---

① 〔德〕海德格尔：《回到形而上学的基础》，参见《哲学译丛》1964 年第 2 期。载于杨寿堪：《冲突与选择：现代哲学"转向"问题研究》，北京师范大学出版社，1996，第 69 页。需要补充的是，"只有人存在"中的"存在"，熊伟先生译为"生存"，他还把《回到形而上学的基础》译作《回到形而上学深处》。参见〔德〕海德格尔《回到形而上学深处》，载熊伟主编《存在主义哲学资料选辑》上卷，商务印书馆，1997，第 268 页。

② 〔德〕海德格尔：《存在与时间》（修订本），陈嘉映、王庆节译，熊伟校，三联书店，1999，第6页。

类。这个'为什么'的问题仿佛直面在者整体，仿佛从这一在者整体中脱出，尽管绝不是完全脱出。它的特殊地位恰恰就是由此而获得的。由于这一发问迎向在者整体，然而它又从未与这一整体完全脱离，这样，这一问题所询问的东西就返冲到问题本身上。"① 海德格尔认为，借着发问的力量，发问所指向的东西（存在）才能成为"我的"（向来我属的，jemeinig）。这样，此在才真正与存在发生关联。

发问是一种自我关涉的关联，这种关联本身是怎样的呢？如何理解这种关联呢？如果把关联理解为人的一种行为，那么胡塞尔似乎可以给我们以某种启示，他认为所有行为中都有一种区分，前者被称为"质性"（Qualitaet），后者被称为"质料"（Materie）："前者随情况的不同而将行为标示为单纯表象的或判断的、感受的、欲求的等等行为，后者将行为标示为对这个被表象之物的表象，对这个被判断之物的判断等等。"② 质性代表着我们的态度（肯定还是否定）、情绪（高兴还是沮丧）等"主观"的、个人所带有或添加的东西。质料则指示着"本质"和对象，是行为中的"客观的"或每个"主体"共同面对的方面。胡塞尔似乎更看重行为中的质料，认为它能客体化（对象化），行为中的质性不能客体化，只能"依附"于客体化行为，从而是不独立的。

相反，海德格尔则认为行为的"质性"层面更为重要，"质料"则要以"质性"为基础。虽然海德格尔没有明确使用"质性"和"质料"这样的术语，但与此类似的二分法经常见于海德格尔的著作中，如 Daβsein—Sosein③、Wie—Was④、Werheit und Existenz—Washeit und Vorhandenheit⑤ 等。在海德格尔这里，关联有一个结构：关联者—关联行为—被关联的东西。其中，西方哲

---

① Heidegger, *Einfuehrung in die Metaphysik*, Sechste Auflage（Tuebingen：Max Niemeyer Verlag GmbH & Co. KG），1998，SS. 3 - 4.

② 〔德〕胡塞尔：《逻辑研究》（修订本）第二卷，第一部分，倪梁康译，上海译文出版社，2006，第477页。

③ 〔德〕海德格尔：《存在与时间》（修订本），陈嘉映、王庆节译，熊伟校，三联书店，1999，第6页。由于印刷错误，Daβsein 被误为 Dassein。在 1987 年的中译本中则是 Daβsein。

④ 〔德〕海德格尔：《时间概念》，载孙周兴选编《海德格尔选集》上卷，上海三联书店，1996，第18页。

⑤ Heidegger：*Die Grundprobleme der Phaenomenologie*，Band 24 der Gesamtausgabe（Frankfurt am Main：Vittorio Klostermann GmbH），1975，S. 170.

学主流的关联结构是"认知主体—认知行为—被认知的东西"。它所关注的焦点是 Sosein、Washeit、Vorhandenheit，质言之现成的事物及其规律和本质等。其中认知主体是一个普遍的、具有理性能力的人，他或她持有价值中立的立场，他或她所要做的就是把本有的东西如其他主体会做的那样揭示出来。海德格尔所认同的关联结构是 Wer —Wieheit/Existenz—Zuhandenheit，其中 Wer 是一个活生生的个体，Wie 和 Existenz 等显示着关联的方式（Weise），是活生生个体的带有鲜明个性的筹划、情绪、意志等行为，每个人在关联时所表现出来的方式都是不一样的。相应地，被关联的东西是用具或上手的东西（Zuhandenheit）。西方传统哲学倾向于要么从关联者，要么从被关联的东西的角度来理解"存在"，于是"存在"被当成"上帝""主体""理念""真理""绝对精神"等。而真正的"存在"应该是作为 Weise 的、创制活动中的关联活动本身。正如我们在上一章所论述过的，海德格尔把创制领域视为基础领域，在这里创制者是作品（被创制的东西）的 αρχη，创制者的禀赋、情绪、状态等对作品有着决定性的影响，创制者与作品之间的关系充满了各种可能性，而与之不同的认知领域和实践领域只追求一种可能性，质言之即必然性。所以在海德格尔眼里，在创制领域所发生的关联（创制者与作品的关联）中，创制者的"质性"最终决定着作品的样子，所以创制者的"Weise"就是作品之所以存在的根据和基础，创制者的 Weise 就是海德格尔所认为的"存在"。这样，非此在的存在者的"存在"即此在让这些存在者以某种方式（Weise）向此在显现（或与此在照面），"让自己以及其他存在者以某种方式显现"这种存在方式（Weise）本身就是此在的"存在"。

举个例子，女神 Cura 用胶土造人，泥土并不是人，女神并没有改变泥土本身，她只是改变了泥土的呈现方式（以人形呈现）。人之为人就在于"分有"了女神赋予的能力：人不能真正改变"物"，但人能够改变"物"向人呈现的方式。人所面对的对象都是被人生此在的存在方式（Weise）"改造"过的："森林是一片林场，山是采石场，河流是水力，风是'扬帆'之风。"① 萨特之所以说人的自由是绝对的，也正是从 Weise 的角度来理解人。只要人还有

① 〔德〕海德格尔：《存在与时间》（修订本），陈嘉映、王庆节译，熊伟校，三联书店，1999，第 83 页。

生命能力，就总存在展现自己的 Weise 的"空间"。萨特说："一旦因为我应该在将来等待自己而被归结于我自己，我就忽然发现自己是那个赋予闹钟意义的人，是那个看到告示牌而禁止自己践踏花坛或草坪的人，是那个火速执行上级命令的人，是那个决定他的著作的价值的人，是那个为了通过价值的要求而规定自己行动的，最终使各种价值得以存在的人。我孤独地出现，并且是面对唯一的和构成我的存在的最初谋划而焦虑地出现，所有的障碍，所有的栅栏都崩溃了，都因意识到我的自由而虚无化了。"① 我的自由就是让各种价值存在，我能让它们存在，也就能让它们虚无。我不能让它们（如上级的命令）消失，但我能让它们虚无，变得与我没有关系。我能作用于我与对象的关系，这就是我被称为"自由的"存在的原因。

可见，我们在与对象的联系中有两个层次，一是我们与对象发生实际的关联（存在者层次上的），二是我们"事先"与对象向我们呈现的方式（Weise）相关联（存在论层次上的）。不过，海德格尔认为不是一切层次的关联都处于平等的地位上，在一切关联中作为基础的关联发生在"理论"关联和"实践"（处理人与人之间的关系）关联之"前"，乃是"创制"关联。在创制关联中的、存在论层次上的、此在与我们自己以及作品（或用具）如何呈现之方式（Weise）的关联，才是海德格尔心目中真正的"存在"。这个层次上的存在论被称为基础存在论。理论关联和实践关联也有其存在论部分（"事先"探讨对象向我们呈现的方式），但它们都是基础存在论的变式。而且大部分存在论（康德的存在论不属此列）也不是在存在论层次上，而是在存在者层次上展开的。从这个意义上说，海德格尔批评传统存在论遗忘了"存在"本身，未尝没有其道理。

我们在上面提到，"关联"和"方式"是理解海德格尔的"存在"的关键词。之所以这么说，是因为海德格尔的"存在"理解体现着哲学上两种重要的原则：内在化原则与个人化原则。其中，"关联"体现的是内在化原则，"创制方式"更多体现的是个人化原则。

所谓内在化就是从意识或时间的角度来理解人以及世界。康德把物自体与现象区隔，原因也正在于"我"无法把握物自体与"我"的关联，"我"只能

---

① 〔法〕萨特：《存在与虚无》，陈宣良等译，三联书店，1987，第 73 页。

知道现象（Phaenomena）与"我"的关联。现象与人的意识紧密关联着，而作为显象（Erscheinung）的感性对象则与作为内感形式的时间紧密关联着："时间是所有一般显象的先天条件，进而是内部的（我们灵魂的）显象的直接条件，正因为此间接地也是外部显象的条件。……所有一般显象，即感官的所有对象，都处在时间中，并以必然的方式处在时间的各种关系中。"① 我们知道，在康德那里，时间不仅是一般显象的先天条件，它还具有连接感性与知性的重要作用，并且因而与意识本身有相当程度的关联性（甚至重合性）。与内在化原则相反的是外在化原则，它强调从"客体"以及空间角度理解人与世界，认为人对世界的理解是一回事，世界自身又是另一回事。

胡塞尔与海德格尔的哲学都强调内在化原则，这从他们都重视意向性以及时间上可以得到某种验证。胡塞尔和海德格尔都强调对象与人的活动的联系性（意向性）。也正因为强调对象与人的联系，胡塞尔对"内时间意识现象学"着力甚巨，我们也有理由相信，海德格尔之所以重视时间问题，并且其成名作被命名为《存在与时间》，都体现出胡塞尔的研究工作对他产生了很大的影响和启发作用。

二人的差别主要体现于在公共化原则与个人化原则之间的不同取舍上。康德与胡塞尔的哲学都有一种强烈的愿望，那就是追求对一切人都相同的、可以公共化的"知识"，在这个意义上他们的哲学体现"公共化"的原则。海德格尔虽然对自然科学和形式科学（数学和逻辑学）也不乏兴趣，但他更为关心个人化的、不可重复的、生成的维度，他的"知音"是诸如克尔凯郭尔、尼采等被冠以"非理性"之名的哲学家。胡塞尔受自然科学和数学影响很深，他喜欢秩序和明晰性；海德格尔从小耳濡目染的是宗教和神学，他骨子里喜欢神秘和不可言说的东西。所以不可用"背叛"这样的字眼来形容海德格尔与胡塞尔在哲学上出现的分化，他们哲学上的差异主要是由个人气质不同所导致的，一个追求公共化的哲学，另一个则追求个人化的哲学。当然，也不能说海德格尔身上完全没有公共化的倾向，如他借助"形式显示"方法把世界与人生此在的实际处境与结构揭示出来的做法，表明他心中也有公共性追求，只是这种公共性不是科学知识、世界观的"是什么"意义上的公共性，而是"如

---

① 〔德〕康德：《纯粹理性批判》，李秋零译，中国人民大学出版社，2004，第67页。

何"意义上的公共性（另一种意义上的逻辑学）。这也是他对世界观哲学总是嗤之以鼻，以及对逻辑学经常提及的原因。

此在因为关联着作为"一切存在者之呈现方式"的"存在"，所以才关联到存在者。那么海德格尔为什么要说人的此在只有投入无中才能关联到在者？笔者认为，这句话有如下三重意思。

第一，投入无本身就是关联存在。我们在第一章中把作为自在的"自然"的"Es ist"表述为"Es ist seiend-nicht seiend"，与"是着"如影随形的就是"不是着"或"无着"，所以理解存在者的"存在"无它，不过是理解存在者的"是着"并且"不是着"，而且尤为重要的是"不是着"或无。如果不是这样的话，就不是真正关联"存在"，而是关联到"存在"的各种沦落和变异形式，也就无法真正关联到存在者，而只是被存在者所关联。马克思和西方马克思主义者所大力罚挞的"异化"现象，某种程度上也是从这种视野"观"出的。

第二，投入无就是通过关注死亡和有限性来更好地生存。此在是一个有死者，其死亡是一种随时会发生的可能性，投入"无"中，此在就会更加珍惜自己的"珍宝"——Weise 的能力，也就能更好地表现自己的能力，以及与存在者更自由、更超然地打交道。

第三，投入无就是彻底地从可能性角度来理解存在。此在"生存"于创制领域，在这个世界中总存在"不是"这样而是那样的可能性，从"不是"（无）的角度来理解作品的"存在"，"存在"自身就会更加开显，此在与非此在的存在者也才能更好地"尽性"。

我们来分析第二句话：超越存在者是此在的本性，形而上学就是这一超越本身。有了上面的铺垫，这句话就变得很好理解了。人能够关联存在者，人之所以能够关联存在者，是因为人有"此在"这样一种存在方式，在其中人生此在所关联的是存在者的呈现方式。这种关联在此在与存在者正式照面之前就已经发生；这种关联不从存在者"是什么"方面着眼，而是从存在者"怎样"与此在打交道方面考虑；能进行这种关联的人是进行创制活动的农人、匠人、诗人和思想者，其中诗人和思想者进行的关联更为自由和自觉。

从这个方面看，这种特殊的关联方式最接近自然、最能体现人的自由，因而被称为超越的存在方式。如果不能超越存在者，人只能像大多数非人的动物一样被动适应外界的一切。相反，能够超越存在者的人则能够主动安排自己的世界，并给予自己的世界以秩序和条理：让不同存在者发挥合适的功用、处于合适的位置。被称为超越的这种存在方式简直可以与上帝的创造世界相媲美。不过正如我们上面分析过的，人并不能真正改变"物"，人所能改变和作用的只是"物"向我们呈现的方式。而且这种与存在相关联的存在方式还不可避免地会被降低层次乃至被彻底遮蔽。于是，每一次真正的存在论层次上的关联，都是对存在者层次的惯性力量的超越，也是对本有的创造力量的回归。所以，被称为"此在"的人最"懂得"创造的含义。我们知道，海德格尔从创制角度来理解此在的"自然"，能够创制就是此在之为此在的本性。也可以说人生此与存在者之存在的关联就是"自然"。人因为这种层次的创制而被称为此-在；因为能够进行这种创制，此在也返回自己的本性——自然的强力中，而"返回自然"正是形而上学。这样，超越就是创造，能够创造者被称为此在，能创造者的创造活动就是返回和回归自然，也就是形而上学。从这个角度看，被称为自然科学的人类建制反而是最不自然的，它往往从存在者，而不是从人的创制活动角度来理解世界。

我们再来看第三句话：形而上学是此-在的基本现象，它就是此-在本身。如我们所分析过的，此-在因为关联存在所以才被称为此-在，关联存在就是超越，就是创造，就是形而上学。在这里，海德格尔把形而上学理解为此在的一种基础的、本质性的活动，而且从字面上看，Da-sein 就是亲近、关联存在的意思。作为本性的创制活动就是自然，自然就是领会存在者的存在，也就是此-在，这样海德格尔在很多看似不同的东西之间画上了等号：φυσις = Metaphysik = Da-sein。

从这三句话中，我们可以大致把握海德格尔对形而上学的理解，从知识、实践、创制领域划分的角度看，形而上学是作为自然的创制活动，因为失去了这种活动带有的强力，所以形而上学实际上也就是返回自然。如果从存在者层次的关联与存在论层次的关联的角度看，形而上学是存在论层次的关联，它关涉存在者的存在。而能关涉存在者存在的就是此-在，所以形而上学就是此-在之为此-在的那种基础活动。

我们可以看出，此-在与自然的关联使得此在成为此在，也使得形而上学成为形而上学。作为人的本质活动的"此-在"就是形而上学，每个人都要有形而上学层次的人生活动，否则就是降格或沉沦（Verfallen）。也正是在这个意义上，海德格尔的形而上学课程既是"形而上学导论"，也是"导入形而上学（的生命状态）"（Einfuehrung in die Metaphysik）。

可见，海德格尔非常重视"自然"问题，自然既可以指此－在与存在者的存在相关联这回事，也可以指可以被此－在关联到的、卓然自立的存在者的存在本身（《形而上学导论》中的"自然"）。不管是何种意义的自然，有一点是很关键的，那就是因能够与自然产生关联而"有"了此－在，因这种关联而"有"了形而上学。

二　此－在与"自然"关联的个体性：海德格尔形而上学的生命观照

如前所引，海德格尔在 1928 年夏季学期的大课讲稿中有言，人生此在在朝向形而上学的偏好（Vor-liebe）中拥有其本质，生存已然是哲学。我们知道，在很多时候，海德格尔把哲学与形而上学画等号，所以海氏这句话的意思是生存的即形而上学的。在西方，哲学是"爱智慧"，智慧往往被看成不动不变的知识（$\epsilon\pi\iota\sigma\tau\epsilon\mu\eta$），否则就是意见（$\delta o\xi\alpha$）。海德格尔在这里强调，真正的哲学（形而上学）应该是一种"前"爱（Vor-liebe），一种前知识之爱，这种意义上的哲学所爱的不是知识，而是存在理解以及具有旺盛创造力的个体生命本身。

19 世纪以来，长期把知识和规范作为重心的西方哲学遇到了危机，哲学家们不约而同地把探索的目光对准了久被忽视的创制领域。于是，从生命角度开辟哲学新领地的哲学如雨后春笋般涌现，唯意志主义和生命哲学（狄尔泰、柏格森等）自不必说，甚至马克思主义哲学也属于这种探索的范畴。马克思主义哲学的拱顶石是现实个人的生产活动。现实的个人指向了活生生的生命，活生生的生命有各种非常现实的需要（如吃穿住用行等），而不仅仅是"自由、平等和博爱"等需要。而且人为着满足现实的需要就会进行创制意义上的生产，并展开以生产关系为基础的各种社会关系。马克思主义哲学的核心诉求就是使得现实个人的社会关系成为"为人的"而不是"为物的"社会关系，现实的个人之间是真正的共同体内的关系，个人与社会的矛盾在共同体

（Community）中得到扬弃。海德格尔也自觉服膺关注现实生命的哲学思潮，他的独特性是，利用现象学方法比较彻底地从生命的角度展开现实的、个体性的关联。

第一，关注生命的"这一个"性，关注个体生命的独一无二性。

越来越多的哲人看出了时代的危机。人本来是想通过知识达到不朽和不死，并获得作为人的尊显和荣耀。但适得其反，人本身死亡了，他们不约而同地转而重新寻求"生命树"。在他们看来，"知识树"让人成为非人（死亡），而"生命树"才让人成为人（不死）。这里的不死并不是要追求长生不老，而是保持住人之为人的本性。唯意志主义、生命哲学、存在主义等哲学流派正是在这种背景下兴起的。作为"知识树"之根据的传统形而上学，自然摆脱不了被"生命树"皈依者批判的尴尬境地。在众多的批判声音中，克尔凯郭尔的声音异常清晰而独特，因为他关注活生生的生命当下，把生命理解为现实的"这一个"。

克尔凯郭尔把生命理解为实存（existence）。对于实存的个人来说，有两条道路可供选择，一是努力忘记自己是一个实存的个体，二是全身心关注这一事实：他是一个实存着的个人。① 什么是实存？实存使我们知道作为一个人意味着什么：一个人是唯一的、不能被取代的，他或她有着独特的生命体验，他或她有着不会被传统拘束的、充分敞开的可能性，而且他或她对自己实存着有着清醒的意识。

海德格尔非常明确地意识到"这一个"的重要意义，这反映在他对人的理解上，他把人称为 Da-sein。Da-sein 的意思是"是（在）其'此'的存在者"。如何理解 Da 呢？Da 对抗的是主谓逻辑，因为通过给予主词一个谓词，主词就被定了向，被拴牢了，不再具有其他可能性。相反，跟简单、苍白的谓词比起来，Da 则非常丰富，"它"是唯一的，"它"是不可名状的，"它"是不可定义的，"它"只是"是着－不是着"。孙周兴教授也通过研究表明，海德格尔在重新解读亚里士多德时，"发现"亚里士多德重视"这一个"甚于"是什么"和"本质"："在海德格尔看来，当亚里士多德在此区分'第一位

① 〔丹〕克尔凯郭尔：《实存的体系是不可能的》，载熊伟主编《存在主义哲学资料选辑》上卷，商务印书馆，1997，第38～39页。

的在场者'与'第二位的在场者'时，他实际上区分了两种'在场'方式：一是在'个体、这个'（tode ti）的在场，即'如此存在'（hoti estin）、'实存'（existentia）；二是'外观'（eidos）的在场，即'什么存在'（ti estin）、'本质'（essentia）。在亚里士多德那里，'个体、这个'（tode ti）的在场方式具有优先性。'个体、这个'（tode ti）如何在场，如何呈现，'个体、这个'在场的'如此实情'，是亚里士多德关心的主要课题。"① "个体、这个"在场的"如此实情"更是海德格尔本人所关心的课题。他在《存在与时间》中就尽力突出"此"的重要意义。

"此在的何所来何所往掩蔽不露，而此在本身却愈发昭然若揭——此在的这种展开了的存在性质，这个'它存在着'，我们称之为这一存在者被抛入它的此的被抛境况〔Geworfenheit〕。其情况是：这个存在者在世界之中就是这个此。……实际性不是一个现成东西的 factum brutum〔僵硬的事实性〕那样的事实性，而是此在的一种被接纳到生存之中的、尽管首先是遭受排挤的存在性质。"②

在海德格尔看来，"此"先于"是什么"（谓词/本质），此在之为此在，就在于能"意识"到"此"——"这一个"。"这一个"表明前知识的生命领域是何等生动和丰富，"这一个"充满了各种可能性。萨弗兰斯基认为："但是海德格尔所关心的不仅是这种丰富性，他还关心另外的秘密。他对'赤裸裸'的〔Dass〕深表惊叹。'居然有什么东西能存在'这一事实〔Dass〕就是最大的秘密。"③ 在这种生命体验中，体验者是唯一的"这一个"，被体验的东西也是唯一的"这一个"，"这一个"会激发生命发出由衷的惊叹：居然会有这个，居然会这样！在海德格尔看来，具有这种生命体验的个体会进入高度紧张、自觉和兴奋的创造状态中，正如他 1919 年在给布洛赫曼的信中写到的："我们必须能够等待最高的、紧张的、充满意义的生活张力的到来。我们必须坚持在连续性中与瞬间同在——不是享受这种张力而是在生活中塑造它、构型

---

① 孙周兴：《本质与实存——西方形而上学的实存哲学路线》，《中国社会科学》2004 年第 6 期，第 75 页。
② 〔德〕海德格尔：《存在与时间》（修订本），陈嘉映、王庆节译，熊伟校，三联书店，1999，第 157～158 页。
③ 〔德〕吕迪格尔·萨弗兰斯基：《来自德国的大师——海德格尔和他的时代》，靳希平译，商务印书馆，2007，第 136 页。

它——在生活的前进进程中携带着它，将它贯彻到一切未来生活的节奏之中去。……（只有）生活走向成为它的存在之时，这个从事理解着的处理自身者［Sichselbsthaben，拥有自身者?］，才是货真价实的从事理解的生命的走向。"①

从非实存状态进入自觉的实存状态（"这一个"）往往是惊心动魄的，萨弗兰斯基曾经描述克尔凯郭尔所体会到的、被名之为"眼下瞬间"（der Augenblick）的转变过程：

> 基（克）尔凯郭尔的"眼下瞬间"是：当上帝闯进你的生活，使你感到上帝在召唤你作出决断时，你敢于跃入信仰的时刻。在这个眼下的瞬间，把个人同耶稣分割开的历史时间变得毫无疑义。基督的福音和救世之主向谁召唤，向谁提出要求，谁就要和基督"同时"生存在一起。传统把宗教作为文化财富和约定俗成的道德一直携带在身边。可是这种生存性地激发起来的眼下瞬间，把这整个传统文化化为灰烬。②

在克尔凯郭尔看来，实存是彻底个人性的，要进入实存必须摆脱包括传统在内的惯性力量的羁绊，让自己充分自由，充分决定自己是什么以及如何是。实存存在于"眼下瞬间"中，为维持住实存必须不断奋斗。

海德格尔也持有同样的观点："眼下瞬间无非是决断性的眼界，它使行为的整个处境展现出来，并保持开放。"③ 在海德格尔看来，决断就是坚定地选择自己的本质：只不过是"此"，并使得自己鲜活的可能性处于自由（开放）中，让自己本有的意志回归自身。

第二，关注个体生命中的"情绪"（Stimmung）。

德语"情绪"（Stimmung/mood）与"规定"（Bestimmung/determination）

---

① 《海德格尔与布洛赫曼通信集》，第12页。引自〔德〕吕迪格尔·萨弗兰斯基《来自德国的大师——海德格尔和他的时代》，靳希平译，商务印书馆，2007，第118页。

② 〔德〕吕迪格尔·萨弗兰斯基：《来自德国的大师——海德格尔和他的时代》，靳希平译，商务印书馆，2007，第222～223页。

③ Heidegger：*Die Grundbegriffe der Metaphysik*：*Welt-Endlichkeit-Einsamkeit*，Band 29/30 der Gesamtausgabe，Band 29/30 der Gesamtausgabe（Frankfurt am Main：Vittorio Klostermann GmbH），1983，S. 224.

有一种字形上的近似，海德格尔有意让两者对照起来。在很多哲学家那里，"情绪"甚至不足以被称为哲学问题，而"规定"则要重要得多，比如康德就这样说过："如今，只要在这些科学中应当有理性，那么，在其中就必定有某种东西被先天地认识，它们的知识也就能够以两种方式与对象发生关系，要么是仅仅规定这个对象及其概念（它必须在别的地方被给予），要么是还把它现实地创造出来。前者是理性的理论知识，后者是理性的实践知识。"① 在康德看来，理论知识无它，不过是给予主词（被时空形式整理过的显象，Erscheinung）一个普遍必然的规定。海德格尔也是这样理解康德哲学的，在《康德与形而上学问题》中，他说："如果诸纯概念被理解为植根于有限的、纯粹的知识的本质整体之上，诸纯概念于是只能被规定为存在论上的谓词。"②

　　而海德格尔自己却把情绪置于规定之前，把它视为 Weise 的重要维度。进入"自然"（与存在之关联）中的人也发现了自己，自己并不是某个具体的物体，也不是某个固定的本质，自己只是"是着的这个"，"是着的这个"不是"什么"，而是伴随着情绪的"如何"。在存在论上，发现自己"如何"的情绪（Stimmung）比给予对象"谓词"的规定（Bestimmung）要基础得多。在《存在与时间》中，海德格尔就把 Sichbefinden（自己现身）与 wahrnehmendes Sich-vorfinden（有所感知地发现自己摆在眼前）截然对立起来。③ 在他看来，只有在前者那里，真实的自身——此——才会随着情绪显现出来："在情绪中，此在被带到它的作为'此'的存在面前来了。另外，昂扬的情绪则能够解脱存在的公开的负担。即使这种起解脱作用的情绪也具有此在的负担性质。情绪公开了'某人觉得如何'这种情况。在'某人觉得如何'之际，有情绪把存在带进了它的'此'。"④ 此在自己不过是这个"此"，它不是国王、警

---

① 〔德〕康德：《纯粹理性批判》，第二版前言，李秋零译，中国人民大学出版社，2004，第12页。

② Heidegger，*Kant und das Problem der Metaphysik*，Band 3 der Gesamtausgabe（Frankfurt am Main：Vittorio Klostermann GmbH），1991，S. 58.

③ 参见〔德〕海德格尔《存在与时间》（修订本），陈嘉映、王庆节译，熊伟校，三联书店，1999，第158页之中译注。

④ 〔德〕海德格尔：《存在与时间》（修订本），陈嘉映、王庆节译，熊伟校，三联书店，1999，第157页。

察、教师或售货员，这些只是它的角色，或者"谓词"，都是被社会和他人规定出来的。在被规定之际，某人在某一时刻会发觉自己陷入了 Die tiefe Langweile（深深的无聊）①，这种无聊既表明某人并不是被规定好的什么，也表明它对这些规定已经持有否定态度，它终于发现：它是可以成为"什么"的"此"，此在可以不是社会规定的角色，但此在不能不是"此"。只要它是此在，"此"就如影随形地跟着它，逼迫着它，让它"认领""此"、承担"此"。并且只要它是此在，它就不会有研究者所特有的客观中立的情绪，因为发现自己是"此"的情绪既不会是平静的，也不会是兴高采烈的，它是惊惧的、低沉的、茫然的，甚至是厌烦的。此在的本能反应就是赶紧退回到没有"此"的负担的轻松和轻快中去，但让无聊情绪袭中的此在才能发现自己："在现身情态中此在总已被带到它自己面前来了，它总已经发现了它自己，不是那种有所感知地发现自己摆在眼前，而是带有情绪的自己现身。"②

海德格尔主张人生此在对自己的存在——此——承担着责任，而"此"不能由知识论上的范畴来规定，只能随着生存论上的情绪现身。中国人对这种意义上的情绪并不陌生，比如"青山依旧在，几度夕阳红"这样的诗句就贯穿着一种悲凉、无奈的情绪，诗人和读者在诗句中看清了自己，即使贵为帝王将相，也不免要在滚滚东逝水中淘涤成空。既然如此，倒不如笑对烟云，相伴清风，人生纵空，金樽不空。与中国诗人经常具有的淡泊闲静情绪不同，在海德格尔那里，让自己现出身形的情绪具有这些特征：无聊、紧张、焦灼、沉重、惊恐……海德格尔把"此"看得极重、极大，他生怕将人生此在等闲视之，所以在"制造"紧张气氛方面无所不用其极。海德格尔希望学生和听众在情绪中认清和选择自己，但事与愿违，"当时的学生学着海德格尔的腔调说：'我已作出决定，但不知道对什么而作的'"。③ 这在某种程度也说明，每个人的"此"是不同的，与"此"伴随的情绪也不应该强求一致，海德格尔

---

① Heidegger：*Die Grundbegriffe der Metaphysik*：*Welt-Endlichkeit-Einsamkeit*，Band 29/30 der Gesamtausgabe（Frankfurt am Main：Vittorio Klostermann GmbH），1983，S. 111.

② 〔德〕海德格尔：《存在与时间》（修订本），陈嘉映、王庆节译，熊伟校，三联书店，1999，第158页。

③ 〔德〕吕迪格尔·萨弗兰斯基：《来自德国的大师——海德格尔和他的时代》，靳希平译，商务印书馆，2007，第214页。

式的紧张情绪是某种宗教文化的产物，未必每个人生此在在情绪方面都要向海德格尔看齐。这一点恐怕海德格尔本人也不会反对。但不管如何，海德格尔的提醒是值得重视的，情绪是人生此在的重要现象，要尊重自己的真情实感，不要让"后发的规定"取代"在先的情绪"，不要让作为生命重要的维度的情绪成为赘物，因为那里有生命的本相，有生命的秘密。

第三，关注个体生命中的"虚无"。

海德格尔非常重视"虚无"问题，他把"为什么就是存在者在而'无'倒不在？"作为形而上学的基本问题。在《存在与时间》中他把"虚无"理解为此在的不在家或无家可归状态："畏将此在从其消散于'世界'的沉沦中抽回来了。日常的熟悉自行沉陷了。此在个别化了，却是作为在世的存在个别化的。'在之中'进入了不在家之存在论'样式'。所谈到的'茫然失所'指的不过是如此。"① 而且"从生存论存在论来看，这个不在家须作为更加源始的现象来理解。"② 传统形而上学执着地追求普遍、必然和体系化的知识，认为理性是人类的希望，是值得人追求的幸福家园，也使人类的未来充满光明。但在海德格尔看来，"虚无"是生存论的基本现象，人生此在不能漠视"虚无（不在家）"问题。"虚无"到底是怎样的呢？正如我们上面所提到的，此在是其"此"，"虚无"意指"此"的"此在"可以是这个，也可以是那个，但最终"此"也可以什么都不是。这个"什么都不是"表明人生此在本来与对象和世界没有关联，因为无关联，所以才有关联。这里有了几分《金刚经》中"因无相是故有相"的意味。此在"在世界之中"，但此在只是借助世界来显示自己的"此"，是"此"的此在并不是世界。由于大多数人已经习惯从世界的角度、从谓词的角度理解自身，所以在被称为"畏"的情绪中所显现出来的人生此在的本来面目——虚无——会让人们很不适应："还有什么比那在无家可归中个别化为自己的、被抛入无的自身更陌生呢？"③ 虽然人们会闪避"虚无"，但

---

① 〔德〕海德格尔：《存在与时间》（修订本），陈嘉映、王庆节译，熊伟校，三联书店，1999，第218页。

② 〔德〕海德格尔：《存在与时间》（修订本），陈嘉映、王庆节译，熊伟校，三联书店，1999，第219页。

③ 〔德〕海德格尔：《存在与时间》（修订本），陈嘉映、王庆节译，熊伟校，三联书店，1999，第317页。

"无家可归状态追迫着此在，使它忘却自身的迷失状态受到威胁"。①

作为情绪的"畏"是如何的呢？如果说"无聊"情绪是反抗各种"规定"的，那么"畏"（Angst）则因人生此在的关联可以为"无"这一点而产生。海德格尔曾非常细致地描述在"畏"中所经历的实情："畏使我们忘言。因为当在者整体隐去之时正是'无'涌来之时，面对此'无'，任何'有'所说都归于沉寂。我们在畏之茫然失措境界中往往竟不择言语，只求信口打破此一片空寂，这只是'无'已当前之明证。当畏已退之时，人本身就直接体验到畏揭示'无'。在新鲜的回忆中擦亮眼睛一看，我们就不能不说：'原来'我们所曾畏与为之而畏者，竟一无所有。事实是：如此这般曾在者就是'无'本身。"② 人们长久地以为，人无非这样，世界无非如此。他们从来没有想过人和世界"原来"都是"虚无"，骤然临之，人们会感觉自己"被闪了一下"，如果不茫然若失才是奇怪的事情呢！

但海德格尔并不是要人安于甚至耽于虚无状态，他的指向也不是虚无主义。海德格尔曾说过："也许，虚无主义的本质在于，人们没有认真地对待关于虚无的问题。"③ 揭示人生此在的"虚无"不是要让生命萎缩甚至让人自杀，而是要让生命更加饱满。他并不是要让人生此在停留在虚无中，而是让此在置之"死地"而后生，以更认真地、更负责地、更好地展开自己的生命。反之，拒斥"虚无"、拒谈"虚无"反而真的是"虚无主义"："科学以一种高傲的无所谓的态度对待'无'，把'无'当作'不有'的东西牺牲掉了。"④ 持有这种高傲的、无所谓的态度的人不认真对待虚无问题，只把自己从世界中的对象的角度来理解，从而没有真正的自己，他们岂不是把真正的自己、真正的现象虚无掉了、牺牲掉了吗？即使批判传统形而上学的尼采也难以摆脱形而上学，在分析了尼采哲学的形而上学性后，海德格尔认为："'虚无主义'同时

---

① 〔德〕海德格尔：《存在与时间》（修订本），陈嘉映、王庆节译，熊伟校，三联书店，1999，第318页。

② 《现代西方资产阶级哲学论著选辑》，商务印书馆，1982，第350页。或参见〔德〕海德格尔《形而上学是什么》，载孙周兴选编《海德格尔选集》上卷，上海三联书店，1996，143～144页。

③ 〔德〕海德格尔：《尼采》下卷，孙周兴译，商务印书馆，2002，第692页。

④ 〔德〕海德格尔：《形而上学是什么》，载孙周兴选编《海德格尔选集》上卷，上海三联书店，1996，第139页。

也就是表示形而上学的历史性本质的名称。"①

第四，关注个体生命的"日用"维度。

在海德格尔看来，此在与存在有着特殊的关联，要弄清存在问题也就得通达此在本身。而要做到这一点，必须从此在的日常状态着眼。他说："毋宁说，我们所选择那样一种通达此在和解释此在的方式必须使这种存在者能够在其本身从其本身显示出来。也就是说，这类方式应当像此在首先与通常〔zunaechst und zumeist〕所是的那样显示这个存在者，应该在此在的平均的日常状态〔durchschnittlichen Alltaeglichkeit〕中显示这个存在者。"②

"首先与通常"是《存在与时间》中经常出现的词语，海德格尔对这两个词也进行了解释："'首先'意味着：此在借以在公众的共处中'公开地'存在的方式，即使此在'其实'恰恰在生存上'克服'了日常状态。'通常'意味着：此在借以虽非永远地、然而却'常规地'向人人显示的方式。"③ 我们可以看出，"首先"表明人生此在在共在中、在"传统"中成其所是，哪怕进入"生存"状态的此在要克服和超越这种存在状态。"通常"则指人生此在个体面对公众的习以为常的展示自己的方式。比如，一个人首先是一个中国北方人或者南方人，北方或南方的文化赋予他或她一种视野或眼界；而这个人又习惯于被当成一个农民或一个匠人，他或她自己就"是"一个农民或一个匠人。

此外，海德格尔对日常状态也有界定："因而日常状态这个名称所意指的其实无非是时间性，而正是时间性使此在的存在成为可能。"④ 海德格尔把日常状态（Alltaeglichkeit，或译为日常性）与时间性（Zeitlichkeit）联系起来，其用意一是让我们注意日常状态的基础地位，他想告诉读者，日常性是每个人展开自己的日常生活的基础结构；二是让我们注意日常性（Alltaeglichkeit）的词根 Tag（白天，日）的时间含义，日常性既是每个人"首先与通常"的存

---

① 〔德〕海德格尔：《尼采》下卷，孙周兴译，商务印书馆，2002，第 913 页。
② 〔德〕海德格尔：《存在与时间》（修订本），陈嘉映、王庆节译，熊伟校，三联书店，1999，第 20 页。
③ 〔德〕海德格尔：《存在与时间》（修订本），陈嘉映、王庆节译，熊伟校，三联书店，1999，第 420 页。
④ 〔德〕海德格尔：《存在与时间》（修订本），陈嘉映、王庆节译，熊伟校，三联书店，1999，第 421 页。

在，也是每个人"首先与通常"存在的境域，平均的日常性就是"非本真"的时间性。

可见，一个人在"日用而不知"的状态中"成为"其自身，而这种状态却因为"层次低"和"不入流"而被学者所轻视。把着眼点转向日常生活领域很容易被当作人类学，对此海德格尔认为："这种存在者层次上最近的和最熟知的东西，在存在论上却是最远的和不为人知的东西，而就其存在论含义而言又是不断被漏看的东西。"① 日常生活貌似很平常，但它有基础性的存在论上的功能和地位。虽然表面上人们离日常生活很近，但人们往往错失了真正的日常生活，这样他们离日常生活又很远。海德格尔对日常状态的分析还跟他对"创制"领域的重视有关，"创制"是在"理论"和"实践"之"前"的领域，它既是匠人的领域，也包括艺术家的领域。匠人的领域某种程度上就是日常生活领域。在日常生活中，我们每一个人在一些行为举止中都可以达到非常熟练的地步，小到写字和骑车，大到某项专业技能，在这些方面我们均有"熟能生巧"的可能性。一般来说，我们不是这个方面的行家，就是那个方面的能手。而且更为重要的是，相比较"理论"和"实践"而言，日常生活中所赋予的意义具有在先性。

胡塞尔的现象学起初并没有从日常生活分析出发（后期的他才开始把生活世界视为理论活动的基础②），他重视理论所具有的知识性和反思性，他认为现象学是"纯直接直观限界内的一门科学"。③ 胡塞尔的现象学以意识为自己的研究对象，"在每一活动的我思中，一种从纯粹自我放射出的目光指向该意识相关物的'对象'，指向物体、指向事态等等，而且实行着极其不同的对它的意识。"④ 在胡塞尔看来，由于主体不同的目光和目的，感性质料被赋予了不同的含义。

海德格尔则认为："仅仅对物的具有这种那种属性的'外观'做一番'观

---

① 〔德〕海德格尔：《存在与时间》（修订本），陈嘉映、王庆节译，熊伟校，三联书店，1999，第 51~52 页。

② 参见〔德〕胡塞尔《欧洲科学危机和超验现象学》，张庆熊译，上海译文出版社，1988。

③ 〔德〕胡塞尔：《纯粹现象学通论：纯粹现象学与现象学的观念》第一卷，李幼蒸译，商务印书馆，1992，第 165 页。

④ 〔德〕胡塞尔：《纯粹现象学通论：纯粹现象学与现象学的观念》第一卷，李幼蒸译，商务印书馆，1992，第 210 页。

察'，无论这种'观察'多么敏锐，都不能揭示上手的东西。只对物做'理论上的'观察的那种眼光缺乏对上手状态的领会。"① 海德格尔把人与对象的源始关系称为上手状态（Zuhandenheit）。人与日常生活对象的关系不是理论反思的关系，而具有前反思的特点。以工匠使用锤子为例，"对锤子这物越少瞠目凝视，用它用得越起劲，对它的关系也就变得越源始，它也就越发昭然若揭地作为它所是的东西来照面，作为用具来照面"。② 只有操作的过程突然中断了，如锤子坏了或材料不适合，人们才会意识到，锤子本来是用来锤打的，锤子的"存在"就显现出来了。相反，反思和直观中所赋予的含义要以上手状态为基础，单纯的直观只能赋予锤子"硬的""重的"等规定，而"用来锤打"使某个用具有了锤形和锤名。有了锤子这个东西，对锤子的理论观望才得以可能。

　　读者可能会产生这样的疑问，《存在与时间》中海德格尔还没有明确地把存在论与形而上学联系在一起，大量引用该书的段落来论证海德格尔的形而上学思想是否"合法"？我们这样做的理由是，《存在与时间》发表后不久，在1929 年出版的《康德与形而上学问题》一书中海德格尔就这样表示："对存在的发问，一个为形而上学立基的基础发问，就是《存在与时间》的问题。"③ 海德格尔把《存在与时间》与"为形而上学立基"的工作联系在一起。所以，在论述海德格尔的形而上学思想的时候，《存在与时间》应该可以成为一个重要的文献来源。

　　海德格尔认为，日常状态是人生此在的"根"，忽视日常状态分析的存在论也就成了"无根的存在论"。同时，个体生命是海德格尔形而上学的核心关怀，忽视个体生命及其重要特征是传统形而上学的偏失所在。此在与自然（存在或存在理解）的关联不仅具有个体性，还有一个重要的维度，那就是整体性。

---

① 〔德〕海德格尔：《存在与时间》（修订本），陈嘉映、王庆节译，熊伟校，三联书店，1999，第 81~82 页。

② 〔德〕海德格尔：《存在与时间》（修订本），陈嘉映、王庆节译，熊伟校，三联书店，1999，第 81 页。

③ Heidegger, *Kant und das Problem der Metaphysik*, Band 3 der Gesamtausgabe（Frankfurt am Main：Vittorio Klostermann GmbH），1991，S. 203.

三 此－在与"自然"关联的整体性：
海德格尔形而上学的境域格式

此在的关联行为是在整体性中呈现的，"整体性"的含义集中体现在海德格尔的"境域格式"思想中。"境域格式"一词在《存在与时间》中出现过，但没有过多展开。海德格尔说："世界之所以可能的生存论时间性条件在于时间性作为绽出的（ekstatisch）统一性具有一条视野（Horizont，或译为'境域'）这样的东西。绽出不仅仅是向……放浪。毋宁说绽出包含有放浪的'何所向'。绽出的这一何所向我们称之为视野上的格式（horizontale Schema，或译为境域格式)。"① 绽出（Ekstase）、放浪（Entueckung）与生存（Existenz）都有"脱离、走出"的意思，海德格尔显然有意从带有否定性意味的"变动、迁流"等角度来理解人生此在的不同层次的行为，人生此在没有固定的本质，它只是不断走出自己。或者说，"不断走出"就是人生此在的"自己"和"本质"。而"不断走出"的行为也不是漫无目的和方向，它有着自己的理路或"逻辑"，这就是作为境域的格式。如何理解这一"概念"？

"境域格式"是个复合词，我们先来看 horizontale 的含义。胡塞尔早在《纯粹现象学通论》中就提到过境域概念："每一现在体验，即使它也是一个新出现的体验的开始位相（Ansatzphase），必然有其在前边缘域（Horizont des Vorhin）。……每一现在体验也具有其必然的在后边缘域（Horizont des Nachher)。"② 李幼蒸先生把 Horizont 译为"边缘域"，我们主张把这个词翻译成"境域"。胡塞尔已然认识到，现在、过去和未来组成了一个共同的境域，各个"意识原子"都要以这条"流动的河流"为背景才能呈现。

另外，胡塞尔还认为单纯的直观行为也发生在一个背景或者整体性中：

---

① 〔德〕海德格尔：《存在与时间》（修订本），陈嘉映、王庆节译，熊伟校，三联书店，1999，第414页。

② 〔德〕胡塞尔：《纯粹现象学通论：纯粹现象学与现象学的观念》第一卷，李幼蒸译，商务印书馆，1992，第206页。

"任何被知觉物都有一个经验背景。在这张纸周围有书、铅笔、墨水瓶等等，这些被知觉物也以某种方式在'直观场'中被知觉为在那儿；但当我朝向这张纸时，我一点也未朝向和把握它们。它们显现着，但未被抽出，未因其本身之故被设定。每一物知觉都以此方式有一背景直观的晕圈（或'背景看'，如果人们已在把被朝向物包括进直观中去的话），而且这也是一种'意识体验'，或者简单说，'意识'，特别是'关于'一切事实上存于其一同被看的客观'背景'中的意识。"① 胡塞尔告诉我们，从来没有可以单纯直观某一对象这一回事，我们只是以为自己在直观某一对象，其实我们是在某一整体中直观某一对象的。只是我们的注意力集中地停留在某一对象上，从而使得这一对象从背景整体中"突出"了出来。但背景整体并未消失，我们也在看它，只是没有被我们清醒地意识到。

胡塞尔的整体性眼光影响了萨特和梅洛－庞蒂②，海德格尔显然也受到了胡塞尔的影响，在《存在与时间》中他也从整体性角度论述了用具的所是："严格地说，从没有一件用具这样的东西'存在'。属于用具的存在的一向总是一个用具整体。只有在这个用具整体中那件用具才能够是它所是的东西。用具本质上是一种'为了作……的东西'。有用、有益、合用、方便等等都是'为了作……之用'的方式。这各种各样的方式就组成了用具的整体性。"③ 紧接着，他以房间中的用具为例来继续说明这个问题："书写用具、钢笔、墨水、纸张、垫板、桌子、灯、家具、窗、门、房间。这些'物件'绝非首先独自显现出来，然后作为实在之物的综合塞满一房间。切近照面的东西——虽然不曾专题加以把握——是房间，而房间又不是几何空间意义上的'四壁之

---

① 〔德〕胡塞尔：《纯粹现象学通论：纯粹现象学与现象学的观念》第一卷，李幼蒸译，商务印书馆，1992，第103~104页。

② 萨特曾以在咖啡馆中寻找皮埃尔为例来说明整体性现象："这屋子里的每一样东西，人、桌子、椅子都力图独立出来，力图升到由其他对象总体构成的基质之上，结果却重新落入了这个基质的未分化状态，消融在这个基质中。"参见〔法〕萨特《存在与虚无》，陈宣良等译，三联书店，1987，第37页。梅洛－庞蒂在《知觉现象学》中也说："知觉是一种背景，一切活动都从这一背景中显现出来，并以该背景为前提。"参见 Merleau-Ponty, *The Phenomenology of Perception*, transl. by C. Smith, pp. x - xi. 转引自赵敦华《现代西方哲学新编》，北京大学出版社，2001，第133页。

③ 〔德〕海德格尔：《存在与时间》（修订本），陈嘉映、王庆节译，熊伟校，三联书店，1999，第80页。

间’，而是一种居住用具。‘家具’是从房间方面显现出来的，‘家具’中才显现出各个‘零星’用具。用具的整体性一向先于个别用具就被揭示了。"①

可见，境域（Horizont）或境域的（horizontale）所指向的是某一个别对象或行为得以产生的整体和背景，在现象学上背景或整体具有优先性，很多现象学家都接受这一原则。如果单纯只是强调背景的重要性，海德格尔除了在日常生活的层次上展示这一思路和原则外，似乎并没有特别值得推许的地方。但是一旦海德格尔开始从格式（Schema）角度研究境域以及整体性问题，这个问题就得到了很大的推进，这也奠定了他作为现象学一代领军人物的历史地位。

我们把"不断走出"视为此在的"本质"，那么此在为什么要这样，"它"要干什么呢？正如此在的存在"Sorge"所指示的，此在的另一"本质"是"不断关联"，"不断走出"就是为了去"不断关联"。如果不能走出，也就不能进行关联；也正因为能够进行关联，而且必须不断关联，所以才要不断走出已有的关联。"不断走出"和"不断关联"构成了此在之"存在"的一体之两面："不断走出"是否定和"不是"或虚无的一面，"不断关联"是肯定和"是"或存在的一面。

在海德格尔看来，格式（Schema）规定了"不断关联"活动的展开样态，它"负责提供"关联活动的规则。"格式"思想受到了康德的直接启发。与亚里士多德、胡塞尔、尼采、荷尔德林等人一道，康德成为海德格尔学术生涯中重要的对话者。海德格尔有一个非常鲜明的特点，他很难说独立地产生了某种思想，他的大多数想法都是在跟大思想家的对话中、在受到激发的状态中产生的。比如，他对胡塞尔现象学方法和内时间意识思想、对亚里士多德的创制（πραγμα）和技艺（τεχνη）思想、对尼采强力意志思想、对荷尔德林的"诗－思"意境均做了重要的解说与发展。正如没有"物自体"的刺激我们就不会产生感官经验一样，海德格尔也需要他者的刺激，需要借力——借助其他思想家的思想之"力"（Kraft）。当然，完全独立自主地产生思想几乎是不可能的，但海德格尔在思想发展过程中却表现出过强的依赖性。海德格尔在纳粹

---

① 〔德〕海德格尔：《存在与时间》（修订本），陈嘉映、王庆节译，熊伟校，三联书店，1999，第81页。

时期的表现，以及战后极力回避自己应承担的责任，都说明他在某种程度上缺乏真正的独立性，或许这就是阿伦特指责他没有个性的原因。① 这与他给世人留下的"独立与强悍"印象似乎形成了矛盾。② 所以，除了包括《存在与时间》在内的少数著作以外，海德格尔大部分的哲学工作是通过解读别人来阐发自己的思想。但是，我们也要实事求是地承认，海德格尔思想中有相当的原创性，他对很多问题的解说依然值得我们重视。

《存在与时间》发表后，很多读者从哲学人类学的角度解读海德格尔的存在论思想，这让海德格尔有点茫然，而且在对准真正的问题（"时间与存在"以及对"存在研究历史进行建设性的解构"）的时候，他也并不那么得心应手，据说他曾烧毁了《存在与时间》后半部的手稿。萨弗兰斯基则坚持认为，《存在与时间》提出的工作计划后来一直在继续实施，并且最后完成了。③ 在《存在与时间》出版后，海德格尔甚至有点迫不及待地赶紧寻求一个可以依靠的支点来阐发自己的思想，这时康德的著作就成了另外一个可以躲避风雨的"小木屋"：

> 在准备 1927/1928 年冬季学期关于《康德的纯粹理性批判》的讲座时，我的注意力集中在关于格式的章节上。并且我窥到了范畴问题（即传统形而上学的存在问题）和时间现象的关联。以这种方式，从《存在与时间》开始的发问样式作为我对康德所尝试的解释的展望而开始起作用了。当我为我提出的存在问题在康德那里寻找建议的时候，康德的文本变成了一个避难所。④

海德格尔认为康德《纯粹理性批判》的目的不仅仅是批判人类"自然而

---

① 〔德〕吕迪格尔·萨弗兰斯基：《来自德国的大师——海德格尔和他的时代》，靳希平译，商务印书馆，2007，第 397 页。

② 他身上是否很有些马克思所批评过的德国庸人习气？虽然我们对人不能求全责备，但海德格尔性格上的弱点可能妨碍了他取得更大的成就。

③ 〔德〕吕迪格尔·萨弗兰斯基：《来自德国的大师——海德格尔和他的时代》，靳希平译，商务印书馆，2007，第 221 页。

④ Heidegger, *Kant und das Problem der Metaphysik*, Band 3 der Gesamtausgabe（Frankfurt am Main：Vittorio Klostermann GmbH），1991，S. XIV.

然"的形而上学倾向，他还要为形而上学奠基。① 而且"先天综合判断"也不仅仅是康德所说的具有普遍必然性的、给主词添加了新内容的知识，而应该是揭示存在自身的、使得与存在者打交道成为可能的存在论意义上的知识。② 在海德格尔那里，人存在就是联结着，人的"本质"表现于 und 中："当此在形而上学的难题被命名为《存在与时间》的难题时，现在通过界定基础存在论的观念，有一点变得很清楚，这个标题中的'与'本身包含着核心的问题。"③ 既然人的一切行为举止都是联结或关联，康德所研究的判断自然也是联结，而且联结本身就是先天综合判断中的"综合"，甚至分析判断也是"综合的"判断：

> 现在每一个如是的判断已经是一个"我联结"：质言之主词和谓词。作为判断，"分析"判断已经是综合的，即便主词—谓词关联的一致性的基础只不过在于主体的表象。但是综合判断在两层意思上是"综合的"：第一，作为一般判断，第二，只要表象的联结（综合）的合法性是从存在自身（判断与其相关）被"带到近旁[beigebracht]"（综合）。④

康德"先天综合判断"中的"综合"是狭义的，它是指主词不能蕴含谓词、主词和谓词不借助同一性思维来联结。⑤ 海德格尔作为存在论知识的"先天综合判断"的"综合"则是广义的。在他看来，联结即综合，把主词和谓词联结为判断，本身就表明了其是"综合的"。联系《存在与时间》中海德格

---

① Heidegger, *Kant und das Problem der Metaphysik*, Band 3 der Gesamtausgabe（Frankfurt am Main：Vittorio Klostermann GmbH），1991，S. 1，5.

② Heidegger, *Kant und das Problem der Metaphysik*, Band 3 der Gesamtausgabe（Frankfurt am Main：Vittorio Klostermann GmbH），1991，S. 11，S. 14.

③ Heidegger, *Kant und das Problem der Metaphysik*, Band 3 der Gesamtausgabe（Frankfurt am Main：Vittorio Klostermann GmbH），1991，S. 242.

④ Heidegger, *Kant und das Problem der Metaphysik*, Band 3 der Gesamtausgabe（Frankfurt am Main：Vittorio Klostermann GmbH），1991，S. 15. Beibringen 的通常解释是"告知、说明"，海德格尔给这个词加上引号，意在提醒人们注意这个词的字面意思：带到旁边，使靠在一起。所以我们把它翻译成很不通顺的"带到近旁"。

⑤ 参见〔德〕康德《纯粹理性批判》，李秋零译，中国人民大学出版社，2004，第 38～39 页。

尔说过的"λογος 才具有 συνθεσις［综合］的结构形式"① 这句话，我们就可以更能理解海德格尔的意思。另外，在康德那里"先天的"指示着不带有经验内容也不从经验而来的纯形式，海德格尔则把"先天的"当作与存在者层次区别开来的存在论的层次来理解。这样，康德的《纯粹理性批判》所探索的是存在论上的知识，即研究如何在先地关联对象，或研究在先关联对象的"语法规则"。在海德格尔看来，这项工作无疑是为形而上学设立基础的工作。当然，这样解说康德的《纯粹理性批判》固然是个全新的视角，但它遭到了很多康德研究专家的质疑：康德本人的思想是否如海德格尔所说？海德格尔对这种质疑也不是全然不放在心上，在《康德与形而上学问题》第四版的前言中，海德格尔表示曾致力于收回对康德的过度解释（die Ueberdeutung）。在该书的第二版前言中，他说自己在解释文本时的"粗暴性"（die Gewaltsamkeit）经常遭到攻击。同时，他也坦率地承认，在《康德与形而上学问题》中，谴责他"粗暴"的人会找到支持和根据。②

存在论的"前见"会使海德格尔在解释康德著作时表现出很强的"主观性"，但是，海德格尔的存在论解读确实深化了康德哲学的一些主题，其中他对"格式"的创造性解读无疑是《康德与形而上学问题》的一个亮点。

在《纯粹理性批判》中，康德在"论纯粹知性概念的图型［或格式］法"一节中集中探讨了格式问题：

> 我们知性就显象及其纯然形式而言的这种图型［Schema，或译为格式］法是人类灵魂深处的一种隐秘的技艺，我们很难在某个时候从自然中猜测出它的真正操作技巧，并将它毫无遮蔽地展现在我们面前。我们只能够说：图像是生产的想象力的经验性能力的一个产物，感性概念（作为空间中的图形）的图型则是纯粹先天想象力的一个产物，仿佛是它的一个符号，种种图像是通过它并且根据它才成为可能的，但种种图像永远必须凭借它们所标示的图型才与概念相结合，就其自身而言并不与概念完

---

① ［德］海德格尔：《存在与时间》（修订本），陈嘉映、王庆节译，熊伟校，三联书店，1999，第39页。

② Heidegger, *Kant und das Problem der Metaphysik*, Band 3 der Gesamtausgabe（Frankfurt am Main：Vittorio Klostermann GmbH），1991, S. XIV, S. XVII.

全相应。与此相反，一个纯粹知性概念的图型是某种根本不能被带入任何图像之中的东西，它只是根据统一性的规则按照范畴所表达的一般概念所进行的纯粹综合，是想象力的先验产物。①

我们认为这段话可能具有如下几个方面的意思。

第一，康德把图像、图型（格式）和纯粹知性概念作为知识的三个环节或三种层次。图像（Bild）是人给予此时此地的"这个"的即时的描述，它由经验的想象力综合而成，它不具有普遍必然性；纯粹知性概念（Kategorie）是整理感性材料（Bild）的先天规则，遵照知性概念而形成的综合（狭义的）判断就是先天综合判断；位于二者之间的是格式（图型），格式一方面与作为时间的内感紧密相关，所以它能整理此时此地的"这个"；另一方面它又与整理感性材料的先天规则有关，所以它能让知性范畴更加清晰可辨，而且方便了知性范畴应用于感性材料。

第二，康德认为图像和知性概念性质不同。知性范畴是纯形式，它们不带有任何图像；而图像是"纯"质料，它们也不包含知性形式。

第三，格式处于中间地位，它使得图像和知性概念成为可能。正如康德所说的，种种图像是根据它（格式）才成为可能的，图像无非已经"格式"化了的图像。对于此时此地的"这个"来说，它什么都不是，当然也可以什么都是。对"这个"的描述其实是按照"时间规则"综合出一个图像，所以如果没有格式就无法产生图像。这种意义上的格式是感性的格式（图型）。知性概念是纯形式和纯规则，纯概念与格式有共同之处，它们都是具有统一性的规则，都要使不同显象（Erscheinung）归于同一个概念。如果没有格式的比照并"同时"去掉其感性的一面，知性概念就不能"存在"。在与格式比照时，知性形式也"格式"化了，不过"此时"的"格式"化不是图像化，而是时间化。这种意义上的格式是知性的格式。

第四，格式也使得图像和知性概念的结合成为可能。图像和知性概念性质不同，但要形成先天综合判断必须使得二者结合，康德认为格式这个"第三者"足堪大任。它一方面使得图像抽象化，另一方面使得知性概念具体化，

---

① 〔德〕康德：《纯粹理性批判》，李秋零译，中国人民大学出版社，2004，第166页。

在它的居间调和之下，变动不居的图像被置于同一性的概念之下，成为具有普遍必然性的知识。

第五，康德把想象力区分为经验和先验两个层次。经验想象力形成图像，先验想象力表现为感性概念的格式（借助图像可以更好地理解自己）以及纯粹知识概念的格式。

海德格尔把康德的格式思想看得很重，他认为，德文版《纯粹理性批判》的这 11 页（格式章节，A137 – A147）虽然篇幅很短，但它是整个鸿篇巨制的中心所在。① 康德在《纯粹理性批判》中的核心关怀是作为先天综合判断的科学知识问题。但康德发问的重点不是先天综合判断是什么，而是如何普遍必然地达到先天综合判断，所以康德的问题不仅仅是科学的问题，更是科学论的问题，也就是科学之为科学的问题。在此基础上，康德进一步探索形而上学知识如何能够成为科学知识的问题，所以海德格尔非常有见地地把康德的《纯粹理性批判》理解为在为形而上学设立基础。科学论的关键就是发掘出作为立法者的人类的立法"逻辑"：不仅关心规则是什么，更要关心制定规则的规则。海德格尔正是基于这种理解而认为康德所说的知识是存在论上的知识，并把"规则"与"格式"紧密联系起来。

海德格尔从《纯粹理性批判》的字里行间读出了这样一点：有限的人类知识与神圣的知识不同，神圣的知识是无限的，它只需要直观而不要求思维，因为思维是有限性的标志。② 正因为人是有限的，所以面对活生生的"这个"的时候我们无法把握，我们不能像神那样直接感知，只能借助中介来感知："总体上说，使能感觉意味着一个有限生物能够在其中使得某个东西变得可感｛即从某个东西那里产生一个外观或图像［Anblick（Bild）］｝的方式。"③ 使得某个东西变得可感（Versinnlichung）也就是让一个东西变得"有意义"（sinnlich），这个"意义"是我们添加的，或者用海德格尔的话，是我们综合

---

① Heidegger, *Kant und das Problem der Metaphysik*, Band 3 der Gesamtausgabe（Frankfurt am Main：Vittorio Klostermann GmbH），1991, S. 89.

② Heidegger, *Kant und das Problem der Metaphysik*, Band 3 der Gesamtausgabe（Frankfurt am Main：Vittorio Klostermann GmbH），1991, S. 24.

③ Heidegger, *Kant und das Problem der Metaphysik*, Band 3 der Gesamtausgabe（Frankfurt am Main：Vittorio Klostermann GmbH），1991, S. 92.

到"这个"上的。我们把什么与"这个"综合在一起呢？只能是谓词。不管是作为类的谓词（种、属）还是知性的概念（康德的十二范畴）都是我们综合给"这个"的谓词。借助谓词，我们"思想这个"为"什么"，并从"什么"角度直观"这个"。以感知桌子为例，只有"理解"了语词"桌子"的含义，才能把被称为"桌子"的"这个"作为桌子来感知和使用。假如一个人从来不知道"桌子"是什么，他也就无法感知现实中被称为桌子的东西，即使感知也只能感知不知道是什么东西的东西。这就正如康德所说的："思想无内容则空，直观无概念则盲。"① 我们要注意，Eidos、Idee 等词语都有"外观"的意思，不过这种外观是心灵之眼"看"出的。我们认为海德格尔在这一点上无疑继承了柏拉图、康德等人的传统，我们只有借助中介——外观（概念）——才能更好地理解和直观鲜活的"这个"。

同样，反过来，知性概念也要依靠"他者"才会具有"意义"，这里的"他者"就是直观（图像）。而且知性概念与图像并不是分离的，二者是一个整体："一个人越是极端地寻求分离一个有限知识的纯粹因素，这样一种分离的不可能性就变得越发不能被拒绝，并且纯思维对直观的依赖性就变得越发显著。"② 与一些康德解释者不同的是，海德格尔把知识的基础放置在经验和直观之中，他认为："认知主要是直观。……于是所有的思维只不过是服务于直观。"③ 而直观不是漫无目的地呆看，而是依据"格式"（先天规则）来直观，知性概念只不过是这些先天规则抽象化和极端化的结果。

图像和知性概念是人类认知活动的两极，二者都植根在格式中。我们上面分析过，"格式"使得图像成为可能，它也使得"知性概念"成为可能。这样，根本就没有什么单纯的图像和知性概念，存在的是二者的统一状态，二者统一在一起的状态就是"格式"。并不是先有图像和知性概念，然后再致力于二者的统一，而是图像和知性概念本来就是一体的。格式在运作的时候可能会有偏重，如有时格式更偏重图像，有时则更偏重知性概念，但二者的截然分开

---

① 〔德〕康德：《纯粹理性批判》，李秋零译，中国人民大学出版社，2004，第83页。

② Heidegger, *Kant und das Problem der Metaphysik*, Band 3 der Gesamtausgabe（Frankfurt am Main：Vittorio Klostermann GmbH），1991，S. 57.

③ Heidegger, *Kant und das Problem der Metaphysik*, Band 3 der Gesamtausgabe（Frankfurt am Main：Vittorio Klostermann GmbH），1991，SS. 21－22.

只是一种理论上的抽象。

与柏拉图主义带有强烈批判倾向的激进路线不同，亚里士多德喜欢坚守"中道"，这可能也是他重视中产阶级作用的原因。或许深受亚里士多德的影响，海德格尔也非常注意那些"中间"的东西。"格式"就是这种意义上的中间的东西。在他看来，格式位于图像和知性概念之间"中间"的地位恰恰应该理解为"中坚"的地位，即"格式"不仅与综合的最终根据（时间、先验想象力）关联着，也为综合"提供"了存在论意义上的规则。

海德格尔对康德"格式"概念的发展主要体现在如下几个方面。

第一，"格式"从"联结者"而成为"提供根基者"。在康德那里，因为知性概念与图像性质不同，所以需要一个"第三者"来搭桥以沟通二者，于是格式就成了一个特殊的"联结者"。虽然康德也暗示格式产生图像和知性概念，但康德的最终目的是达到非时间的，质言之普遍必然的判断，所以格式充其量只是一个重要的中间环节。而在海德格尔这里，格式不仅是中间的，还是中坚的；格式不仅联结着知性概念和图像，格式还是二者未分化的统一状态，还是二者的基础。图像和知性范畴都是格式，不过是更具体还是更抽象的问题。

第二，从存在论的角度理解格式。在康德那里，"先天的"（a priori）知识是独立于经验的知识（纯形式），经验的（empirisch）知识是来源于经验的知识。① 二者的划分是《纯粹理性批判》的一个基本前提。海德格尔把经验的知识解读为存在者状态上的（ontisch），把先天的知识解读为存在论上的（ontologisch）。前者表现为与具体的存在者打交道，后者关涉事先得到筹划的、与具体存在者打交道的"规则"，而格式就是这样的规则，从而也成为存在论意义上的。

第三，进一步把格式所具有的统一性与知性概念（范畴）所具有的同一性区别开来。"一"与"多"的问题是古希腊以来西方哲学的主导问题之一，在海德格尔看来，"ον（存在）和 εν（一）从概念上说是不同的，但在它们的本质中，它们是同样的，即它们互相归属"。② 存在问题也就是"一"的问

---

① 〔德〕康德：《纯粹理性批判》，李秋零译，中国人民大学出版社，2004，第31页。

② Heidegger, *Aristotle's Metaphysics Θ 1 – 3: On the Essence and Actuality of Force* (Bloomington: Indiana University Press), translated by Walter Brogan and Peter Warnek, 1995, p. 24.

题，"它"要把"多"置于"一"的支配之下。康德科学知识的目的是把"多"（经验的知识）同一化在"一"（范畴）之中来得到理解，海德格尔的存在论"知识"则要把"多"（存在者状态上的诸多关联）统一化在"一"（格式）之中来得到筹划。"同一化"使得经验对象同属一类或共同遵循一致的规律，从而了无差别或差别变得不再具有意义；"统一化"则把不同在者和不同层次的行为置入一个差异得到保存的整体性的关联中，此一整体性有自己的理路和规则，对象以及与对象的关系被笼罩在一种整体性中（展开原则、氛围、心境等）。在海德格尔看来，能够统一化的格式比致力于同一化的范畴更为原始，后者是从前者那里发展或退化而来的。

第四，把格式更为紧密地与自我、想象力以及时间联系起来。康德虽然看重格式章节的重要地位，但他难以抵挡普遍必然性判断的"诱惑"，他最终倚重的是非时间性的先验统觉。而海德格尔并无康德和胡塞尔那样迫切的科学理想，他很乐意使得哲学留在历史性的"此岸"世界，正如他在与卡西尔的论辩中所说的，真理与此在相关，他不认为有永恒的真理。① 所以他的落脚点是作为先验想象力的我思和时间。② 当涉及超越或存在时，格式就是与对象打交道的规则；当涉及超越的境域或时间时，格式就成了与存在者打交道的规则的规则。

海德格尔认为，联结就是想象，就是使得"多" "成为一个图像"（Einbildung，想象）的综合能力。他把先验想象力与格式看成一而二、二而一的关系，先验想象力关涉"多"被综合为"一"的规则，而规则从来不是现成的东西（Vorhandenheit），"它"就是先验想象力之为先验想象力的"先验性"，"它"也是随着先验想象力表现出来的。经验想象力则是把综合的"格式"（规则）收入视野或境域（Horizont）中的、实际展开的综合行为。这样，格式就包括两个方面，一是存在论上的规则，二是时间层次的规则（"它"是

① Heidegger, *Kant und das Problem der Metaphysik*, Band 3 der Gesamtausgabe（Frankfurt am Main：Vittorio Klostermann GmbH），1991, SS. 281 – 282.
② 海德格尔从我思和纯粹统觉的角度理解时间。在《存在与时间》中，海德格尔说时间与我思具有同一性［参见〔德〕海德格尔《存在与时间》（修订本），陈嘉映、王庆节译，熊伟校，三联书店，1999，第 28 页］，在《康德与形而上学问题》中说时间与纯粹统觉是一致的［Heidegger, *Kant und das Problem der Metaphysik*, Band 3 der Gesamtausgabe（Frankfurt am Main：Vittorio Klostermann GmbH），1991, S. 243.］。

使存在论上的规则成为可能的规则）。人理解存在的行为，此在关联自己本性（关联存在、自然）的行为就是朝向格式的、处于整体性中行为。可见，海德格尔所理解的整体性是先天的整体性，即"事先"关联"格式"（综合规则）的整体性。人的一切行为举止都要从"境域的格式"（先天的整体性）的角度来得到理解以及得到具体的展开。即使不是全部内容，先天的整体性至少也是存在论所研究的重要内容之一。

在《存在与时间》中海德格尔非常细致入微地探讨了存在论意义上的境域格式：

> 我们把这些指引关联的关联性质把握为赋予含义［be-deuten］。它使自己源始地就其在世来领会自己的存在与能存在。"为何之故"赋予某种"为了作"以含义；"为了作"赋予某种"所用"以含义；"所用"赋予了却因缘的"何所缘"以含义；而"何所缘"则赋予因缘的"何所因"以含义。那些关联在自身中勾缠联络而形成源始的整体，此在就在这种赋予含义中使自己先行对自己的在世有所领会。它们作为这种赋予含义恰是如其所是的存在。我们把这种含义的关联整体称为意蕴［Bedeutsamkeit］。它就是构成了世界的结构的东西，是构成了此在之为此在向来已在其中的所在的结构的东西。①

赋予含义就是关联和综合，关联和综合的规则就是作为"格式"的意蕴。意蕴是世界整体性的结构，"它"以"为何之故"（Worumwillen）为核心，依次把"为了作""所用""何所缘""何所因"等综合为一个有机的整体。此在因为具有"事先进入"这个结构性整体的能力而被称为此在，此在一方面要善于朝向这个整体，另一方面也要擅于不断使得具体对象和行为与这个整体相适合（fuegsam）。诸如用具这样的存在者则早在与此在实际照面之前，就已经从这个有机整体方面得到理解，它们向此在呈现的方式（Weise）已经被规定好了。"关联意蕴"与"关联实际在者"的关系有点类似胡塞尔所说的"含

---

① 〔德〕海德格尔：《存在与时间》（修订本），陈嘉映、王庆节译，熊伟校，三联书店，1999，第102页。

义意向"与"含义充实"的关系，不过胡塞尔的含义意向主要对准的是"什么"，而意蕴对准的是"如何"（wie）。这样，具体的存在者、关联具体存在者的行为都处于作为在先整体性的境域格式的"管辖"之下。与境域格式的关联是此在的本性，此在的强力就表现为事先使得"杂多"具有统一性和秩序。从这个意义上说，海德格尔继承了康德的"人为自然立法"思想，并通过追问境域格式深化了对这一问题的理解。

同样在《存在与时间》中，海德格尔探讨了时间层次上的境域格式：

> 绽出的视野在三种绽出样式中各个不同。此在借以本真或非本真地从将来来到自身的那一格式即为它自己之故。此在作为在现身中被抛的此在向它自己展开，它借以这样展开的格式我们把作为被抛境况之被抛到什么面前，亦即委弃之委弃于什么。这标识着曾在状态的视野结构。此在为它本身之故而生存于它本身之为被抛此在的境况中，而这同时，此在就作为寓于……的存在有所当前化。当前的视野格式由"为了此"得到规定。
>
> 将来、曾在状态与当前这些视野［境域］格式的统一奠基在时间性的绽出统一性之中。整体时间性的视野规定着实际生存着的存在者本质上向何处展开。随着实际的在此，向来在将来的视野就有一种能在得到筹划，在曾在状态的视野就有"已经存在"得到展开，在当前的视野就有所操劳之事得到揭示。绽出格式在视野上的统一使诸种"为了此"的关联能够与为其故源始地联系在一起。其中就有：根据时间性绽出的统一性的视野建构，就有展开了的世界这样的东西属于那个向来是其此的存在者。①

整体时间性的境域是此在存在（在世界中存在），以及此在理解、关联这种存在的背景，并规定了"不断绽出"向"何处"展开。这种理解体现了境域格式的"逻辑"，此在的"理解存在"是在一个在先的结构中进行的，在先的结构预先规定了绽出的表现形式与方向。制约"绽出"的有三种不同类型

---

① 〔德〕海德格尔：《存在与时间》（修订本），陈嘉映、王庆节译，熊伟校，三联书店，1999，第414页。

的格式，其一是"为它自己之故"，这种格式让"自己"从将来回到自身。这句话比较拗口，海德格尔其实是想说非此在的在者没有将来，它们只是显示出来还是不显示出来的问题。只有此在"自己"才是纯粹的可能性，"自己"才有将来，或者让自己成为自己的格式就是"将来境域"中的在先规定：向着真正的自身——可能性——绽出。其二是"被抛到什么面前"，这种格式让实际的自己从"曾在境域"中显现出来。作为可能性的自己总要表现为"什么"，而且早就表现为"什么"，自己只是"此"这一点被遮蔽了。揭示自己"实际是什么"的格式就是"曾在境域"中的在先规定：向着已经成为的自身——自己的被决定性（被抛性或必然性）——绽出。其三是"为了此"，这种格式让其他此在或非此在的在者实际地呈现出来，其他此在或非此在的在者都是因为跟此在"已经成为的自身"相关联才现实地呈现：与此在有无关系，如果有关系是什么关系，以及如何展开这种关系。"让其他此在或非此在的在者实际地呈现出来"的格式就是"当前境域"中的在先规定：向着与此在相关联的在者——现实的这个或那个（现实性）——绽出。

可见，海德格尔的时间性的境域格式涵纳了、规定了人生此在三种生命活动的展开，第一是在将来境域中从可能性——纯粹的可能性甚至可以说是"无"——角度关联此在自己；第二是在曾在境域中从必然性——被决定性、被抛性、被遮蔽性——角度关联此在已有的自己；第三是在当前境域中从现实性——现实的"这个"的呈现方式——角度关联非此在的在者和其他此在。

我们上面所提到的世界格式（意蕴）主要是规定现实的"这个"的呈现方式，它以时间性境域格式为"基础"，或者说时间性境域格式在先规定了意蕴"如何制定规则"以及"根据什么制定规则"。从这个意义上说，时间确实是此在之存在领会的境域，时间性的境域格式是"制定规则的规则"。"意蕴"很接近康德所说的图像的格式，而"时间性"则类似知性概念的格式。前者相对来说比较具体，后者则关于可能性、必然性和现实性，就显得抽象得多了。

其实，在时间性境域格式与世界境域格式之间还应有一个时间内的（innerzeitig）世界境域格式。时间性境域格式直接规定着此在的存在，间接规定非此在的在者或其他此在的存在；世界境域格式直接规定非此在或其他此在的存在。虽然非此在的在者没有此在那样的自身（可能性），不能说它们具有自由意向非常强烈的"将来"，但是非此在的存在者也有呈现和不呈现的差别，也有已经呈现和尚未呈现的差别，非此在的存在者也处于"时间"中，并按照时间内的世界（"时－空"）整体所具有的境域格式来呈现，所以非此在的在者也要有"正确的时间"（rechte Zeit），否则就是不合时宜的（unzeitig）。① 海德格尔就曾经在《现象学之基本问题》中论述过用具的时间内的境域格式问题。② 当然这种意义的时间是随着此在的"时间性"而"具有"的，非此在的在者也根据与此在的关系而被规定为正在上手的、尚未上手的、已经上手的。举个例子，一个明天要用来考试的教室，教室自己其实并没有什么明天，但因为人有明天，所以教室按照人的"明天"而被预先规定了——明天非考试的其他活动不能在这个空间出现。这说明因为人生此在处于时间性境域格式中，非此在的在者甚至其他此在都因此而被这种时间性境域格式"染了色"，从而也"有"了自己的时间内的境域格式。按照海德格尔偏爱"中间"的习惯，时间内的世界境域格式处于时间性境域格式与世界境域格式"之间"，是否时间内的世界境域格式才是真正源始的境域格式？

如果说关联存在（预先规定在者的呈现方式）是此在的自然（本性），那么此在与"自然"的关联中贯穿着整体性的"原则"——境域格式（"与"之为"与"本身）。在者在世界境域格式——意蕴——中事先得到规定和安排，在者的存在方式在时间境域格式——统一的时间性——中得到事先规定和安排。通过把自己置于整体性的境域格式（时间），通过把存在者置于整体性的境域格式（世界），人生此在秉承了"神"所赐予的"强力"，即让存在者按照规则或"法"（与"多"相对的"一"）来呈现。

海德格尔不仅仅是强调对象处于整体性之中，而且探讨整体性所遵循的规则，并把整体性理解为创制领域中呈现出来的、关涉规则的整体性。凭借这一点，他得以与探求科学的形式的（逻辑的）整体性的胡塞尔比肩而立，成为现象学又一重要的代表人物。

在"关联"此－在与"自然"的关联时，海德格尔不仅从个体性、整体性的角度进行探索，有限性也是他展开"关联"的一个重要维度。

① Heidegger, *Einfuehrung in die Metaphysik*, Sechste Auflage（Tuebingen：Max Niemeyer Verlag GmbH & Co. KG），1998，S. 157.

② 参见 Heidegger, *Die Grundprobleme der Phaenomenologie*, Band 24 der Gesamtausgabe（Frankfurt am Main：Vittorio Klostermann GmbH），1975，SS. 431 – 445。

四 此－在与"自然"关联的有限性：
海德格尔形而上学的自我激发机制

"有限性"在海德格尔的形而上学思想中也处于非常重要的地位，他认为："比人更源始的是在此在自身中的有限性。"① 在海德格尔看来，此在的有限性有被动的有限性和主动的有限性之分。被动的有限性是此在逃避死亡和被抛性以及此在根深蒂固的遗忘特性，主动的有限性指的主动的接受性或接受性的主动性，它是激发和成就形而上学的机制。

我们先来分析被动的有限性。对于人来说，人最大的有限性就是死亡："死是一种此在刚存在就承担起来的去存在的方式。'刚一降生，人就立刻老得足以去死'。"② 而且 "死作为可能的东西不是任何可能上手的或现成在手的东西，而是此在的一种存在可能性"，③ 这种可能性是一种独特的可能性，它只能保持为可能性，它要是从可能性变成现实性，此在就亡故了。很多人一想到死亡就会无助、彷徨和恐惧，他们在意识到自己生命的有限性后就更加悲观失望，要么沉溺到一种消遣中去忘记死亡，要么在各种充满昂扬情绪的活动中"抵消"死亡。还有的在死亡面前表现得很"达观"：死也没什么大不了的，它不过是摆在那里的现成事件，至少现在与我无关。所有这些在海德格尔看来都是把死亡看成被动的有限性，都是在死亡面前的逃避。

人的第二种被动的有限性是人的逃避被抛性。首先，人不能选择自己的出生环境，人在出生时被抛向某个所在。出生于何种国度、民族与文化，乃至个人家世如何，这些都不是我们能选择的。我们就像风中的树叶，被"命运"安排着飘零到某个传统、某个世界中，并在那个传统、那个世界中成长。对此，很多人听天由命，对于"命运"的安排只是被动接受。其次，人生此在

① Heidegger, *Kant und das Problem der Metaphysik*, Band 3 der Gesamtausgabe (Frankfurt am Main: Vittorio Klostermann GmbH), 1991, S. 229.
② 〔德〕海德格尔：《存在与时间》（修订本），陈嘉映、王庆节译，熊伟校，三联书店，1999，第 282 页。
③ 〔德〕海德格尔：《存在与时间》（修订本），陈嘉映、王庆节译，熊伟校，三联书店，1999，第 300 页。

只是"此"，它只要是此在就要"无家可归"；同时虽然"无家可归"，但此在总要把自己的"此"和自己能够及物、能够赋义的"能"表现于"外"，这就是人生此在特有的存在方式，它既被抛向"此"，也被抛向"世界"。面对这种意义上的被抛性，人们纷纷躲避注定要"无家可归"的"此"，而躲进"世界"中去："要沉沦于它处身其中的世界并依这个世界的反光来解释自身。"同时"此在也沉陷于它的或多或少明白把握了的传统。传统夺走了此在自己的领导、探问和选择。"① 此在躲避自己被抛向赤裸裸的"此"的方式就是沉沦（verfallen）。

第三种被动的有限性是遗忘。海德格尔说过："此在的有限性——对存在的领悟——在于遗忘。这一点不是偶然的和暂时性的，而是相反，它必然地和经常地构成自身。"② 更可怕的是，此在还遗忘了自己的遗忘，"遗忘有这样一个特性，即它遗忘自己本身。遗忘的绽出性本质在于，它不仅遗忘了被遗忘者，还遗忘了遗忘自身"。③ 遗忘和逃避还不完全一样，逃避者对"其所逃"（死亡和被抛）还有些了解，只不过是不能忍受它罢了，于是把这种关联遮盖起来，不让其显现；而遗忘则完全与"其所忘"没有了关联，从而不仅把人生此在的"自然"（本性）——存在理解——遗忘了，而且连遗忘自己的本性这回事都遗忘了。

人生此在注定要处身于有限性中，否则就是神了。但人生此在不能安于有限性，要变被动的有限性为主动的有限性。主动的有限性要让有限性成为有限性，它不仅使得此在成为自己，还让形而上学成为形而上学。也就是说，人生此在一是要直面有限性，二是要面对有限性让自己自由。

直面有限性就是不遮蔽、不逃避有限性。面对死亡，人生此在要非常清醒地认识到，只有活着的人才有死，每个人生此在从一出生就在"死着"，亡故的可能性随时都会发生，没有谁能保证自己长命百岁，不可心存侥幸心理，认

---

① 〔德〕海德格尔：《存在与时间》（修订本），陈嘉映、王庆节译，熊伟校，三联书店，1999，第25页。

② Heidegger, *Kant und das Problem der Metaphysik*, Band 3 der Gesamtausgabe（Frankfurt am Main：Vittorio Klostermann GmbH），1991, S. 233.

③ Heidegger, *Die Grundprobleme der Phaenomenologie*, Band 24 der Gesamtausgabe（Frankfurt am Main：Vittorio Klostermann GmbH），1975, S. 411.

为死亡现在与自己无关，死亡是人生此在的最先的、最大的可能性。面对自己置身于其中的身世和传统，我们要冷静地面对这个事实：我们很大程度上是被家庭和传统塑造出来的，一直以来人们都是家庭和传统的欲望的延伸。面对无家可归状态，我们不能留恋体现我们"此"的世界，要不断地出离（当然不是汉语"出家"的意思，海德格尔会说汉语的"出家"是"出离"的一种表现方式）。而且，我们要承认自己有遗忘本性的倾向，要有如履薄冰、如临深渊的心态。

至此为止，我们都在说让有限性保持为有限性，难道海德格尔的"有限性"思想仅仅就在于此吗？海德格尔认为，对于人生此在来说，不逃避有限性是前提，更重要的是在有限性面前让自己自由。怎么自由，这种意义的自由何以可能？海德格尔在《康德与形而上学问题》中说："自由早已居于纯粹知性的本质即纯粹理论理性之中，只要这意味着把自身置于一个自我给予的必然性之下。于是知性和理性之所以是自由的不是因为它们具有主动性的特征，而是因为这个主动性是一个接受性的主动性，即因为它是先验的想象力。"① 海德格尔认为人的自由具有接受性（rezeptiv）的特征，人的自由就是主动的有限性或有限性的主动性。

怎么理解人的接受性？人在认知上有三重局限性（有限性）。一是人的感知是被动的，如果没有物自体对我们感官的刺激，我们就不会调动时空形式对这些刺激进行整理。二是人的感知也是有限的，如果离开了概念和范畴这些设定出来的角度，我们的感知就无从感知，我们就什么也感知不到。三是知性概念也是有限的，如果离开感性材料，它们就不"知道"要整理什么。有限性是人的认知活动的本来面目。但是，另外，感性形式和知性形式是人"主动地"加在自己身上的限制（海德格尔会说，是把感性形式与知性形式合在一起的格式或先验想象力），是人的主动的有限性。在这些有限性条件的引导下，人达到了自由的状态。

正如海德格尔所论述过的，神的直观是无限的（没有限制性和局限性）直观，神的直观并不需要知性概念的帮助，因为神的直观中已经具有秩序

---

① Heidegger，*Kant und das Problem der Metaphysik*，Band 3 der Gesamtausgabe（Frankfurt am Main：Vittorio Klostermann GmbH），1991，S. 155.

（神看着是好的①）。但对人来说，自己的直观是有限的，人的世界是一团混沌，只有主动地、在先地给出限制，人的世界才会出现秩序，才能摆脱混沌、迷失、失控对自己的影响。所以，自由就是主动给予自己限制。笔者认为这也就是海德格尔所说的存在领悟或存在理解。虽然在先天综合判断的理解上，海德格尔与康德不同，但二人都认为自由离不开限制。康德在《纯粹理性批判》的导论中就这样说：

> 轻盈的鸽子在自由飞翔时分开空气，感受到空气的阻力，也许会想象在没有空气的空间里可以更好地飞翔。同样，柏拉图因为感官世界给知性设置了如此狭窄的界线而离开了感官世界，冒险在感官世界的彼岸鼓起理念的双翼飞入纯粹知性的真空。他没有发觉，他竭尽全力却毫无进展，因为他没有任何支撑物仿佛是作为基础，使他支撑起自己，并在上面用力，以便发动知性。②

康德把限制理解为我们可以在上面用力的基础，基础一方面限制我们，另一方面又成就我们。佛家有"烦恼即菩提"的智慧之言，康德在"自己立法自己遵守"一语中也表现出同样的智慧：自由一般被当成摆脱限制，但自由实即限制，自由就是摆脱不合理的限制，并主动给予自己合理的限制。反过来，人如果不是有限的，那人就不会有自由。有些人把阿Q理想中的"想要什么就是什么，喜欢谁就是谁"当成自由，把不受限制理解为自由。其实那不是自由，而是暴君式的任性和放纵。认为自己在一切领域都不受限制的存在物已经脱离了人的存在，他们中有的像吸毒者那样彻底放弃自己的意志，让快感和享受攫取自己。他们只是自己欲望的奴隶，他们连约束自己不合理欲望的能力都不具备，何谈自由？还有的人"和尚打伞无法无天"，蔑视一切秩序和规范，其结果一是使其世界重新回到上帝造人之前的混沌和混乱中去，二是使得自己非人化，因为不把别人当人，也不会被别人当人。任性和放纵式的"自由"只会自我取消。由此我们可以看出，自己限制自己反而成了或成就了

---

① 参见《旧约全书·创世记》1：4，1：10，1：12，1：18 等。

② 〔德〕康德：《纯粹理性批判》，李秋零译，中国人民大学出版社，2004，第37页。

自己的自由，这真是自由的"吊诡"之处。

　　海德格尔在《康德与形而上学问题》中多次提到 Selbstaffektion 一词，邓晓芒教授和杨祖陶教授把它翻译成"自我激动"，① 大约是因为无论英语的 affection 还是德语的 Affektion 都有"疾病、爱好、冲动"等含义。但笔者认为 Selbstaffektion 还是对着"接受性的主动性"说的，指向的是既被动又主动的人的活动。它像发病那样有被动性：被感染（被影响），也有自主的冲动的一面：自然而然产生的情绪和反应。基于这些考虑，我们主张把这个词译成"自我激发"：以有限性为自己的基础和根据，借助基础和根据的力量主动给予自己规范（法），使得自己达到自由的境界。而"自我激动"虽然也有"自我受激而动"的意思，但人们很容易与"情绪波动"意义上的激动联系起来，所以我们认为，Selbstaffektion 还是应该翻译成"自我激发"。

　　"有限性"是海德格尔形而上学思想的自我激发机制，它的目的是让人生此在在关联"自然"的过程中揭示自己的有限性，借助自己的有限性，并因此而成就自己的有限性。当然前后这两"种"有限性的层次不同，被揭示出的有限性指人的不由自主的方面，成就自己的有限性就是变被动的有限性为自己主动给予的有限性。也正是在这个意义上，海德格尔把有限性与形而上学紧密联系在一起："形而上学的奠基是在对人的有限性的探讨中建立起来的，也就是说，这种有限性现在才能被讨论。"② 他还说："回复到为一般形而上学奠基的难题就不是指重复'作为存在者的存在者是什么？'的探讨。这种回复必须把这个我们简称为'存在问题'的探讨展开为难题。这一展开必须表明，人的有限性这一难题以及由此预先规定下来的那些研究，在何种程度上必须属于对存在问题的解决范围。从根本上说：在存在作为存在（而非作为存在者）与人的有限性之间的本质关联必须得到阐明。"③

　　为说明人的有限性，海德格尔还从康德的四个问题（我能够知道什么，

---

① 参见〔德〕海德格尔《康德和形而上学问题》，载孙周兴选编《海德格尔选集》上卷，上海三联书店，1996，第 131 页。

② Heidegger, *Kant und das Problem der Metaphysik*, Band 3 der Gesamtausgabe（Frankfurt am Main：Vittorio Klostermann GmbH），1991, S. 217.

③ Heidegger, *Kant und das Problem der Metaphysik*, Band 3 der Gesamtausgabe（Frankfurt am Main：Vittorio Klostermann GmbH），1991, SS. 221－222.

我应当做什么，我可以希望什么，人是什么）出发，对"能够、应当和可以"进行了分析，逐一解读出其中蕴含的有限性思想。

"凡是在一种'能够'成为问题并想在其可能性中为自己划定范围的地方，这种能够本身就已经处于不能够中了。一种全能的本质不需要问：我能怎样，亦即我不能怎样？它不光是不需要如此提问，它按其本质来说根本就不能提出这种问题。但这种不能并不是什么缺陷，而是不为任何缺陷和'不'所动。但谁要这样问：我能怎样？他就以此表示了某种有限性。凡是完全在其最内在的关切中受这个问题所触动的东西，就在其本质的最深处显出了有限性。

凡是在一种'应当'成为问题的地方，那提问的生物便摇摆于'是'和'否'之间，它在为它所不应当的事感到烦恼。这个生物从根本上对某种应当感到关切时，便在一种'尚未满足'中意识到自身，也就是说，在它看来一般地说应当怎样这点成了问题。一个自身尚未规定的满足的这种'尚未'表明，一个使自己最内在地关切取决于某种应当的生物，根本上是有限的。

凡是在一种'可以'成为问题的地方，就插进了提问者所已经认可或是仍然拒绝的东西。被问的是这样一种可能对之提出期望和不可能对之提出期望的东西。但一切期望都表明某种匮乏。只要这种需要在人类理性最内在的关切中出生出来，那么它就证明自己是一种本质上有限的需要。

不过，人类理性在这些问题中不仅泄露了其有限性，而且其最内在的关切是指向有限性本身的。对人类理性来说关键在于，不要去排除能够、应当和可以，因为不要去扼杀有限性，相反，恰好要意识这种有限性，以便在有限性中坚持自身。"①

"能够、应当和可以"都表明人在真（理论）、善（实践）、美（创制）以及宗教（信仰）诸领域中的活动都是有限的，那么作为这些活动展开者的人，自然也是有限的了。海德格尔到底如何使得有限性成为形而上学的自我激发机制的呢？

面对死亡，人生此在要勇于面对，并先行（vorlaufen）到死中去，把死亡的可能性置于一切可能性之前，让这种可能性真正成为一种可能性，在这种情

---

① Heidegger, *Kant und das Problem der Metaphysik*, Band 3 der Gesamtausgabe（Frankfurt am Main：Vittorio Klostermann GmbH），1991，SS. 216 – 217.

况下，面对死亡这种有限性会让此在产生巨大的反冲力，"先行向此在揭示出丧失在常人自己中的情况，并把此在带到主要不依靠操劳操持而是去作为此在自己存在的可能性之前，而这个自己却就在热情的、解脱了常人的幻想的、实际的、确知它自己而又畏着的向死的自由之中"①。时刻让死亡成为一种限制，此在自己才能成为自己（纯粹的可能性），把自己从沉沦的限制中摆脱出来，一心去面对自己的真正的自由（主动给予自己限制），让生命成为饱满的而不是干瘪的生命。在"先行到死亡中去"这种主动地限制自己的行为中，此在真的是置之死地而后生，真正作为此在而生，为"此"而生。

面对出身、民族和文化传统上的被抛性，人生此在不能自暴自弃，而是要变被动的有限性为主动的有限性。正如荣格的研究所表明的，不同民族有自己不同的人生道路"型"，每种型都有与其环境相适应的生命力。海德格尔也说，此在要认清自己在出身、民族和文化传统上的被抛性，为自己选择自己的英雄榜样。② 这就是接受性的主动性的做法。在此过程中，此在把自己与民族的"天命"联系在一起，于是此在不仅开始成就自己，民族中具有生命力的此在的历史性也得到了重演（Wiederholung）和延续。

面对被抛向"此"的命运，此在要承担起自己的十字架。既然上帝说人是有原罪的，那么人要因此接受惩罚，在海德格尔这里就是被抛向"此"和"无家可归"的状态。海德格尔说："此在的存在即操心就等于说：是不之状态的（具有不性的）根据。而这意味着：此在之为此在就是有罪责的——苟若从存在论上讲确乎可以从形式上把罪责规定为不之状态的根据性的存在。"③这种责罚使得此在居无定所，永远不能停留下来，至死方休。此在的罪责与神话中的"西西弗斯"所接受的"惩罚"非常类似。在这种情况下，此在必须接受自己的命运，并使得这种命运成为命运。它一方面必须不断出离已有的关联，另一方面还要出离向新的关联，在不断的出离和建构中，此在虽然

---

① 〔德〕海德格尔：《存在与时间》（修订本），陈嘉映、王庆节译，熊伟校，三联书店，1999，第305~306页。
② 〔德〕海德格尔：《存在与时间》（修订本），陈嘉映、王庆节译，熊伟校，三联书店，1999，第436页。
③ 〔德〕海德格尔：《存在与时间》（修订本），陈嘉映、王庆节译，熊伟校，三联书店，1999，第327页。

没有固定的家，但它已经四海为家。在变被动有限性为主动有限性的过程中，此在真正成为自己的"此"，也真正成就了"世界"。此在不仅成就了自己，还成就了各种有根的创造活动领域，从而为后来者开辟了可以稳步前行的道路。①

　　面对类似于昏睡的遗忘状态，此在要让遗忘成为积极的东西。遗忘使我们忘记了自己，忘记了自己是有死者、有待重演者和无家可归的"此"，于是我们的生命就陷入混沌和混乱中。但遗忘并不可怕，遗忘也不纯粹是消极的，人生此在要勇敢地面对自己的有限性，不断借助和发挥先验想象力来统一自己。如果人是不遗忘的，先验想象力就没有了用武之地。既然如此，我们就要不断警醒自己和他人，并终生与笛卡尔所说的恶魔（使我们区分不了醒着还是梦着）搏斗，并在搏斗中不断回归自己。如果说遗忘是另一种意义上的死亡，那人生此在就要像托尔斯泰笔下的聂赫留朵夫一样，以及要像刚刚睡起的普罗斯特笔下的主人公一样，让自己不断复活。

　　可见，同样是有限性，Wegsein 选择了不需要勇气和也没有挑战性的逃避和遗忘，而 Dasein 则把有限性转变为积极行动的前提，并通过主动给予自身限制来使自己成为自由的。在这个意义上，没有有限性就不需要超越，也就不需要此在在先地进行存在理解，也就不存在形而上学。

　　在《形而上学的基本概念》中，海德格尔把"世界、有限性和孤独"作为形而上学的基本概念，虽然这部讲稿又"海德格尔式地"没有兑现承诺（没有写完，又成为残篇），但他显然是有意要把"世界、有限性和孤独"与传统形而上学的"世界、上帝和灵魂"对应起来。传统形而上学把世界理解为物体的集合，海德格尔认为形而上学应该把世界作为整体性来理解。海德格尔认为形而上学和哲学不应该研究无限的上帝，而应该研究有限性的人或人的有限性。同时，形而上学也不研究灵魂，而要研究这个独一无二的、与他人经常不和谐的个人。为突出形而上学的独特性，为突出德国民族的独特性，为突出他本人的独特性，海德格尔常让哲学（形而上学）、德国人以及自己处于与

---

　　① 如康德用"心中升起了一道光明"来形容个别天才人物所造成学科革命时的内心状态，后来者据此可以走向康庄大道。参见〔德〕康德《纯粹理性批判》，第二版前言，李秋零译，中国人民大学出版社，2004，第 13～14 页。

周边的对立与隔绝中。比如在《存在与时间》中他把此在自己理解为不事闲谈、不驰骛猎奇、不模棱两可、沉默的、战战兢兢的展开着自己和世界的"此"，这个此在与常人以及周边环境是格格不入的。在《形而上学的基本概念》中他把哲学置于与科学、世界观、宗教甚至艺术等领域不可比较、不可和谐的地位上。① 在《形而上学导论》中，他又认为欧罗巴（当然要以德国为中心）正遭遇俄国与美国的夹击。② 喜欢把自己与周围环境的关系弄得很紧张是海德格尔的"风格"，这可能与其成长的宗教环境有关，也与他根深蒂固的精英情怀有关。海德格尔自视很高，他内心深处把自己理解为救世的精神贵族。人生此在要能够主动把自己与周围的"群氓"区别开来，否则自己就降格了、堕落了。这可能就是他把孤独（Einsamkeit）视为形而上学基本概念之一的原因。这种意义上的精英主义正好与纳粹所宣扬的种族优越论有某种契合性，海德格尔一开始对纳粹抱有好感和同情，这可能又是原因之一。

另外，我们在前面已经提到过，海德格尔在双重意义上理解"自然"，"自然"既可以是独立自在的强力本身，也可以是此在关联存在的"自然禀赋"。在海德格尔的形而上学阶段，"自然"主要是指此在的"自然禀赋"。读者可能注意到一个矛盾，"自然"就是"此在关联存在"，形而上学活动又是"此在与自然的关联"，形而上学岂不就成了"此在关联'此在关联存在'"？这不是同语重复又是什么呢？我们认为，"此在关联存在"是此在之为此在的"本质"（自然），但此在也很可能不关联存在，事实上在海德格尔看来绝大多数此在（可能只有包括他本人在内的极少数此在除外）都不关联存在，而是关联在者，此在已经"很成问题"。此在要承认自己已经"很成问题"，并努力去弄清使自己"很成问题"的"问题"究竟是"什么"，这后一个问题就是此在的"自然"（关联存在），所以此在的当务之急就是去关联自己的本质或"自然"，让自己从"很成问题"转变成进入真正的"问题"。海德格尔在《康德与形而上学问题》第三版的前言（1965年）中意味深长地说："'形而

---

① Heidegger, *Die Grundbegriffe der Metaphysik*：*Welt-Endlichkeit-Einsamkeit*，Band 29/30 der Gesamtausgabe（Frankfurt am Main：Vittorio Klostermann GmbH），1983，SS. 1－4.

② 参见 Heidegger, *Einfuehrung in die Metaphysik*，Sechste Auflage（Tuebingen：Max Niemeyer Verlag GmbH & Co. KG），1998，S. 28。

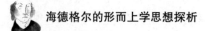

上学的问题'这一表达具有两层意思。"① 这里所说的"问题"已经包含对形而上学本身的反思、批判甚至克服的意思。套用海德格尔的说话"风格"，我们可以说，把"存在"作为"问题"来追问以达到求得"知识"的目的，这是此在的"自然"（本质），② 否则此在就会"很成问题"；相应地，形而上学就是这样一种独特的活动，它让人生此在发现自己"很成问题"，并把人生此在重新置于向"存在"发问并求得"回答"的关系（问题关系）之中。海德格尔之所以在多部著作（《存在与时间》《形而上学导论》等）中分析"发问"对于此在以及"存在"本身的重要性，问题的关键恰在于此。

传统形而上学也注意到有限性问题，但它不是要成为有限性，而是要克服有限性，要在发现"永恒的"知识、创立"不朽"的功业中达到无限性。海德格尔则从此在与"自然"关联的角度解读形而上学。"自然"有两种含义，但无论是何种"自然"，此在在关联中都要让"此在"的有限性成为生存的根基，并用被有限性所激发的此在的强力（先验想象力）维持住此在自己与世界的统一性和整体性，主动给予自己规范，使得自己的世界处于秩序中。这样孤独的个体（这一个独一无二的有限的个体）才真正成为自己本身。这样，形而上学就是一种返回自己的"自然"或者返回与"自然"的"关联"的活动。我们前面提到作为"翻转之学"的形而上学就是这种意义的形而上学。

---

① Heidegger, *Kant und das Problem der Metaphysik*, Band 3 der Gesamtausgabe（Frankfurt am Main：Vittorio Klostermann GmbH），1991，S. XVII.
② 联系亚里士多德的"求知是人类的本性"，可以看出海德格尔对大哲学家的思想具有很强的解释和发挥能力。

第四章
"非非自然"：
作为"翻转之学"的海德格尔形而上学

在海德格尔那里，通行的（流俗的）形而上学都远离了"自然（事情本身）"，从而成为"非自然的"。要回到自然必须彻底地批判传统形而上学（"非自然"），而批判不仅仅是与之划清界限，更重要的是在"非非自然"中把"真实的世界（自然）"给倒转或颠倒回来。海德格尔把自己的存在论理解为形而上学，这种形而上学建立在对传统形而上学（非自然）批判的基础之上，批判就是"倒转"或者"翻转"，形而上学就成了"翻转之学"。

因为传统形而上学的主题是"一般（共相）与个别（殊相）的关系"以及"主体与客体的关系"，而且二者都具有追求不具有时间性的真理的目标，所以海德格尔就从三个方面对传统形而上学实施"翻转"：第一，从"在者形而上学"翻转为"在的形而上学"；第二，从"主体形而上学"翻转为"此在形而上学"；第三，从"超越时间的形而上学"翻转为"以时间为境域的形而上学"。

一　海德格尔对传统形而上学的"翻转"

在提到尼采的思想方式时海德格尔说："尼采的做法，尼采在实行新的价值设定时的思想方法，乃是一种不断的颠倒。我们将有足够的机会更深入地思考此类颠倒。"[1] 紧接着海德格尔举出了两个例子，叔本华称艺术的本质是

---

[1] 〔德〕海德格尔：《尼采》上卷，孙周兴译，商务印书馆，2002，第29页。

"生命的寂静"，它的作用是安抚痛苦的生命。尼采则把艺术理解为"兴奋剂"（刺激和提高生命的东西），这是对"镇定剂"的颠倒。另外，自柏拉图以降的西方哲学都认为要消除谬误以取得真理，而尼采则来了个颠倒：真理本身就是一种谬误。海德格尔认为，颠倒是尼采有意识的一种癖好。① 不独尼采，很多德国思想家都喜欢"颠倒"这种思维方式。如马克思哲学中那著名的颠倒：把黑格尔头足倒立的辩证法又颠倒了过来。还有，"改变世界"是对"解释世界"的颠倒，"生活和生产"是对"意识形态"的颠倒，"哲学的贫困"是对"贫困的哲学"的颠倒，等等。

其实，海德格尔本人也是"颠倒"方面的行家里手。比如，胡塞尔认为质料比质性更根本，海德格尔则反过来强调质性，认为态度、情绪更基本；亚里士多德看重理论生活和实践生活，虽然他也提到创制，但创制与前二者比起来并不是最重要的，胡塞尔也高度重视理论生活和理性的作用，海德格尔则反其道而行之，认为理论生活和实践生活植根于日常生活之中，他反过来强调创制的基础地位；胡塞尔认为感知是时间域的核心，海德格尔则反过来强调联想（想象力）在时间域的核心地位（又回到布伦塔诺的立场中）；一般人认为时间的顺序是过去、现在和将来，海德格尔则认为，将来先于现在和过去；胡塞尔很重视各门学科的先天形式，海德格尔则反过来追问在各门学科之前的创制领域的先天形式；康德事实上对人"自然而然"的形而上学倾向持批评态度，而海德格尔偏要证明人的"自然而然"倾向的合理性；尼采说要反对形而上学，海德格尔偏要说尼采反而是形而上学家，等等。

在对待传统形而上学方面，海德格尔也坚持"颠倒"的做法。海德格尔把形而上学区分为流俗的形而上学与科学的形而上学："关于存在的超越论科学与流俗的形而上学无关，后者处理所熟知的存在者背后的某种存在者；而形而上学之科学概念则完全同一于哲学之概念：批判的、超越论的存在科学，即存在论。"② 此时海德格尔还称自己的存在论为科学的形而上学，以后他则非

---

① 参见〔德〕海德格尔《尼采》上卷，孙周兴译，商务印书馆，2002，第29～30页。

② Heidegger, *Die Grundprobleme der Phaenomenologie*, Band 24 der Gesamtausgabe（Frankfurt am Main：Vittorio Klostermann GmbH），1975，S. 23. 译文摘自〔德〕海德格尔《现象学之基本问题》，丁耘译，上海译文出版社，2008，第20页。

常坚决地把哲学(形而上学) 与科学区隔开来（比如在《形而上学的基本概念》那里)。在他看来，科学的形而上学研究存在论，流俗的形而上学研究存在者，而科学的形而上学是对流俗（传统）的形而上学的颠倒。在《形而上学的基本概念》中，海德格尔更是从"颠倒"或"翻转"角度对形而上学做了界定：形而上学即从诸自然物转离，而进入在者整体和本真在者，这种翻转（Umwendung) 在第一哲学（形而上学，真正的哲学）中发生。[1] 从这个意义上说，我们可以把海德格尔的形而上学称为对传统形而上学的"翻转之学"。

其实早在《现象学之基本问题》的讲稿中，海德格尔就已经从"倒转"的角度来理解自己的形而上学与传统形而上学的关系：

> 只有先把存在与存在者，而非一存在者与另一存在者区别开（krinein 希)，我们才能进入哲学的问题域。只有通过这种批判的态度我们才能留驻在哲学领域之内。由此，那与存在者之科学区别开来的存在论或哲学才是批判的科学甚或关于倒转了的 (verkehrten) 世界的科学。[2]

可见，在海德格尔心目中，只有把存在与存在者区分开，才能进入真正的哲学问题，才能进入倒转了的世界，也才能揭示被倒转了（被翻转了）的世界的科学。而存在与存在者的划分就是著名的"存在论差异"。"存在论差异"说的是在者与在的差异，它也提示着两种不同形而上学（存在论)——"在者形而上学"与"在的形而上学"——的差异。

二 从"在者形而上学"翻转为"在的形而上学"

存在与存在者要区分开来，这被海德格尔称为存在论差异。他说："为了

---

[1] Heidegger, *Die Grundbegriffe der Metaphysik：Welt-Endlichkeit-Einsamkeit*, Band 29/30 der Gesamtausgabe（Frankfurt am Main：Vittorio Klostermann GmbH), 1983, S. 59.

[2] Heidegger, *Die Grundprobleme der Phaenomenologie*, Band 24 der Gesamtausgabe（Frankfurt am Main：Vittorio Klostermann GmbH), 1975, S. 23. 译文摘自〔德〕海德格尔《现象学之基本问题》，丁耘译，上海译文出版社，2008，第19页。

将诸如存在之类做成研究专题，我们必须搞清楚存在与存在者之间的区别。这一区别不是随意做出的，它毋宁是那样一种区别，借之可以首先获得存在论乃至哲学自身的主题。它是一种首先构成了存在论的东西。我们称之为存在论差异，亦即存在与存在者之间的区分。"① 在海德格尔看来，存在论首先要研究存在论差异，目的是在与存在者的比较中对准自己的主题——存在。这样看来，存在论差异就成了存在论研究的前提条件。以往的形而上学之所以不是"在的形而上学"，就是因为它们没有把存在论差异收入眼帘，而且它们对存在的研究也不是就存在本身来谈论存在，而是实际上把存在作为在者来研究。不过，康德的"存在（是）不是实在的谓词"思想已经接近和提示着这一重要问题。

为了论证"上帝的本体论（存在论）证明的不可能性"这个问题，康德提出："'是'显然不是实在的谓词，也就是说，不是关于可以加给一个事物的概念的某种东西的一个概念。它纯然是对一个事物或者某些规定自身的肯定。在逻辑应用中，它仅仅是一个判断的系词。"② 谓词包括两类，要么是作为种属的谓词，要么是作为赋予对象以"同一性"形式的十二范畴，无论哪一种都不是"是"（Sein）或实存（Dasein），谓词是关于一个对象的概念，概念不等于对象的实存，正如康德所举的例子那样，商人不能通过在自己账本上多添加几个零来增加自己的财富。所以"无论我们关于一个对象的概念包含着什么东西以及多少东西，我们都毕竟必须从它走出来，以便把实存赋予它"。③ 关于上帝的存在论证明只是一个非常有用的理念，但它没有告诉我们关于实存的知识。④ 要获得实存的知识，我们要借助知觉。

关于康德的上述思想，海德格尔做了这样的解说："实存不能属于最完满的存在者之概念，或者说，我们不能将实存作为隶属者加以认识（托马斯），该论题的含义还要深远些。其根本意思是：诸如实存、实有之类原本便不属于一个概

① Heidegger, *Die Grundprobleme der Phaenomenologie*, Band 24 der Gesamtausgabe（Frankfurt am Main: Vittorio Klostermann GmbH），1975, SS. 22 – 23. 译文摘自〔德〕海德格尔《现象学之基本问题》，丁耘译，上海译文出版社，2008，第19页。
② 〔德〕康德：《纯粹理性批判》，李秋零译，中国人民大学出版社，2004，第469页。
③ 〔德〕康德：《纯粹理性批判》，李秋零译，中国人民大学出版社，2004，第471页。
④ 〔德〕康德：《纯粹理性批判》，李秋零译，中国人民大学出版社，2004，第471页。

念之规定。"① 这样，存在（是）根本不是谓词或规定②（Bestimmung），而是单纯的肯定。但是海德格尔认为："康德的论题：存在并非实在的谓词，就其否定性内涵而言，是不可撼动的。归根结底，康德借此想要说：存在不是存在者。与此相反，康德的肯定性诠解：实存是绝对肯定（知觉），存在是肯定一般，就显得既不明澈又有歧义；同时，通过恰当的理解，它还是成问题的。"③

海德格尔认为，康德关于这个问题的不足之处一是只从知觉角度研究存在，二是没有进一步明确"把存在与谓词划分开"的重要意义。其实对一个对象有两种截然不同的把握方式，一是把握对象的存在（Wie，向人生此在显现的方式），二是通过加在对象上的谓词（Was）来理解和知觉对象。前者是存在论层次上的，后者是存在者层次上的。以往的形而上学不但没有把存在与存在者（谓词）区分开，还用存在者层次上的把握方式（概念，Begriff）来研究与之性质完全不同的"存在"，那自然是隔靴搔痒、偏离主题了。

具体说来，"在者形而上学"就是从层次不同的"谓词"来理解"在者"，并误以为在研究"存在"。在古希腊哲学中有两种"在者形而上学"，一是以柏拉图为代表的"本质－现象"范式，二是以亚里士多德为代表的"主词－述谓"范式。

"本质－现象"范式给予所有在者"本质"或者"现象"的谓词，并据此在存在者之间进行划分和区别。"本质"指向了不动、不变、不朽、无限和真实的存在者，"现象"代表着变动不居、有死、有限和谬误（意见）的存在者，哲学（形而上学）要不断通过辨谬来使自己停留在本质或理念的存在者中，现象界的存在者则体现并服从理念界的规范。这种范式的形而上学通过不断批驳对立面（现象）来维持自己的生命力。对此，海德格尔说："在诡辩派

---

① Heidegger, *Die Grundprobleme der Phaenomenologie*, Band 24 der Gesamtausgabe（Frankfurt am Main：Vittorio Klostermann GmbH），1975, S. 42. 译文摘自〔德〕海德格尔《现象学之基本问题》，丁耘译，上海译文出版社，2008，第38页。

② 康德对规定的界定是："规定是一个添加在主词的概念之上并扩大了这个概念的谓词。"参见〔德〕康德《纯粹理性批判》，李秋零译，中国人民大学出版社，2004，第469页。

③ Heidegger, *Die Grundprobleme der Phaenomenologie*, Band 24 der Gesamtausgabe（Frankfurt am Main：Vittorio Klostermann GmbH），1975, S. 77. 译文摘自〔德〕海德格尔《现象学之基本问题》，丁耘译，上海译文出版社，2008，第68页。

与柏拉图哲学中表象（Schein）才被解释成单纯的表象从而降低了。和表象一起，在作为 ιδεα（理念）被提升到一个超感觉的去处。在尘世只是看来像是的在者和上天不知在何处的现实的在之间，划出裂缝，χωρισμοs。"①

"主词－述谓"范式首先在存在者中进行区分，确定哪些是最优先的、作为谓词之基础的存在者（第一实体），处于时空中的、现实的个体就成了满足要求的存在者，也就处于"主位"——被表述而不是用来表述。而在用来表述的存在者中，有一种是一般的、普遍的存在者（如人、马等），它们也可以处于主语的位置，但与第一实体比较起来，它们在基础性方面要逊色一些，所以被称为"第二实体"。除此之外的"在者"都是不独立的属性，都要依附于第一实体或者第二实体。形而上学是最普遍的知识，它不研究具体的自然知识和抽象一些的数学知识，而是研究如何达到必然性的知识，即如何必然地表述任何主词，而不是具体的自然主词和数学主词。所以，通过给予存在者"第一实体""第二实体""本质属性""偶性"等谓词的方式，这种范式的形而上学不断致力于对主词进行合适的（合乎中道的并且合乎必然性的）表述。而且，亚里士多德也不否认共相、形式的存在，它们就在个体里面，但他认为这些在者最终是不独立的，它们要依赖于"第一实体"。

"本质－现象"范式首先关心的是"是真还是假"，这个视角把世界分为两个层次或领域；"主词－述谓"范式则更关心"独立地'是'还是不独立地'是'"，这种眼光把在者区分为实体和属性两大类，在实体和属性内部又可以根据独立性程度再进行划分。如果说"本质－现象"范式贯彻的是"辩证法"（通过揭示现象的矛盾来引出真实的本质或理念）的逻辑，那么"主词－述谓"范式贯彻的就是"形式逻辑"：如何使得表述的形式合乎"必然性"的要求。但不管是哪一种范式都是在存在者之间进行划分，而不是在存在与存在者之间进行划分。尤其是"主词－述谓"范式，不仅要给予不同的实体（主词）以不同的谓词（第一实体还是第二实体），还要给予不同的作为"述谓"的存在者以不同的谓词（是本质属性还是偶性）。有意无意地，这种范式的形而上

---

① Heidegger, *Einfuehrung in die Metaphysik*, Sechste Auflage（Tuebingen：Max Niemeyer Verlag GmbH & Co. KG），1998, S. 80. 译文摘自〔德〕海德格尔《形而上学导论》，熊伟译，商务印书馆，1997，第107页。

学还是回归了柏拉图主义的路线，对述谓进行了本质和现象（本质属性与偶然属性）的划分。而作为"实体"之表述的"本质"（是什么、理念）则成了真正意义上的实体，它一经改变，实体就不成其为实体了。在这个意义上，无论柏拉图还是亚里士多德都要最终依托理念、共相来把握个体和现象，"无定形"的自然（φυσις）要向着理念和形式而存在。或者理念与形式就是变动不居的存在者的"存在"。被扶上"主位"（王位）的"第一实体"很快就逊位了。但亚里士多德毕竟为西方形而上学融入了"个体"的元素，从而使得"这一个"成为形而上学的重要问题，并对西方后来形而上学发展形成了直接影响。比如，海德格尔认为亚里士多德以实在论反对柏拉图的唯心论，并成为中世纪的前驱。[1]

当然，海德格尔还认为亚里士多德也触及了"存在"问题："对于亚里士多德来说，δυναμις 和 ενεργεια 的问题，潜能和现实，不是一个范畴的问题。"[2] 范畴（谓词）是对存在者的述谓，潜能和现实问题不是范畴，这说明"它们"说的是"存在"，而且潜能和现实理论还从时间角度理解存在，所以海德格尔非常看重这种研究存在的路径，他的存在论与对亚里士多德"潜能现实"理论的解读有着重要关联。

海德格尔对中世纪哲学非常熟悉，他认为源于亚里士多德的中世纪存在论的问题是："应当如何把握一个现实存在者之事实特性与它的现实性之间的关系？现在涉及的已不仅仅是康德的问题，不仅仅是现实性一般，而是这样一个问题：一个存在者之现实性（Wirklichkeit）如何与它的实在性（Realitaet）相关？"[3] 德语 Wirklichkeit（现实性）与 Realitaet（实在性）对应着拉丁文 existentia（实有）与 essentia（本质），其中实在性和本质说的是存在者的"是什么"（Was），现实性和"实有"指的是存在者的"如何"

---

① Heidegger, *Einfuehrung in die Metaphysik*, Sechste Auflage（Tuebingen：Max Niemeyer Verlag GmbH & Co. KG），1998，S. 105. 参见〔德〕海德格尔《形而上学导论》，熊伟译，商务印书馆，1997，第138页。

② Heidegger, *Aristotle's Metaphysics Θ 1 – 3：On the Essence and Actuality of Force*（Bloomington：Indiana University Press），translated by Walter Brogan and Peter Warnek，1995，p. 6.

③ Heidegger, *Die Grundprobleme der Phaenomenologie*, Band 24 der Gesamtausgabe（Frankfurt am Main：Vittorio Klostermann GmbH），1975，S. 111. 译文摘自〔德〕海德格尔《现象学之基本问题》，丁耘译，上海译文出版社，2008，第97页。

（Wie）。海德格尔认为，对于本质与实存之间的关系，中世纪哲学分为如下解释路径：

> 关于本质性与实存或者现实性之间的区别问题，我们在经院哲学内部区分出三种不同的阐释路向。其一是托马斯主义的，其二是司各脱主义的，其三是苏阿雷斯的。……托马斯及其学派认为 essentia［拉：本质］与 existentia［拉：实有］之间的区别，这种 distinctio［拉：区分］，是一种 distinctio *realis*［拉：实在的区分］。按照司各脱这种 distinctio［拉：区分］是一种模态性之区别，是 distinctio *modalis* ex natura rei［拉：出于事情本性的模态区别，出于事情本性的样态区别］，或者就像司各脱主义者也会说的那样，是一种 distinctio *formalis*［拉：形式的区别］。司各脱主义的区别在这个名目之下变得十分有名。苏阿雷斯及其先驱把本质性与实存之间的这个区别把握为 distinctio *rationis*［拉：理性的区别，或译为"概念的区别"］。①

托马斯主义认为，只要是一个存在者（被创造者），就会同时具有"本质"（共相）和"实有"（殊相）这两个方面，二者之间的区分是实实在在的，其中"本质"必然地属于存在者，而"实有"只是偶然地添加在存在者上。只有在上帝那里，本质和实有才是合一的，上帝的本质就是上帝的实有。被创造者的"本质"与"实有"处于这样那样的不统一中，唯其如此，它才是受创者。②

司各脱主义认为，"实有"出于存在者自身的本性（ex natura rei），对于作为受创者的存在者来说，"实有"比作为谓词的"本质"更根本。有存在者就有"实有"，但"实有"并不是实物，也不能被述谓，它不是谓词，"它"

① Heidegger, *Die Grundprobleme der Phaenomenologie*, Band 24 der Gesamtausgabe（Frankfurt am Main：Vittorio Klostermann GmbH），1975, S. 126. 译文摘自〔德〕海德格尔《现象学之基本问题》，丁耘译，上海译文出版社，2008，第 114 页。

② 参见 Heidegger, *Die Grundprobleme der Phaenomenologie*, Band 24 der Gesamtausgabe（Frankfurt am Main：Vittorio Klostermann GmbH），1975, SS. 128 - 131，以及〔德〕海德格尔《现象学之基本问题》，丁耘译，上海译文出版社，2008，第 116 ~ 119 页。

是不可认识的。或者我们可以说，上帝给予每个存在者的是把它与别的在者区分开的"实有"，而不是谓词意义上的"本质"。"本质"和"实有"之间的区分不是实在的，而是形式的。① 但司各脱本人并非彻底的唯名论者，因为他坚持实有与本质是与个别事物有别的存在这一实在论的立场。②

与托马斯主义不同，苏阿雷斯认为，在现实的个体上无法区分"本质"和"实有"，二者是一体的，区分只是在抽象的意义上说的，也就是二者的区分只是概念上的区别。二者都实现于现实的个体中，其中"本质"是一种可能性，它已经作为潜能在上帝的创造中实现于个体之中，"它"规定个体的"所是"；"实有"作为现实性是独立的，并不归属于作为可能性与潜能的本质。在被上帝创造出的某个个体上，"本质"获得了"实有"，"实有的"个体获得了"本质"（规定）。

可见，中世纪形而上学把一切存在者区分为创造者和受创者，又从"实有"和"本质"及其关系角度理解存在者的存在，把任何在者都会涉及的"实有"与"本质"关系问题作为自己的基本问题。托马斯主义有用"本质"统摄"实有"的倾向，司各脱主义在注重"实有"的基础上使得"本质"和"实有"保持一定的分立，苏阿雷斯则把"本质"和"实有"统一于个体的实现（受创）过程中。虽然中世纪哲学并不是有意把存在作为存在者来研究，但实际上只是分说了不同的存在方式，还没有就存在方式本身来进一步穷根究底。海德格尔认为"本质"和"实有"的差异还不是存在论差异，而只是存在论差异的环节，它们只是分说了不同的存在方式：

> 让我们把 ens［拉：存在者］存在着（Seiend），这个表达的双重含义联结起来。作为分词它说出的是，存在者被一种存在方式所规定。分词性含义强调了 existentia［拉：实有］这个环节。与此相反，名词性含义则强调了 res［拉：实事］，也就是说 essentia［拉：本质］这个环节。
>
> ens［拉：存在着的］与 res［拉：实事］，存在者与事物，意味了不

---

① 参见 Heidegger, *Die Grundprobleme der Phaenomenologie*, Band 24 der Gesamtausgabe（Frankfurt am Main: Vittorio Klostermann GmbH），1975, SS. 131 - 132, 以及〔德〕海德格尔《现象学之基本问题》，丁耘译，上海译文出版社，2008，第 120~121 页。

② 参见赵敦华《基督教哲学 1500 年》，人民出版社，1994，第 474 页。

同的东西，而它们之间确实又是可以转换的。每一个存在者都是 ens［存在着的］与 res［实事］，也就是说，它具有存在，并且具有如此这般的存在。①

在海德格尔看来，对一个对象可以从分词和名词两个角度进行理解，其中essentia 与古希腊哲学的"共相"有很强的关联，通过把一个对象归于某个共相，这个对象从其"是什么"（本质）方面得到理解；existentia 则与亚里士多德那里只能被表述的实体尤其是第一实体有关，只是"这时"的实体还没有被谓词表述，"它"只是赤裸裸的"这个"，只能先说"它"有没有，然后再说"它"正在如何着（分词）。

海德格尔指出，在康德之前，对实有以及现实性的意义的追问是，并且何以是，以实现之现象、制作之现象为指引的。② 因为中世纪哲学有着上帝创造世界的前提，所以它们很容易从创造的角度理解个体，但是这种创造还不是我们前面提到的创制。而且，中世纪的形而上学家只是努力区分二者，并探索二者之间，以及二者与上帝以及个体的关系，他们还没有真正上升到存在论的层次来追问"存在的含义本身以及存在之为存在"这样的问题。海德格尔认为，并不能说以往的形而上学没有提出存在问题，而是没有从存在论角度、从具有特殊性结构的存在自身来具体展开这一问题："对哲学史的考察显示，存在者的多重领域很早就被发现了：自然、空间、灵魂，然而它们未能在其特殊的存在中得到把握。存在之平均概念已在古代得到表明，这概念用于阐释不同存在领域中的所有存在者及其存在方式，但特殊的存在自身并未明确地在其结构中被问题化，也无法得到限定。"③ 柏拉图、亚里士多德甚至黑格尔都处于这种

---

① Heidegger, *Die Grundprobleme der Phaenomenologie*, Band 24 der Gesamtausgabe（Frankfurt am Main：Vittorio Klostermann GmbH），1975，S. 119. 译文摘自〔德〕海德格尔《现象学之基本问题》，丁耘译，上海译文出版社，2008，第 106 页。

② 参见 Heidegger, *Die Grundprobleme der Phaenomenologie*, Band 24 der Gesamtausgabe（Frankfurt am Main：Vittorio Klostermann GmbH），1975，SS. 138. 译文摘自〔德〕海德格尔《现象学之基本问题》，丁耘译，上海译文出版社，2008，第 128 页。

③ Heidegger, *Die Grundprobleme der Phaenomenologie*, Band 24 der Gesamtausgabe（Frankfurt am Main：Vittorio Klostermann GmbH），1975，S. 30. 译文摘自〔德〕海德格尔《现象学之基本问题》，丁耘译，上海译文出版社，2008，第 26 页。

存在研究水平。而且很多形而上学家不时混淆"实有"和"本质"之间的界限，从本质（谓词）角度来理解存在和实有，从而导致存在问题长久地没有真正地成为哲学的核心问题。那么如何才能从在者形而上学转为在的形而上学呢？海德格尔认为：

> 必须以肯定的方式显示，哪种意义的存在者能够被询问其"什么"，而哪种意义上的存在者则必须通过"谁"这个问题被提问。只有从这里出发才能分别把 essentia［拉：本质］和 existentia［拉：实有］的问题复杂化。它不仅在追问何所性（Washeit）和现成性（Vorhandenheit）之间的关联，而且也在追问孰性（Werheit）与生存（Existenz）之间的关联，我们用的这个生存（Existenz）被领会为我们自身所是的存在者之存在方式。说得更普通些，"existere［拉：（动词意义上的）实有］和 existentia［拉：（名词意义上的）实有］属于每一个存在者"这个论题只是指明了"将每一个存在者分说一个它所是的存在者（ein Seiendes，das es ist），和它怎样（Wie）的存在"这个普遍问题。①

存在论不是要追究现成物或现成属性之间的关系，而是要追问"谁"（Wer）如何生存（Existenz）的问题，在这个基础上把此在具有的、作为接受性主动性的、在先筹划与存在者关系的呈现方式的能力逼问出来。这一切正如海德格尔说的："仅当我们领会了存在，我们才能把握作为存在者的存在者本身，如果我们不领会，哪怕以粗糙且非概念的方式领会实在性之所云，那现实就仍对我们隐藏着；如果我们不领会实在性之所指，那么实在便仍无法通达；如果我们不领会生命和生命性之所云，那么我们便不能与活生生的东西打交道。如果我们不能领会生存和生存性之所云，我们自身便不能作为此在来生存。"② 并以这种基

---

① Heidegger, *Die Grundprobleme der Phaenomenologie*, Band 24 der Gesamtausgabe（Frankfurt am Main：Vittorio Klostermann GmbH），1975，S. 170. 译文摘自〔德〕海德格尔《现象学之基本问题》，丁耘译，上海译文出版社，2008，第158页。

② Heidegger, *Die Grundprobleme der Phaenomenologie*, Band 24 der Gesamtausgabe（Frankfurt am Main：Vittorio Klostermann GmbH），1975，S. 14. 译文摘自〔德〕海德格尔《现象学之基本问题》，丁耘译，上海译文出版社，2008，第11~12页。

础现象为背景来反思人生此在之存在的真与假，以及诸种存在论研究和学术研究的根基是否牢靠。

传统形而上学主要以知识为自己的取向，它们所追求的是存在者背后的、永恒的东西，就它们被谓词表述这一点来看，这些神秘的东西还是在者，不过是一些更为抽象和普遍的在者。古希腊形而上学通过诸如"本质－现象""主词－述谓"这样的谓词来理解不同的存在者，中世纪形而上学通过谓词"本质－实有"来认识和区分存在者。虽然表述不同，但都把一般（共相）与个别（殊相）的关系视为形而上学的核心问题，形而上学家因此要懂得二者之间的区分，并懂得如何用一般来理解个别，在他们看来这就是最高的知识。而"在的形而上学"是对"在者形而上学"的翻转，是"回归自然"倾向对"非自然"倾向的否定，它不研究知识论意义上的普遍必然的知识，它要从知识走向智慧。

海德格尔在《存在与时间》中的问题展开路径就是先回到人生此在的日常状态，然后再从日常状态返回本真状态。之所以要先回到日常状态，是因为日常状态有着迥异于"知识"的"常识"结构。在自然科学和传统哲学"告诉"人们对象是"什么"之前，人们在一种基本的经历（Grund Geschehen）中已经对对象的"如何"有了理解和把握，这种基本经历或体验就是被称为创制的人类活动。创制活动不仅从"用"的角度解释对象，而且还从整体境域（世界）方面理解对象，这些对象在与人的关系中不断合适着/不合适着、是着/不是着，它们没有固定的本质，它们在与人的关系中存在，或者说它们向着与人的关系而存在。其存在具有整体性、关系性、有用性等特征。与知识比较起来，它们被斥为常识或意见，但"常识和意见"与存在的关联比"知识"与存在的关联更紧密。但是返回常识还不是海德格尔存在论的目的，他要达到智慧存在——理解自身（认识你自己）。在揭示日常生活结构的基础上，海德格尔进一步把处于日常状态的存在的"实情"无情地"端"了出来：亡故随时会来临、自己被传统决定着、自己只是可能性而不是"什么"、自己无家可归、自己有着像神一样的在先赋予对象以整体性的强力、自己已经失落了自己的本来面目（自然）……在充分认识自我后，人生此在展开了自己的智慧存在。既超越了常人的自我遮蔽和冥顽不灵，又不会在看透一切后悲观绝望（如叔本华），而是怀着明心见性的视野和战战兢兢的心态来积极生存，来展开全新的创制活动，既防止自己沉沦，又最大限度地实现自己的神力（基于格式的综合能力），从而让自己的世界达到物我两成（Sein）的高超境界。

我们可以借用佛家的"转识成智"一语来指代海德格尔从知识转为常识，再从常识转为智慧的"在的形而上学"。但是"转识成智"在佛家那里有特定的含义，凡夫拥有的是识，觉悟者（佛）拥有的是智，凡夫要成佛必须做到转识成智。具体说来，凡夫的八识要转为佛的四智，即眼、耳、鼻、舌、身前五识转为成所智；第六识（意识）转为妙观察智；第七识（末那识）转为平等性智；第八识（阿来耶识）转为大圆镜智。虽然海德格尔的"在的形而上学"与佛学有着某种程度上的类似——都致力于人的自由和自觉性的发挥，但二者的差异也是很明显的，我们只是"类比"地借用"转识成智"这个词来更简略地概括海德格尔的形而上学。

在《现象学之基本问题》中，海德格尔选了四个关于存在的论题。

（1）康德的论题：存在不是实在的谓词。

（2）源于亚里士多德的中世纪存在论（经院哲学）的论题：何所是（essentia［拉：本质］）与现成存在（existentia［拉：实有］）属于一个存在者的存在建制。

（3）近代存在论的论题：存在的基本问题是自然之存在（res extensa［广延物］）与精神之存在（res cogitans［能思物］）。

（4）逻辑论题：一切存在者，无论其各自的存在方式，都可以通过"是"来称谓；系词之存在。[①]

其中的第三个问题其实就是近代形而上学的问题——主体形而上学的问题，海德格尔对这种形而上学也实施了翻转，他要把主体形而上学翻转为此在形而上学。

三 从"主体形而上学"翻转为"此在形而上学"

近代（modern，或译为现代）形而上学有意无意地会突出自己相对于古

---

① Heidegger, *Die Grundprobleme der Phaenomenologie*, Band 24 der Gesamtausgabe（Frankfurt am Main：Vittorio Klostermann GmbH），1975，S. 20. 译文摘自〔德〕海德格尔《现象学之基本问题》，丁耘译，上海译文出版社，2008，第17页。

代形而上学的转折以及进步：从实体性取向转为主体性取向。但海德格尔对近代形而上学的评价却不甚高："笛卡儿以来的近代哲学仍然沿用着形而上学的旧问题；因而，不管提出了多少新东西，它仍然停留在传统之中。"① 海德格尔为什么要这么说呢？原因是他认为近代形而上学并没有特别大的突破，它把一切古代的东西都保留了下来，只是突出主体以及主体性而已。所以海德格尔才在会在《存在与时间》中这样表达自己的不满：

> 希腊存在论的本质部分盖上了经院哲学的印记，通过苏阿列兹（苏阿雷斯）的形而上学论辩，过渡到近代的"形而上学"和先验哲学，并且它还规定着黑格尔《逻辑学》的基调和目标。在这个历史过程中，某些别具一格的存在领域曾映入眼帘并在此后主导着问题的提法（笛卡尔的我思、主体、我、精神、人格）；但同时，与始终耽误了存在问题的情况相适应，人们从没有就它们的存在及其存在结构发问。人们反而把传统存在论的范畴内涵加以形式化，作为纯粹消极的限制加到这种存在者之上，或者为了在存在论上对主体的实体性做出解释而乞灵于辩证法。②

而且"主体"与"实体"还有着千丝万缕的关联："主体性、自我性意义上的主体－概念，在存在论上是以最内在的方式和 subjectum〔拉：主词〕、hypokeimenon〔希：主词、基底、基质〕这个形式的断言的范畴联系着的，而在 subjectum〔拉：主词〕、hypokeimenon〔希：主词、基底、基质〕之中完全没有包含什么具有自我性的东西。恰恰相反，hypokeimenon〔希：主词、基底、基质〕乃是现成者、可用者。"③ 古代形而上学中突出"实体"的"基础"和"独立自在"地位，而近代形而上学的"主体"强调的是自我相对于客体

---

① Heidegger, *Die Grundprobleme der Phaenomenologie*, Band 24 der Gesamtausgabe（Frankfurt am Main：Vittorio Klostermann GmbH），1975, S. 174. 译文摘自〔德〕海德格尔《现象学之基本问题》，丁耘译，上海译文出版社，2008，第162页。

② 〔德〕海德格尔：《存在与时间》（修订本），陈嘉映、王庆节译，熊伟校，三联书店，1999，第26页。

③ Heidegger, *Die Grundprobleme der Phaenomenologie*, Band 24 der Gesamtausgabe（Frankfurt am Main：Vittorio Klostermann GmbH），1975, S. 178. 译文摘自〔德〕海德格尔《现象学之基本问题》，丁耘译，上海译文出版社，2008，第166~167页。

的独立性和主导性。英文中"subject to"还有"服从"的意思，这是不是说宣称要主导客体的主体难免要（最终）服从客体？

在海德格尔看来，"古代哲学把存在者之存在、把现实者之现实性阐释领会为现成存在。在存在论上起范例作用的存在者……乃是最宽泛意义上的自然……或者用康德以来的用语：客体。近代哲学彻底转变了哲学问题的方向，从主体、自我出发"。① 虽然近代形而上学把主题从实体转为主体，但它没有进一步追问主体之为主体的问题，没有研究主体的存在方式。古代形而上学还研究实有（existentia），尽管只是作为现成性理解。但近代形而上学把实有（存在）问题搁置起来，而一味地去追问能思物（res cogitans）给予广延物（res extensa）的规定。existentia 变成了被动的、被规定的 res extensa。近代形而上学的主题于是得到确定："对于主体的突出和强调势必导致这样的结果：以某种反思将主客体差别处于中心位置，并且相应地更透彻地去把握主体性的本己本质。……主体与客体之间的这个差别渗透在全部近代哲学的问题之中，并且一直延伸到当今现象学的发展过程中。"② 整个近代形而上学几乎都围绕这一主题——主体与客体、能思物（res cogitans）与广延物（res extensa）的关系——展开自己的哲学思考，就是胡塞尔本人也不例外。

这一切的始作俑者是笛卡尔，海德格尔认为笛卡尔的"我思故我在"不仅忽略了存在问题，还对存在有一种深深的偏见："笛卡尔耽搁了存在问题，笛卡尔发现了'cogito sum'['我思故我在']，就认为已为哲学找到了一个可靠的新基地。但他在这个'基本的'开端处并没有规定清楚的正是这个思执的存在方式，说得更准确些，就是'我在'的存在的意义。对存在论历史进行分解回溯的第二步工作就是要把'我思故我在'的未经明言的存在论基础清理出来。这一番解释不仅会证明笛卡尔不可能不耽误存在问题，而且也显示出：为什么笛卡尔会认为既然我思绝对'是确实的'，就可以不管这个存在者

---

① Heidegger, *Die Grundprobleme der Phaenomenologie*, Band 24 der Gesamtausgabe, （Frankfurt am Main：Vittorio Klostermann GmbH），1975, SS. 173 – 174. 译文摘自〔德〕海德格尔《现象学之基本问题》，丁耘译，上海译文出版社，2008，第 162 页。

② Heidegger, *Die Grundprobleme der Phaenomenologie*, Band 24 der Gesamtausgabe （Frankfurt am Main：Vittorio Klostermann GmbH），1975, S. 175. 译文摘自〔德〕海德格尔《现象学之基本问题》，丁耘译，上海译文出版社，2008，第 163 页。

的存在的意义问题。"① 笛卡尔把传统存在论转向了近代的以数学物理学为基础的存在论，它从现成性角度理解物的存在。在这种存在论看来，物的本性只是具有"长、宽、高"三维，其他的属性都是偶然属性，物的本质属性非常适合用数学来认识，这样物只是广延物，是被主体测算和规定的物。对于能思的主体来说，其存在就是能思维，如果不能思维（给予必然性的谓词），那就失去了人之本性。所以主体因为能规定客体才存在，客体因此具有了规定性的存在。中世纪哲学那里"神秘的实有"消失了，剩下的只是自然的"客观实在"和其规律（科学判断）。正是在这个意义上，海德格尔批评笛卡尔耽搁了存在问题，他不仅不追问主体之为主体（主体的存在）的问题，还把世界独断地划分为"思维与存在（具有现成性的物）"两大领域，古代形而上学纵向上的"共相与殊相"问题被消融在横向的"主体与客体"关系中，层次化的世界被"压扁"了，人们被迫在这种横向关系中进行选择，要么是主体形而上学，要么是客体形而上学，无论哪种形而上学都把对象从现成性角度来理解。

在海德格尔看来，康德继承笛卡尔所开辟的近代形而上学传统，他把主体理解 为"我思"，它是人的一切思维活动的基础："一切思维都是'我思'。自我不是单纯的、随便被孤立出来的点，它是'我–思'。……自我毋宁自知为其规定（也就是说其行为）的基础，自知为其在这些行为的杂多性中的本己统一性的基础，自知为其自身之自身性的基础。"② 我思不仅对人的思维具有主导和统摄作用，我思对这种作为主体性的主导与统摄本身也有自我意识。康德用"我思"来指代主体的先验的综合能力和统一能力。简言之，自我就是把经验与范畴统一起来的力量。但康德的"我思"思想也有很大缺陷："一切思维、设定都是根据康德的一种我–思（Ich-denke）。这个自我及其状态、它的行为（一般所谓'心理的东西'）需要一种先行阐明。康德有关实有、实存的概念阐释不无缺憾，其原因显而易见：康德是用一种相当粗糙的心理学来

---

① 〔德〕海德格尔：《存在与时间》（修订本），陈嘉映、王庆节译，熊伟校，三联书店，1999，第 28~29 页。

② Heidegger, *Die Grundprobleme der Phaenomenologie*, Band 24 der Gesamtausgabe（Frankfurt am Main：Vittorio Klostermann GmbH），1975, S. 179. 译文摘自〔德〕海德格尔《现象学之基本问题》，丁耘译，上海译文出版社，2008，第 167 页。

工作的。"① 康德独断地把我思规定为绝对的同一性的基础，当他亚里士多德式地从经验统觉的直观出发，试图一步一步地到达先验统觉所提供的范畴的同一性的时候，他发现无法协调心理学路径与先验路径之间的关系，于是他在第二版中干脆就把"主观演绎"去掉了。而且康德只是从知觉和现成性角度把握存在，把存在理解为肯定，这种心理学的研究方式不但不能推进存在问题的研究，而且还耽搁了存在问题："康德对这些问题概念的阐明之所以停顿不前，这不是因为他那个时代的心理学不够精确，不够经验化，而是因为没有以一种充分先天的方式把它建立起来——因为缺乏人之此在的存在论。"② 同样，"是他（康德）一般地耽搁了存在问题，与此相联，在他那里没有以此在为专题的存在论，用康德的口气说，就是没有先行对主体之主体性进行存在论分析"。③

海德格尔对胡塞尔也不乏微词："对于胡塞尔而言，现象学还原——他在《纯粹现象学与现象学哲学的观念》（1913）中首次明确强调了这一还原——是这样一种方法：将现象学目光从沉溺于事物以及人格世界的人之自然态度引回超越论的意识生活及其行思－所思体验（noetisch-noematische Erlebnisse），在这种体验中客体被构成意识相关项。对我们来说，现象学还原的意思是，把现象学的目光从对存在者的（被一如既往地规定了的）把握引回对该存在者之存在的领会（就存在被揭示的方式进行筹划）。"④ 在海德格尔看来，胡塞尔还是一个传统的哲学家，他关心的是如何更好地把握存在者，而不是如何把握存在。我们认为海德格尔对胡塞尔的概括是不够公正的，因为胡塞尔也在反思和直观与存在者的关系本身，而不仅仅只是对存在者的把握。事实上，海德格

---

① Heidegger, *Die Grundprobleme der Phaenomenologie*, Band 24 der Gesamtausgabe（Frankfurt am Main：Vittorio Klostermann GmbH），1975, S. 69. 译文摘自〔德〕海德格尔《现象学之基本问题》，丁耘译，上海译文出版社，2008，第 61 页。

② Heidegger, *Die Grundprobleme der Phaenomenologie*, Band 24 der Gesamtausgabe（Frankfurt am Main：Vittorio Klostermann GmbH），1975, S. 76. 译文摘自〔德〕海德格尔《现象学之基本问题》，丁耘译，上海译文出版社，2008，第 67 页。

③ 〔德〕海德格尔：《存在与时间》（修订本），陈嘉映、王庆节译，熊伟校，三联书店，1999，第 28 页。

④ Heidegger, *Die Grundprobleme der Phaenomenologie*, Band 24 der Gesamtausgabe（Frankfurt am Main：Vittorio Klostermann GmbH），1975, S. 29. 译文摘自〔德〕海德格尔《现象学之基本问题》，丁耘译，上海译文出版社，2008，第 25 页。

尔的存在论正是在胡塞尔的意向性、各门科学都具有的先天形式、范畴直观等理论的基础上，融合了亚里士多德、康德以及中世纪哲学家的相关思想才发展起来的。

海德格尔对笛卡尔和康德所代表的近代形而上学提出了严厉的批评，认为近代形而上学一味突出主体的认识能力，不仅从认识能力（思）来理解人，还从认识能力推出或归纳出（实则规定出）客体的存在。人和对象的丰富性变为干瘪性，人和对象的可能性都被封闭，人试图依靠科学与知识做自己和世界的主人，但最终不得不被与自己对立的东西（客体，object）操控，其实人跟对象本来可以没有对立性关系。海德格尔把这一切归因为存在问题的被耽搁，存在只被理解为被动的现成性。海德格尔后来认识到康德也在解决主体之为主体、对象之为对象的问题，虽然只是把对象作为现成性来认识，但康德毕竟在追问"在先地领会对象与我们照面的方式"之问题，而且他的先验想象力和格式思想均对海德格尔产生了很大的启发。不过，真正要解答存在问题，不能靠主体，而要靠此在："存在论自身可以不用纯粹存在论的方式得到阐明。存在论固有的可能性要回溯到一种存在者上，即存在体状态的东西上：这就是此在。"①

此在与主体的差别到底在什么地方？在很多人看来，此在不就是主体的代名词吗？主体不真正了解存在，它误解了存在，"主体－客体－关系是对'领会存在之存在者'之存在之生存建制之误解。"② 而且此在不是主体那样的现成者，"它"是生存，是有着无尽可能性的生存；此在不是要像主体那样去做客体的主人，而是成为自己，成就自己的"自然"（理解存在③）；主体成为主体是靠作为"什么"的知识（或力量/权力），而此在之为此在靠的是洞悉"如何"：让用具如何照面、如何让用具处于整体关联中、自己的情绪如何去

① Heidegger, *Die Grundprobleme der Phaenomenologie*, Band 24 der Gesamtausgabe（Frankfurt am Main：Vittorio Klostermann GmbH），1975，S. 26. 译文摘自〔德〕海德格尔《现象学之基本问题》，丁耘译，上海译文出版社，2008，第 23 页。

② Heidegger, *Die Grundprobleme der Phaenomenologie*, Band 24 der Gesamtausgabe（Frankfurt am Main：Vittorio Klostermann GmbH），1975，S. 219. 译文摘自〔德〕海德格尔《现象学之基本问题》，丁耘译，上海译文出版社，2008，第 206 页。

③ 海德格尔非常拗口地把它表述为："此在在它的存在中对这个存在具有存在关系。"参见〔德〕海德格尔《存在与时间》（修订本），陈嘉映、王庆节译，熊伟校，三联书店，1999，第 14 页。

发现实情、自己的意志如何更好地体现……

这样看来，在存在论上此在对于主体具有优先（a priori）地位，具体表现为：第一，此在的创制优先于主体的认知和实践。创制是充满可能性与创造性的活动，创制者具有充分的敞开能力，他或她从可能性角度理解对象，对象就不会局限在如理论和实践那样的单一的可能性上。而且创制活动是理论和实践活动的基础：如果没有普通生产者和奴隶充满创造性的默默劳动，雅典的政治家和哲学家就不会有闲暇，也就不会有什么成果。

第二，此在的在先性整体筹划优先于主体的感知和思维。此在具有在先整体性给予对象秩序和规则的能力，它预先筹划了对象（用具）对此在的呈现方式，而不是像主体那样被动接受对象的刺激或武断地给予某个方面的规定。感知和思维也只不过是对在先的综合能力（先验想象力）的分化和抽象化，它们是后发的东西。

第三，此在本己的情绪和意愿优先于主体的规定。此在在情绪中让自己（此）现出身形，明白自己是"无"才有可能自由（自己主动限定自己）；而主体的规定只是着眼于普遍的谓词（知识），不仅对象被弄得苍白和无吸引力，主体自身也变成了"木乃伊"：只有变得干瘪、变得无生命力才能达到所谓的永恒。

第四，此在的上手性活动优先于主体的现成性活动。此在在"上手性"活动中按照事先筹划好的方式展开活动，并能随时在整体性与具体操作之间进行调整，以体验合适或中道带来的快感；主体要么只会被动地看（呆看），要么主动地看（类似于闭门造车），全然失去了此在生机盎然的美学意味。

正如海德格尔指出的，ουσια 问题有两个方面："一个在者之在场和这个在场者在其外观之是什么中。"① 这里的在场就是存在者的呈现方式（Weise或 Wie），而在其外观中的"是什么"就是呈现者被规定的本质（Was）。近代形而上学执着地关注本质（Was）以及相应的认知能力，对于在者的呈现方式要么全然不顾，要么击不中要害（只是理解为现成性）。所以，真正的

---

① Heidegger, *Einfuehrung in die Metaphysik*, Sechste Auflage（Tuebingen：Max Niemeyer Verlag GmbH & Co. KG），1998，S. 138. 译文摘自〔德〕海德格尔《形而上学导论》，熊伟译，商务印书馆，1997，第 181 页。

存在论（科学的形而上学）必须找到自己的基础，那就是此在，此在的本真活动本身就是形而上学，"因此形而上学的基础就奠定在一种此在的形而上学之中"。①

四　从"超越时间的形而上学"翻转为"以时间为境域的形而上学"

在西方哲学史上存在很多种二分形式，如现象与本质、世俗与神圣、意见与知识、经验与先验，等等，一些哲学家排斥前者而选择后者，因为前者存在于"时间"中，有成有毁，而后者则是"超越于时间"的永恒和不朽的东西。海德格尔在《存在与时间》中也论述了这一"现象"："很久以来，'时间'就充任着一种存在论标准或毋宁说一种存在者层次上的标准，借以素朴地区分存在者的种种不同领域。人们把'时间性'的存在者（自然进程和历史事件）和'非时间的'存在者（空间关系与数学关系）划分开来。人们习惯于把道出命题的'时间性的'过程同'无时间的'命题意义区别开来。再则，人们发现'时间性的'存在者与'超时间的'永恒者之间有一条'鸿沟'，人们试图为二者搭桥。在这里，'时间性的'向来说的只是存在'在时间中的'，而这个规定本身当然也够晦暗的。实际情况是：在'在时间中存在'这种意义上，时间充任着区分存在领域的标准。"②

在传统形而上学那里有一种野心，那就是超越人的有限性而达到无限性。有限性是与时间（先不管是何种意义上的时间）联系在一起的，而超越有限性就是要超越时间。于是，理念（柏拉图）、作为本质和基础的实体（亚里士多德）、上帝之城（奥古斯丁）、普遍必然的知识和判断（笛卡尔、康德等）就成了人超越时间的努力的结果。海德格尔则反其道而行之，认为所谓非时间

① Heidegger, *Kant und das Problem der Metaphysik*, Band 3 der Gesamtausgabe（Frankfurt am Main：Vittorio Klostermann GmbH），1991, S. 230.

② 〔德〕海德格尔：《存在与时间》（修订本），陈嘉映、王庆节译，熊伟校，三联书店，1999，第21页。

的东西与超时间的东西就其存在来看也是时间性的。① 它们不过是时间（性）的一种特殊表现形式。例如胡塞尔就在《逻辑研究》中认为，像逻辑和数学这样的知识并不随时间而变化，所以它们不能有时间性的（心理学的）来源。胡塞尔把"观念性评价"与"因果性的解释"区分开来，② 逻辑学和数学的对象不具有"此时此地性"，而是观念性的存在。海德格尔则坚持认为："在先天概念、在先概念中有时间规定。"③ 因为先天的"先"就带有时间的意义："关于存在对存在者的这种先行性，用术语描述便是 apriori〔拉：优先性、先天性〕，先天性、在先者。存在作为先天者先于存在者。在先者是一种时间规定，但它不是那种在时序中的、以时钟来测量的规定，而是属于'倒转了的世界'的更早先者。"④ 在海德格尔看来，"在先"就是预先筹划存在者的显现规则与方式，而所谓的先天概念不过是这种在先的时间活动的抽象化而已，因此"比某种任何可能的在先者更在先的东西是时间，因为时间是任一在先者一般的基本条件"。⑤

不但如此，存在论必须以时间为基础才能得到彻底的解说："一切存在论问题的中心提法都植根于正确看出了的和正确解说了的时间现象以及它如何植根于这种时间现象。"⑥ 我们知道，海德格尔强调人的有限性和真理的相对性，形而上学（存在论）不仅不能超越时间，还要自觉梳理自己的时间基础，并从本真的时间角度理解自己。为此就要追溯传统形而上学的时间基础，并揭示

---

① 〔德〕海德格尔：《存在与时间》（修订本），陈嘉映、王庆节译，熊伟校，三联书店，1999，第 22 页。

② 参见〔德〕胡塞尔《逻辑研究》（修订本）第一卷，倪梁康译，上海译文出版社，2006，第 67 页。

③ Heidegger, *Die Grundprobleme der Phaenomenologie*, Band 24 der Gesamtausgabe（Frankfurt am Main：Vittorio Klostermann GmbH），1975，S. 462. 译文摘自〔德〕海德格尔《现象学之基本问题》，丁耘译，上海译文出版社，2008，第 444 页。

④ Heidegger, *Die Grundprobleme der Phaenomenologie*, Band 24 der Gesamtausgabe（Frankfurt am Main：Vittorio Klostermann GmbH），1975，S. 27. 译文摘自〔德〕海德格尔《现象学之基本问题》，丁耘译，上海译文出版社，2008，第 23 页。

⑤ Heidegger, *Die Grundprobleme der Phaenomenologie*, Band 24 der Gesamtausgabe（Frankfurt am Main：Vittorio Klostermann GmbH），1975，S. 463. 译文摘自〔德〕海德格尔《现象学之基本问题》，丁耘译，上海译文出版社，2008，第 445 页。

⑥ 〔德〕海德格尔：《存在与时间》（修订本），陈嘉映、王庆节译，熊伟校，三联书店，1999，第 22 页。

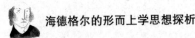

其"超越时间"企图的荒谬。

海德格尔说："亚里士多德和奥古斯丁的两种古代的时间阐释说出了庸常时间领悟关于时间所能说的最本质的东西。"亚里士多德的时间观被海德格尔概括为："时间正是：在对运动上面的前后（Vor und Nach）的考虑中以及为了这种考虑而显示出的被数的数。"① 时间不是物，它也不在物的里面，也不在物的运动里面。时间是人与运动的物的一种关系，运动本与我无关，在具有灵魂的人的数数活动中，运动的物被纳入了人所赋予的秩序中（先后）。并且在运动的物那里，时间似乎变得更为直观，时间似乎某种程度上变成了空间，海德格尔认为这就是柏格森误解亚里士多德的原因。② 时间只是灵魂通过数数能力而加在物体上的秩序的表现，至于为什么要强调运动，因为物体运动"更自然地"促使灵魂发挥其数数能力。当然，如果承认万物皆在运动，运动性是物的基本属性，那就更没有问题了。因为只要是物体就会运动，那数数必然面对的是物体的运动。这样，在海德格尔眼中，亚里士多德的时间思想既不是如人们解释的那样是客观的，也不是与主观没有关系："通过对于'在时间中存在'的阐释，我们看到，时间作为包容者，作为自然事件存在于其中之所，仿佛比一切客体更为客观。另一方面我们也看到，仅当灵魂存在，时间它才存在。"③

奥古斯丁把时间当作心灵的特性，他说："我的心灵啊，我是在你里面度量时间。不要否定我的话，事实上是如此。也不要在印象的波浪之中否定你自己。我再说一次，我是在你里面度量时间。事物经过时，在你里面留下印象，事情过去而印象留着，我是度量现在的印象而不是度量促起印象而已经过去的

---

① Heidegger, *Die Grundprobleme der Phaenomenologie*, Band 24 der Gesamtausgabe（Frankfurt am Main：Vittorio Klostermann GmbH），1975，S. 333. 译文摘自〔德〕海德格尔《现象学之基本问题》，丁耘译，上海译文出版社，2008，第316~317页。

② 参见 Heidegger, *Die Grundprobleme der Phaenomenologie*, Band 24 der Gesamtausgabe（Frankfurt am Main：Vittorio Klostermann GmbH），1975，S. 345，以及〔德〕海德格尔：《现象学之基本问题》，丁耘译，上海译文出版社，2008，第330页。

③ Heidegger, *Die Grundprobleme der Phaenomenologie*, Band 24 der Gesamtausgabe（Frankfurt am Main：Vittorio Klostermann GmbH），1975，S. 359. 译文摘自〔德〕海德格尔《现象学之基本问题》，丁耘译，上海译文出版社，2008，第347~348页。

实质；我度量时间的时候，是在度量印象。"① 无独有偶，奥古斯丁的时间观提到心灵，并也有"数学"意味，他强调度量，不过他度量的不是物体的运动，而是印象。在他看来，直接感觉产生正在持存的印象，它对应着"现在"这个时间观念；回忆产生已经消逝的印象，它对应着"过去"这个时间观念；依此类推，展望产生可能到来的印象，它对应着"将来"这个时间观念。海德格尔更看重他把时间与灵魂联系在一起："把时间分派给灵魂，在亚里士多德那里，因而在奥古斯丁那里（在一个更被强调的意义上）都能找到这一点，以至于在对传统时间概念的探讨中这一点不断引起关注。"②

亚里士多德和奥古斯丁有三个共同点。第一，他们都强调时间与灵魂（心灵）的关系；第二，都强调心灵的秩序能力，在亚里士多德那里是较为客观的"先后"的秩序，在奥古斯丁那里是较为主观的印象流变的秩序；第三，两人都是从现成性角度理解时间，其中亚里士多德借助对运动的物的直观来表象时间，奥古斯丁借助对印象的直观来表象时间。而且两人都是把正显现着（当前的数、清晰的印象）作为现在，而把不是正在显现着（在前和在后的数、模糊的印象）理解为过去和将来。以这种时间作为基础，两人都追求那永远显现、永远在当前的东西，在亚里士多德那里是必然性的知识，在奥古斯丁那里是天国的光辉。

在两人之后，时间与灵魂渐渐没有了关系，时间不再是与人有关的一种关系，而成了自在的、不断流逝的"河流"："它们在存在论上却是在现成性观念的视野上被'看见'的。诸现在'逝去'，而逝去的诸现在构成过去。……现在序列的确被看作某种现成事物，因为它甚至可以被放到'时间'中。"③ 在牛顿的物理学中，空间是一个万物皆在其中的"大箱子"，时间则是万物永恒的流逝，时空成了标识万物及其运动的重要参量。自然科学就是要把处于时空中的物质的普遍必然的规律揭示出来，而主体之为主体就在于其心灵构造非

---

① 〔古罗马〕奥古斯丁：《忏悔录》，周士良译，商务印书馆，1994，第 254~255 页。

② Heidegger, *Die Grundprobleme der Phaenomenologie*, Band 24 der Gesamtausgabe（Frankfurt am Main：Vittorio Klostermann GmbH），1975, S. 361. 译文摘自〔德〕海德格尔《现象学之基本问题》，丁耘译，上海译文出版社，2008，第 350 页。

③ 〔德〕海德格尔：《存在与时间》（修订本），陈嘉映、王庆节译，熊伟校，三联书店，1999，第 477 页。

常适合去发现这些规律。时间和空间本身也不再是有限性的标志，而被理解为"无始无终的""无限的"。就这样，通过把时间外在化和量化的方式，近代形而上学终于"克服"了被视为有限的时间。但正如海德格尔所说的，伟大的东西不在于其有限，"只有平常理智的和渺小的人才会设想伟大的东西是无限持续的并将这种持续视为永恒"。① 能够被空间化和时间化（量化）还被看成自然科学的卓越之处，甚至人文学科还要用空间和时空向量来重新理解和整理自己。基于这种时间观，近代形而上学把能否时间化和空间化当成一个重要标准，回答"是"的被冠以自然科学的称号，回答"否"的则是人文科学。某种程度上，逻辑实证主义的力量就来自对时间和空间领域的知识的信心。但自然科学后来的走向却不得不服从休谟的创见：基于时间和空间领域的自然科学不能达到普遍必然性，牛顿物理学的一些前提也不断遭到质疑和修正，这说明通过把时间无限化来克服时间本有的有限性的做法是不成功的。

海德格尔总是对康德另眼相待，在时间问题上，康德又一次成为一个例外："曾经向时间性这一度探索了一程的第一人与唯一一人，或者说，曾让自己被现象本身所迫而走到这条道路上的第一人和唯一一人，是康德。"② 康德重新把时间划归主观方面，成为整理物自体刺激的先天形式。但海德格尔认为康德的努力很不彻底："尽管康德已经把时间现象划归到主体方面，但他对时间的分析依然以流传下来的对时间的流俗领会为准，这使得康德终究不能把'先验的时间规定'这一现象就其自身的结构与功能清理出来。由于传统的这种双重作用，时间和我思之间的决定性的联系就仍然隐藏在一团晦暗之中，这种联系根本没有成为问题。"③

在海德格尔看来，不仅要重新回复亚里士多德和奥古斯丁洞见到的、灵魂与时间之间的关联，还要进一步把"灵魂"（我思）和时间同一起来。同时，要变现成性的直观的时间为在先性的、筹划的、想象的时间，否则"只要我

① Heidegger, *Einfuehrung in die Metaphysik*, Sechste Auflage（Tuebingen：Max Niemeyer Verlag GmbH & Co. KG），1998，S. 12. 译文摘自〔德〕海德格尔《形而上学导论》，熊伟译，商务印书馆，1997，第17页。
② 〔德〕海德格尔：《存在与时间》（修订本），陈嘉映、王庆节译，熊伟校，三联书店，1999，第27页。
③ 〔德〕海德格尔：《存在与时间》（修订本），陈嘉映、王庆节译，熊伟校，三联书店，1999，第28页。

们还没有从时间性出发从概念上把握'对存在者之施为'与'对存在者之领会'之间的这一本源的互属性，那么哲学说的设问就仍然听任一种双重危险的摆布——哲学在其迄今为止的历史中老是不断陷入这种双重危险。这种双重危险是：要么把一切具有存在者状态上的东西都融入存在论（黑格尔），而不是看到存在论自身得以可能的基础；要么在根本上误解存在论，存在者式地把它给说明偏了，而不具有对存在论前提的领悟——这前提已经包含了一切存在者式的说明本身"。① 可见，如果不能正确地领会时间问题，不但存在与在者之间的区分失去了可能，而且存在领悟自身也会走样，成为各种以现成性为基础的样态。

总的来说，海德格尔对时间的理解包括如下几个方面。

第一，在先性。如海德格尔一再强调的，时间不仅是最具有在先性的条件，而且也是使得诸如先天形式这样的东西成为可能的条件。海德格尔说："在《存在与时间》中为形而上学的基础存在论上的奠基必须作为回复（Wiederholung）来理解。"② 这里的回复就是回复到"在先性"的、作为存在理解前提的时间那里去。

第二，整体性。此在自己什么都不是，只是"此"，不能用范畴（谓词）表述，只能用时间性的总念（Inbegriff）从整体上把握此在的存在，所以时间不仅使得过去、现在和未来成为一个整体，还使得存在与不存在、生与死、遮蔽与去蔽、此在自身与世界成为一个整体，在此在时间性的绽出格式中，此在理解存在的在先条件和"规则"显现并发挥作用，此在得以"在世界之中存在"（in-der-Welt-sein）。

第三，灵魂性。时间不是别的，就是每一个"我"。虽然海德格尔会反对这种提法，但他在很多地方暗示要把我思、先验想象力和统觉与时间等同起来。在《康德与形而上学问题》中，他还在讨论康德《纯粹理性批判》第一版中被称为"主观演绎"的章节时，对康德的自我的三重综合做了时间的解

---

① Heidegger, *Die Grundprobleme der Phaenomenologie*, Band 24 der Gesamtausgabe（Frankfurt am Main：Vittorio Klostermann GmbH），1975，S. 466. 译文摘自〔德〕海德格尔《现象学之基本问题》，丁耘译，上海译文出版社，2008，第449页。

② Heidegger, *Kant und das Problem der Metaphysik*, Band 3 der Gesamtausgabe（Frankfurt am Main：Vittorio Klostermann GmbH），1991，S. 239.

读，把直观中把握的综合理解为"眼下"，把想象中再生的综合理解为"曾在"，把概念中认知的综合理解为"将来"，作为"自我"的时间同时"具有"三个面相。① 海德格尔后来自责《存在与时间》增强了主体性②其实也不无道理。

第四，有限性。有限性有好几层意思，一是对于存在理解的限制，存在理解要在时间的境域格式中发生；二是时间本身是有终的，而且随时会终结；三是时间并不只是像笛卡尔的"我思"那样有着给予谓词的自由，时间还有着自己的局限：具有很强的相对性、具有很大程度的被动性、具有自我遮蔽性等。

建立在正确地看出了的时间基础之上的存在论就是科学的形而上学（《现象学之基本问题》中的表述，以后很少采用这一说法），就是此在的形而上学。通过对传统形而上学实施翻转——从"在者形而上学"到"在的形而上学"、从"主体形而上学"到"此在形而上学"、从"超越时间的形而上学"到"以时间为境域的形而上学"——海德格尔对《存在与时间》"第一部的第三篇和第二部（'时间与存在'以及对'存在研究历史进行建设性的解构'）"进行了展开和论述。在这个过程中，海德格尔的形而上学的各种面相也逐渐变得完整起来：从在先性根据的角度看，它是基础存在论和此在形而上学；从存在方式看，它不是给予范畴（谓词）的认知活动，而是时间性的、处于在先整体性中的、饱含生命力的创制活动；从与传统形而上学的关系看，它是翻转之学；从最终目的来看，它要"返回此在的自然（领会存在者的存在问题）。

形而上学阶段是海德格尔思想中的重要路标，在此阶段他继续从各个方面推进存在论研究。在此阶段他的人生也发生了戏剧般的转折，他既在学界大红大紫，也失足于纳粹运动，并早早结束了不成功的从政（作为大学校长）经历。从20世纪30年代中后期开始，海德格尔就像其存在论中的"此"一样，也出离了自己。这一次他把形而上学作为克服的对象，其思想发生了更大的转折。

---

① Heidegger, *Kant und das Problem der Metaphysik*, Band 3 der Gesamtausgabe (Frankfurt am Main: Vittorio Klostermann GmbH), 1991, SS. 174 – 175.

② 参见〔德〕海德格尔《尼采》第二卷，德文版，第1941页。载孙周兴选编《海德格尔选集》上卷，上海三联书店，1996，编者引论，第6页。

第五章
从导入形而上学到克服形而上学

——30 年代中期以后海德格尔形而上学思想的转折

从 20 世纪 20 年代中后期到 30 年代中期，海德格尔都在致力于把人们导入本真的存在方式：形而上学。但从 30 年代中期以后，海德格尔不再坚持作为一般存在论和基础存在论意义上的形而上学，他开始把一切形而上学看成克服的对象。原先强健有为的"主动综合和限制"一转而变为任其所是；原先的"返回此在之自然"一转而变为返回"存在之神秘"（大地）；原先具有优先地位的"此在"仅仅成了"天地人神"圆舞曲中的一个元素。海德格尔形而上学思想的转折是怎样发生的？其转折又表现在哪些方面？

一 转折的发生

海德格尔在 1935 年 7 月 1 日给雅斯贝尔斯的信中承认，有"两根刺"扎在他的肉中，使他的创造活动运转困难，一根是同起源之信仰的斗争，另一根是当校长的失败。哈贝马斯称之为"通过本质化实现抽象"，萨弗兰斯基也认同哈贝马斯的概括。在萨氏看来，对起源的信仰的失落，被抬高为时代的命运；当校长的失败，被提升为与近代精神的疯狂进行战斗中荣耀的失败。[1] 这"两根刺"显然对海德格尔刺激很大，它们甚至是促成他发生转折的重要原

---

① 〔德〕吕迪格尔·萨弗兰斯基：《来自德国的大师——海德格尔和他的时代》，靳希平译，商务印书馆，2007，第 396 页。

因。但是笔者认为，"两根刺"也存在其他解释的可能，第一根刺似乎指的是"无穷后退问题"，即从起源上发问，世界的源头（自然，αρχη）是什么？时间是存在理解的境域，时间的境域又是什么？时间又是怎么来的？使得时间成为什么的什么又是从哪里来的？为了让自己的理论能够自足，海德格尔就要同"无穷后退"的可能性搏斗，他不可能独断地宣布不能对时间进行在先性追问，起源问题逼迫他进行回答。

第二根刺是认识到人的意志的微不足道。刚被任命为大学校长的海德格尔一定有类似于中国古代士人那样的"得君行道"的感觉，他早已在先（或率先）进入大学的存在、大学的整体性中了，他正满怀着希望和激情，准备迫不及待地去实现和创造真正的大学。为了适应自己的新角色，他甚至取消了个体，而走向了人民形而上学："非本真本己的'我们'是'常人'，本真本己的真正的'我们'就是人民，人民就像一个人一样维护着自己的存在。'人民整体就是一个巨大的人'。"① 所以每个个人除了加入人民这个巨人外别无选择。这让我们想起了希特勒的名言：国家社会主义让每一个臭虫变成巨龙身上闪闪发光的鳞片。

萨弗兰斯基曾详细记录了作为大学校长的海德格尔的存在样态：签署给元首的电报、向新任命的地方行政长官表示祝贺、在各种场合发表致辞、指责大学的人文主义化、号召为国家工作、撰写论大学改革的文章、制定贯彻领袖原则的制度、实际地消除大学教师体制中"陈腐"的市场精神、反对正牌教授阵营、给工人讲课、用军体活动和劳动锻炼冲击正式的教学活动、为保证革命的纯洁而"告密"，等等。一方面海德格尔想按自己对纳粹革命的幻想为纳粹服务，另一方面大多数教授认为校长已成为野蛮的、极端的空想家，于是海德格尔再造大学的理想终不能如愿。② 在政府组织里面长期工作的人都会有意志撞墙的感觉，想如何与是如何是完全不同的，在组织里面个人大多数时候并不能真正决定什么，个人甚至无足轻重。海德格尔长期是教师和学者，他对把自

---

① 法里亚斯编辑的海德格尔《逻辑学，1934 年夏季讲课。无名氏记录稿》，第 26 页以下，载〔德〕吕迪格尔·萨弗兰斯基：《来自德国的大师——海德格尔和他的时代》，靳希平译，商务印书馆，2007，第 339 页。

② 〔德〕吕迪格尔·萨弗兰斯基：《来自德国的大师——海德格尔和他的时代》，靳希平译，商务印书馆，2007，第 341、350 页。

己的意志加在自己以及学生身上很有信心，而且在引导学生方面他还颇游刃有余。但在组织中贯彻自己的意志就是另外一回事了。海德格尔明显地没有对此做好准备，所以满怀热心和激情的他"好心没有好报"，不仅教师集体对其不满，就是纳粹官方也因他走得太远而对他怀有戒心和不信任。海德格尔一提出辞职申请就被接受了。海德格尔一定会有两方面的反应，一是满怀委屈和深深的失望，二是对意志失去了信心。

意志是海德格尔理论的一个关键点，意志是让此在统一起来、让先验想象力发动起来的决定性力量。意志不但要统一自己，还要去颠倒、翻转和颠覆那些不本源、不真的东西。我们可以用下面这个表格来具体说明海德格尔的意志：他要坚持什么、反对什么。

表1 海德格尔的赞成与反对

海德格尔所赞成的	海德格尔所反对的	海德格尔所赞成的	海德格尔所反对的
哲学（形而上学）、诗 - 思	自然科学、世界观等	存在论上的	存在者状态上的
乡村	城市	有限性	无限性
共同体	社会	整体性	原子性
孤独	共处	唯一性	可复制性
德国南方（高地）	德国北方（低地）	意向性	客观性
英雄	大众	实有（如何）	本质（什么）
地方性、民族性	全球性	在先性	反应性、反映性
特殊性（地方特色）	普遍性（人类性）	时间性	空间性
动手（沉默）	动口（闲谈）	……	……
朴拙	文雅		

海德格尔谙熟于二分法，他会从各个方面对所研究的专题进行划分，从而用意志去否定其中不"真"的一类，而在否定的过程中进一步用意志去确认自己认同的东西。海德格尔对"意志"非常重视，并把它视为能否本真生存的关键，比如"决断"（entscheiden）就有毅然而然进行分割的意味，没有意志的帮助这一点是不可能做到的。

对于大学改革也是如此，他用意志去选择真正的大学，用意志去反对常人的大学。他认为是非曲直已经很显然，人们肯定会追随他这个形而上学的冲锋队长，去炸毁腐朽的非本真的大学城堡。但是，他最终发现自己的意志失灵了，他的"本真"存在遭遇了"常人"的抵制，从而悲壮地失败了。意志撞墙之后，他不去反思是否自己的意志需要调整，而是去怀疑是否自己的意志理论出了问题。于是，大学校长任职的失败成了他的一块心病，他决心拔掉心头的这根刺。

海德格尔身上既有柏拉图式的反对现实的理想主义，又保有亚里士多德式的、谨慎的现实主义。所以他一方面会非常激动、非常彻底地去批判他认为不本真的东西，给人一种富有战斗精神的感觉；另一方面他又认为去蔽是因为有遮蔽，要容忍诸如恶这样的东西，不要幻想消除恶，要致力于善与恶达成合适的关系。所以在面对他未必真心认同的排犹、迫害异己等现实现象的时候，他会要么视之为必要的代价，要么会为保护自己而选择沉默。同时，海德格尔还有"英雄"容易产生的自恋情结。他不仅爱惜自己的羽毛，还不容忍自己会出现错误，尤其不能容忍别人批评他的错误。当他发现自己被别人指责以及他的研究运转困难的时候，他不是直面理论中的错失，而是百般为自己辩解以推卸责任。他的策略是先把错误提升到一个"更高的境界"（哈贝马斯所说的"通过本质化实现抽象"）来认识，然后再赋予现在的自己一个勇敢地与错误搏斗的骑士形象。他会论证此前的错误属于命运的、必然性的力量，从而那个错误不仅是避免不了的，而且是有价值的错误。更重要的是，他现在要作为拯救者把人们从错误中拯救出来。

有时，他还会有意无意地混淆彼时与此时的差别，好像从前他早就预见到了某种重要的东西，从前本来就是正确的。比如，在《形而上学导论》中，他说："尤其是今天还作为纳粹主义哲学传播开来，却和这个运动（即规定地球命运的技术与近代人的汇合的运动）之内的真理和伟大性毫不相干的东西，还在'价值'与'整体性'之混水中摸鱼。"① 当包括哈贝马斯在内的读者对他称颂纳粹主义哲学愤怒不已的时候，海德格尔的支持者用引文中的括号为海德格尔护驾：纳粹主义是技术与人相遇后的一个悲剧性的症候，就这个症候广泛的影响力来看，它能被称为"伟大"（Groeβe）。海德格尔对这种解释表示完全同意。但学者有充分的证据证明括号里面的话是海德格尔后来（很可能

---

① Heidegger, *Einfuehrung in die Metaphysik*, Sechste Auflage（Tuebingen：Max Niemeyer Verlag GmbH & Co. KG），1998，S. 152. 译文摘自〔德〕海德格尔《形而上学导论》，熊伟译，商务印书馆，1997，第 198 页。

是 1953 年）加上的，并且海德格尔此后对这件事有着前后不一致的解说，但海德格尔本人在 1966 年又坚持辩称括号里面的话在 1935 年讲课的时候就有，只是自己没敢念出来罢了。① 可见，为了证明"教皇无错误"，他会放弃做人的基本原则——诚实。虽然我们不应该因海德格尔有这方面的缺陷而否定其作品的思想性和价值，但对海德格尔内心深处的"自恋"情结要有清醒的认识，或许正是这种自恋情结是他思想转向的一种基本动力。他还会通过批评另一个思想家来隐晦曲折地批判自己。当然，在批判过别人之后，他会发现现在的自己依然是正确无误的，原来的自己就被他遮盖起来了。

我们前面提到，海德格尔比较缺乏独立性，虽然他也数落黑格尔对亚里士多德的依赖性②，但在我们看来，海德格尔在独立性方面并不比黑格尔强到哪里去，甚至还要差不少。不具有独立性一方面使得海德格尔动辄要到别人那里去找庇护；另一方面还使他没有稳定的立场，从而会像钟摆一样从一个极端走向另一个极端。我们先来看第一个方面。《存在与时间》出版之后，他找到的保护者是康德。校长任职失败以后，他又发现了新的庇护所：尼采和荷尔德林。但海德格尔对庇护者也不是特别忠诚，他只是在"借力打力"。在解读别人思想的时候，他的主观性和前见都很强，他爱借着别人的力量引出自己的东西。当然在解读别人思想的时候，他自己的视野也发生了改变，他总是喜欢把现在的自己置于原来的自己与作者的文本之间，从而现在的自我正确地指出了作者（如尼采）的错误（其实是从前的自己的错误），现在的自我就居于真理之中了。

在摇摆性方面，海德格尔更是表现"突出"。在任职校长之前他把"此在理解存在"这种活动理解为存在者之为存在者的存在，在这之后此在所理解的存在者的存在不等于存在自身；在此之前，人有责任和义务通过先验想象力给予混乱的世界以秩序，在此之后人生此在一定不要胆大妄为，要尊重、允让、感激存在自身的秩序，要做存在的看护者。在意志方面的转折就是从意志至上到彻底放弃自己的意志。

---

① Heidegger, *Introduction to Metaphysics* (New Haven and London：Yale University Press), transl. by Gregory Fried and Richard Polt, Translator's Introduction, 2000, pp. XV - XVII.

② 〔德〕海德格尔：《存在与时间》（修订本），陈嘉映、王庆节译，熊伟校，三联书店，1999，第 488 页之作者自注。

通过这种方式，他拔掉了心头的这根刺。他强调意志是形而上学之为形而上学的存在，自己现在已经发现了形而上学的错误，所以要毅然决然地去克服形而上学。而且形而上学是西方人的命运，自己现在要通过克服形而上学让西方人从这个厄运中走出来："在其所有形态和历史性阶段中，形而上学都是西方的一个惟一的、但也许也是必然的厄运，而且是它的全球性统治地位的前提条件。"① 这样做还有一个收获：自己不用再费神于时间本身的源头问题了，"物自体"（自己涌现着的作为强力的自然）、大地先于我思和时间，我思和时间所能做的就是去欣赏、期待和感恩。

这样看来，海德格尔思想中的转折就好理解了，他一方面很有理论勇气，愿意彻底颠覆自己苦心营构起来的基础存在论和形而上学大厦；另一方面在这个转折中又反映出他的某些性格上的缺陷：不能真诚地直接承认自己的错误、过于自爱、不够独立。

校长任职失败后，海德格尔对于自己理论与现实的不合拍难以释怀，最终他选择了一种极端的方式来解释（解开、松开）自己，通过把形而上学现实化或把现实形而上学化的方式，他使得自己与形而上学（现实）分割开来，并躲进了由诗意与神性所充溢的思想空间中，他还想把人们唤进这个至深、至雅、至美、至朴的境界中，以克服在大地上铺张开来的形而上学趋势。《形而上学导论》是这个转折的中间点，这个讲稿反映出海德格尔已经开始转向了，不但此在失去了优先地位，作为形而上学之关键词的"自然"也发生了变化。虽然"关联自然"还被称为形而上学，但此后不久他就开始克服形而上学，与形而上学的正面关联也就很少被提及了。

海德格尔还对"克服形而上学"的含义进行了界定："要克服笛卡儿，只有通过克服他本人所建立起来的东西，只有通过克服现代的、同时亦即西方的形而上学。但在这里，'克服'却意味着：对意义问题的原始追问，亦即对筹划领域问题的原始追问，从而也是对存在之真理的原始追问——而存在之真理问题同时揭示自身为真理之存在（Sein der Wahrheit）问题。"② 克服就是更原始、更本源地去追问，这就要求让已有的形而上学（包括海德格尔的形而上

---

① 〔德〕海德格尔：《演讲与论文集》，孙周兴译，三联书店，2005，第76页。
② 〔德〕海德格尔：《林中路》，孙周兴译，上海译文出版社，1997，第97页。

学）发生转折。转折还不同于翻转，翻转只是类似于"对着干"的否定，翻转依然还在其反对的东西的领域内，而转折则是彻底走出已有的东西，使其不再发挥作用。具体说来，海德格尔形而上学思想的转折包括：从时间到大地、从创制到思、从强力意志到泰然任之、从此在展开的真理到自在的真理。

二　从时间到大地：在先性根据的转折

海德格尔有一种追本求源的倾向，他认为："此在存在的存在论源头并不比由它发源的东西'细弱'，反倒因居前位而威凌后者；在存在论原野上，一切'源出'都是降格。"① 在这里源头就是在先性（a priori）。在康德那里"在先的（先天的）"是纯形式，海德格尔则把"先天的"东西当作与存在者层次区别开来的存在论的层次来理解。在他看来，对人生此在与存在者打交道方式的理解先于具体地与存在者打交道，其中理解存在者与人生此在的照面方式就是理解存在者的存在，它是此在各种用具行为的在先性条件。而理解存在者的存在又要以时间为其在先性条件，时间就成了存在论的源头。海德格尔在1924年的《时间概念》中说："总而言之，时间就是此在。……此在就是时间，时间是时间性的。"② 此在之为此在，就在于能够在先安排在者的秩序，能够借助世界意蕴把所有存在者置于一个整体中；此在"同时"就是时间，时间是在先安排秩序的在先条件。前期海德格尔在骨子里面是"人类中心主义者"，他实际上宣称"物"没有意义，"物"的意义取决于人如何赋予意义，而人的意义就是赋予意义。不过海德格尔还有一个非常突出的特点，即在他身上似乎有另一个清醒的意识在观照着他自己，这个意识会预先想到可能会遭遇的批评。于是为避免别人说自己实际上是主体性哲学，他又非常极致地铺陈人的有限性：被抛性、有死性、遗忘和堕落，以至于人们会被海德格尔误导，以为他的主旨就在陈说人的有限性。其实他目光紧紧锁定的是人生此在身上的"神力"——像亚当当初给万物命名一样的赋予万物秩序的能力。在他那里，

---

① 〔德〕海德格尔：《存在与时间》（修订本），陈嘉映、王庆节译，熊伟校，三联书店，1999，第381页。
② 孙周兴选编《海德格尔选集》上卷，上海三联书店，1996，第24页。

形而上学就是一种返回人的本质（神力）的独特运动。

但海德格尔不能不继续追问"时间的在先性条件是什么"这个问题，虽然其结局只能是无穷后退，但海德格尔不会任这个问题悬而不决。在《形而上学导论》在这部讲稿中，他虽然还没有舍弃形而上学，但"人类中心主义"视角开始隐退，一种新的声音开始响起：回到自然和大地本身！《形而上学导论》就出现了"大地"这样的字眼："大地在精神上的沦落已经前进得如此之远，以致各民族已处于丧失其最后的精神力量的危险之中……诸神的逃遁，大地的毁灭，人类的群众化……"①

而在《艺术作品的来源》（1935～1936）中，大地更是获得了新的位置——庇护者："希腊人很早就把这种露面、涌现本身和整体称为 $\Phi\nu\sigma\iota\varsigma$。$\Phi\nu\sigma\iota\varsigma$ 同时也照亮了人在其上和其中赖以筑居的东西。我们称之为大地（Erde）。……大地是一切涌现者的返身隐匿之所，并且是作为这样一种把一切涌现者返身隐匿起来的涌现。在涌现者中，大地现身为庇护者（das Bergende）。"② 这里的"大地"就是《形而上学导论》中的"自然"，它既是涌现者的藏身和获得庇护之所，也是涌现者之为涌现者的条件。简言之，"它"就是存在本身。大地是一切涌现的基础和条件，大地成了先于时间的东西："世界立身于大地，在这种立身中，世界力图超升于大地。世界不能容忍任何锁闭，因为它是自行公开的东西。但大地是庇护者，它总是倾向于把世界摄入它自身并扣留在它自身之中。"③ 此在存在于世界之中，此在展开其世界，而此在展开世界的活动——时间性的活动——必须立于大地的基础之上。如若没有这个基础，世界将不会产生。例如，人生此在有综合能力，但如果没有"物"供其综合和赋予意义，人生此在就会"巧妇难为无米之炊"。但是，大地不言，大地自我锁闭，而世界（人生此在）执着地要使得大地解除锁闭并公开出来，世界在逼迫大地。而大地却并不逼迫世界，它允让世界并为世界提供"根基"："大地是无所迫促的无碍无累、不屈不挠的东西。立于大地之上并在大地之中，历史性的人类

① Heidegger, *Einfuehrung in die Metaphysik*, Sechste Auflage（Tuebingen：Max Niemeyer Verlag GmbH & Co. KG），1998，S. 29. 译文摘自〔德〕海德格尔《形而上学导论》，熊伟译，商务印书馆，1997，第38页。

② 〔德〕海德格尔：《林中路》，孙周兴译，上海译文出版社，1997，第26页。

③ 〔德〕海德格尔：《林中路》，孙周兴译，上海译文出版社，1997，第33页。

建立了他们在世界之中的栖居。"① 人生此在习惯于预先设定秩序，不仅让万物按照人类的设想去生长（如农作物），甚至还预先设定人类思维的秩序，很多意识形态的宣传与努力都跟这种根深蒂固的在先性设定有关。与之相反，大地并不预谋，大地敞开胸怀，让万物成其所是。

那么人类应该如何对待大地呢？海德格尔认为必须使大地处于独特的敞开——保持锁闭——之中："只有当大地作为本质上不可展开的东西被保持和保护之际——大地退遁于任何展开状态，亦即保持永远的锁闭——大地才敞开地澄亮了，才作为大地本身而显现出来。大地上的万物，亦即大地整体本身，汇聚于一种交响齐奏之中。……大地的本质是自行锁闭。制造大地就是把作为自行锁闭者的大地带入敞开领域之中。"② 大地的敞开就是保持锁闭，历史性的人类不要妄图解密大地，而是要让大地在保持锁闭中成为其自身。在这种特殊的敞开中，大地上的万物和谐而自在地涌现。

对于有限的人类来说，有两种存在方式摆在自己面前："一种做法是一味利用大地，另一种做法则是领受大地的恩赐，并且去熟悉这种领受的法则，为的是保护存在之神秘（das Geheimnis des Seins），照管可能之物的不可侵犯性。"③ 人类依靠知识的力量去操控和干涉大地，而从大地的角度看，人类的行为是可笑的，因为人在反对自己的母亲，人在自掘根基、自毁长城。人类应该倒转自己的行为，从狂妄的利用转向虔诚地感恩，主动限制自己的行为，不去侵犯大地的恬淡和锁闭，而且主动去保护处于神秘中的大地，主动保护存在之神秘。但世界和大地之间也并不是没有争执："世界和大地的对立是一种争执〔Streit〕。但由于我们老是把这种争执的本质与分歧、争辩混为一谈，并因此只把它看成紊乱和破坏，所以我们轻而易举地歪曲了这种争执的本质。然而，在本质性的争执中，争执者双方相互进入其本质的自我确定中。……争执愈强烈地独自夸张自身，争执者也就愈加不屈不挠地纵身于质朴的恰如其分的亲密性〔Innigkeit〕之中。"④ 海德格尔指出，大地与世界的争执并非对立，而是要在争执中彼此确证对方，大地是在先的基础、神秘的自我锁闭者，世界是

① 〔德〕海德格尔：《林中路》，孙周兴译，上海译文出版社，1997，第30页。
② 〔德〕海德格尔：《林中路》，孙周兴译，上海译文出版社，1997，第31页。
③ 〔德〕海德格尔：《演讲与论文集》，孙周兴译，三联书店，2005，第101~102页。
④ 〔德〕海德格尔：《林中路》，孙周兴译，上海译文出版社，1997，第33页。

立于大地之上的作品、自行敞开者。大地使世界认识到自己在敞开世界过程中的自行锁闭的可能性，世界使大地的锁闭性本身得以公开和保持。

当世界与大地都彼此确证的时候，大地才保持其为大地，历史性人类的世界才能重新返回人类始祖生活于其中的伊甸园的状态。可见，海德格尔放弃了雄心勃勃地在先规定秩序意义上的在先性，而转向了允让万物生成而不居、庇护万物而不言的更为优先的大地。海德格尔的这种思想既是对自己早期的基础存在论的发展（基础从此在转为大地），也是克服过于膨胀的人类中心主义心态与行为的一剂良（凉）药。

三 从创制到思：基础经历的转折

我们前面论述过，关联与方式（Weise）是海德格尔存在论以及形而上学思想的关键所在，而关联就是人生此在的"存在"。人生此在的一切行止都是关联，人生此在的关联包括如下几个层面：第一，关联存在者（艺术、宗教、科学研究、劳作等活动）；第二，关联存在者的存在与"无"（关联存在者与人生此在照面的方式：是着并且不是着、处于整体性和历史性中、与此在的状态有很强关联等）；第三，关联存在者与存在者的存在之间的差异（这应该是能从事存在论的理论反思的学者的活动）；第四，关联自我锁闭的大地。

海德格尔曾经追问："如果存在者有多重含义，那么哪一种是它的主导的基本含义呢？什么叫存在？"① 我们也可以接着问：在如上的关联中哪些是基础的关联以及基础经历（Grundgeschehen）② 呢？在发生思想的转折之前，海德格尔会说基础经历是关联存在者的存在与"无"，而在关联存在者的存在与"无"的活动中又有基础经历，那就是创制。创制有别于理论和实践，是一种充满主动性和创造性的活动，农人和匠人的劳作都属于创制。本真的创制是人生此在的其他关联之基础，形而上学就是要返回这种基础经历或活动中。在转折之后，海德格尔不再把制造、使用用具（Zeug）意义上的创制当作基础经

---

① 〔德〕海德格尔：《面向思的事情》，陈小文、孙周兴译，商务印书馆，1996，第77页。

② 《存在与时间》的中译本的译者把 Geschehen 翻译成"演历"，参见〔德〕海德格尔《存在与时间》（修订本），陈嘉映、王庆节译，熊伟校，三联书店，1999，第24页中译注。

历，这时的基础经历成了"思"（Besinnung）。

海德格尔说科学并不思①，他认为科学与沉思有差异："沉思的本质不同于科学意识和科学知识的本质。"② 人们会感到很奇怪，科学家不是每天都在思考问题吗？科学怎么会与思无关呢？海德格尔的"思"有其特殊的含义："选取一个路向，选取一个事实已经自发地取得的路向，这在我们德语中叫做sinnan、sinnen，即思忖、沉思。参与对意义的探讨，这是沉思的本质。沉思意味着比对某物的单纯意识更多的东西。如果我们只是有意识，我们就还没有在沉思。沉思更丰富。沉思乃是对于值得追问的东西的泰然任之。"③ 在海德格尔那里，沉思与"我思"（congito）意义上的意识不同，沉思的对象是作品，沉思者并不干预作品的涌现，而只是参与作品的生成。其与作品的关系也很丰富、隽永，不只是单纯观察与考虑某物。这样看来，科学并不思，科学面对的是"物品"，科学只是去规定物品，只是给予物品这个对立者（Gegenstande，客体）一个普遍必然的谓词了事，而受科学指导的现代技术则实际地逼迫客体去符合谓词。换言之，科学只"考虑"实际的、现成的、能计算的东西，它从来不思可能性和不可计算性，它是强势地规定和干预，而不是思的容纳、接受和感恩。"惟有在创造性的追问和那种出自真正的沉思的力量的构形中，人们才知道（wissen）那种不可计算之物，亦即才会把它保存在真理之中。真正的沉思把未来的人投入那个'区间'（Zwischen）中，在其中，人归属于存在，却又在存在者中保持为一个异乡人。"④ 像处于人与神之间的赫尔墨斯一样，人也处于存在与存在者之间，当人思存在的时候，人把存在保持在真理中。在存在者主导的世界中，思存在、领略存在的人注定是个异类。

这里的思也不是形而上学阶段的作为基础经历的创制。海德格尔说："我们把创作思为生产（Hervorbringen）。但器具的制作也是生产。手工业却无疑不创作作品——这是一个奇特的语言游戏，哪怕我们有必要把手工艺产品和工

---

① 〔德〕海德格尔：《什么召唤思》，载孙周兴选编《海德格尔选集》下卷，上海三联书店，1996，第1209页。
② 〔德〕海德格尔：《演讲与论文集》，孙周兴译，三联书店，2005，第65页。
③ 〔德〕海德格尔：《演讲与论文集》，孙周兴译，三联书店，2005，第64页。
④ 〔德〕海德格尔：《林中路》，孙周兴译，上海译文出版社，1997，第92页。

厂制品区别开来，手工业也不创作作品。"① 手工业（匠人的创制）不创作作品（Werk），手工业产生用品（Zeug）。用品与作品不同，用品体现着创制活动中的匠人对存在者的规定，虽然逼迫性程度不像科学与技术对物品那么强烈，但用品是匠人为着自己赋予的整体性与秩序而观出和做出的，用品体现着人的意志，用品本来就是被人用的。作品则更强调观而不作，思者通过作品欣赏和思念允许自己的大地，并不干预大地和自然，思者只是参与其中。而且思者的思是一种诗意的创造："一切艺术本质上都是诗（Dichtung）。……由于艺术的诗意创造本质，艺术就在存在者中打开了一方敞开之地，在此敞开之地的敞开性中，一切存在遂有迥然不同之仪态。"② 思只是在作品中使得存在（被掩蔽的大地）暂时呈现出来让人们看，并使得大地保持在其锁闭自身的可能性中。那么，科学历来不也被当作客观地观看吗？但海德格尔认为思的"看"与科学的"看"不同："现代科学所充当的'理论'，却是与希腊人的'θεωρια'〔理论、观审〕根本不同的东西。"③ 理论是只看物品的外观（谓词），而希腊人是看存在者整体，而且其中的观看是欣赏。在海德格尔这里，思就是看大地，是领受大地的允让和感恩于大地。

马克思主义哲学强调物质生产（它其实就是创制意义上的活动）的重要地位，认为它是真正的历史活动，其他人类活动都要建立在这一基础之上。形而上学阶段的海德格尔也有与此类似的看法，他把创制中的存在理解为基础存在，不过他不关心"存在者层次"的问题（如何生产、如何分配等），他更关心的是"哲学问题"：存在理解和存在结构问题。而转折之后，基础经历则从创制转变为思，基础关联是关联自我锁闭的大地（存在自身），关联大地就是艺术的、基础的经历，艺术家的存在方式取代了匠人的存在方式，成为人的其他存在方式的基础："真正说来，艺术为历史建基；艺术乃是根本性意义上的历史。"④所以对于人来说，最基本的命题不是笛卡尔的"我思故我在"，而是"我艺术故我在"。

有一点需要注意，在海德格尔那里，不管是前期的创制，还是后期的思与

① 〔德〕海德格尔：《林中路》，孙周兴译，上海译文出版社，1997，第42页。
② 〔德〕海德格尔：《林中路》，孙周兴译，上海译文出版社，1997，第55~56页。
③ 〔德〕海德格尔：《演讲与论文集》，孙周兴译，三联书店，2005，第50页。
④ 〔德〕海德格尔：《林中路》，孙周兴译，上海译文出版社，1997，第61页。

艺术（诗），都不是理论活动和实践活动，而是二者之间的美的活动，这其中反映着海德格尔骨子里的浪漫主义情怀与旨趣。

海德格尔继承着德国浪漫主义的衣钵，德国浪漫主义的主题是强调个别性、情感、德意志、精神、艺术，反对普遍性、人类性、科学，等等。革命在一定程度上是受浪漫情绪指引的，浪漫主义包含理想主义、强烈的不满以及彻底摧毁现有秩序的冲动。相反，现实主义则强调改良或者维持现状。我们不能说浪漫主义和现实主义自身是好的还是坏的，只能说浪漫主义分为好的浪漫主义与坏的浪漫主义，现实主义也分为好的现实主义与坏的现实主义。

德国浪漫主义主要是从启蒙的普遍理性走向地方性"知识"。在文艺上表现为从希腊和罗马走向日耳曼自己的神话传说，在社会生活其他方面的表现是从民主和科学走向艺术、从强调权利走向推崇义务和责任、从人类性走向强调德意志的独特性和优越性、从强调理性（经济人的理性）到强调纯洁的傻瓜（如瓦格纳剧中的 Parsifal）。浪漫主义有时也很有力量，比如希特勒重构德国的"理想"在当时激起了很大响应，当然这是走火入魔的一种浪漫主义，它从巫术、人种优越性、德意志独特性、圣杯保卫者的责任感等最终走向了反人类性。但浪漫主义也不是没有积极的方面，它强调细腻的感触、独特性的感悟，强调张扬个性，强调神秘的直觉，这些对过于乐观的理性主义是一种提醒和纠正，能让理性主义更清醒地意识到自己的局限性。海德格尔身上的浪漫主义倾向比较浓厚，他一生都是浪漫主义者，不过学术生涯的前期是积极的浪漫主义，后期则是略显消极的浪漫主义。

海德格尔的转折可以称为从"创制"到"艺术－思想"的转折，其中"创制"反对知识论，它开出生存论、历史性的存在以及整体性的世界等"领域"；"艺术－思想"反对把大地物品化和用品化，它更看重让大地成为大地的作品，即不强行把自己的意志加在大地上，在这一点上它比较类似于老子的"自然无为"思想。总之，形而上学的超越和创制都是对大地或者存在本身的伤害，人类要主动选择让自己生存于艺术的世界中。

四　从强力意志到泰然任之：此在的本真存在的转折

意志（Wille）在转折之前的海德格尔形而上学或存在论思想中居于重要

地位，海德格尔说："〔此在〕这种存在者的'本质'在于它去存在〔Zu-sein〕。"① 此在不是现成的东西，此在有着自己的意志，此在按照自己的意志去存在、去生存。意志在此在的存在结构中居于优先地位："此在实际上可以、应该、而且必须凭借知识与意志成为情绪的主人，这种情况也许在生存活动的某些方式上意味着意志和认识的一种优先地位。"② 虽然海德格尔紧接着也说并不能因此否定情绪的重要作用，但意志具有某种优先地位却是显然的。此在的意志不仅仅作用于自己，决定或决断自己到底应该是怎样的，此在的意志还决定着非此在的存在者，此在让这些存在者作为某种上手东西而存在："我们从生存论上把了却因缘领会为让'存在'。基于这种让'存在'，上手事物作为它所是的存在者向寻视照面。"③

我们完全可以把此在的存在方式称为"让……存在"，让自己以及其他存在者存在。海德格尔虽然竭力把知识论与基础存在论分开，把范畴与生存论性质（Existentialia）分开，④ 但在"让……存在"上，二者不是没有一致性，具有范畴能力的主体让存在者作为谓词存在，具有生存论性质的此在让存在者（包括此在自己）在世界中存在。虽然"让……存在"的表现形式不同，但它们都是表现（表象）。转折之后的海德格尔开始反对一切表象行为："唯当存在者成为表象（Vor-stellen）之对象之际，存在者才以某种方式丧失了存在。"⑤ 存在者自立自足的存在被人类的表象行为所破坏，尤其是西方的近代以来，人类更是通过表象行为而把实际图像化：

> 在世界成为图像之处，存在者整体被确定为那种东西，人对这种东西作了准备，相应地，人因此把这种东西带到自己面前并在自身面前拥有这

① 〔德〕海德格尔．《存在与时间》（修订本），陈嘉映、王庆节译，熊伟校，三联书店，1999，第49页。
② 〔德〕海德格尔：《存在与时间》（修订本），陈嘉映、王庆节译，熊伟校，三联书店，1999，第159页。
③ 〔德〕海德格尔：《存在与时间》（修订本），陈嘉映、王庆节译，熊伟校，三联书店，1999，第402页。
④ 参见〔德〕海德格尔《存在与时间》（修订本），陈嘉映、王庆节译，熊伟校，三联书店，1999，第53页。
⑤ 〔德〕海德格尔：《林中路》，孙周兴译，上海译文出版社，1997，第98页。

种东西，从而在一种决定性的意义上要把它摆到自身前面来（参阅附录六）。所以，从本质上看来，世界图像并非意指一幅关于世界的图像，而是指世界被把握为图像了。这时，存在者整体便以下述方式被看待，即：仅就存在者被具有表象和制造作用的人摆置而言，存在者才是存在着的。在出现世界图像的地方，实现着一种关于存在者整体的本质性决断。存在者的存在是在存在者之被表象状态（Vorgestelltheit）中被寻求和发现的。①

存在者的存在就是被表象的存在，人成了实际的中心："毫不奇怪，唯有在世界成为图像之际才出现人道主义。"② 居于中心的人在大地上开始了"残暴"的统治，海德格尔称之为人对大地的暴动："在这一暴动性的对一切存在者的对象化中，大地，即那种首先必然被带入表象和制造（Vor-und Her-stellen）之支配中的东西，被置入人的设定和辨析的中心中。大地本身还只能作为那种进攻的对象显示自身——这种进攻在人的意愿中设立自身为无条件的对象化。"③

大地被逼迫着交出其一切秘密和一切藏于深洞的"财宝"，大地的存在被粗暴地干预和肢解。对此海德格尔呼唤人类放弃一意孤行的表象行为，而转向另一种意义的让存在，即"let it be"意义上的任其所是。

海德格尔还通过批判尼采的强力意志思想来进行自我批判。不过，正如我们上面所分析过的，海德格尔不愿直面自己的错误，他喜欢隐晦曲折地表达对自己的批评和反思。他先把尼采提升到形而上学的高度，然后用批评尼采形而上学思想的方式来批判自己此前的形而上学思想。在他看来："'强力意志'这个名称表示着尼采最后的哲学的基本词语。所以我们可以把这种哲学标识为强力意志的形而上学。"④ 对于争论不已的强力意志与相同者的永恒轮回之间的矛盾，⑤ 海德格尔也提出了自己的见解："尼采的形而上学的两个基本词语是'强力意志'和'相同者的永恒轮回'，它们从自古以来对形而上学起着指

---

① 〔德〕海德格尔：《林中路》，孙周兴译，上海译文出版社，1997，第86页。
② 〔德〕海德格尔：《林中路》，孙周兴译，上海译文出版社，1997，第89页。
③ 〔德〕海德格尔：《林中路》，孙周兴译，上海译文出版社，1997，第261页。
④ 〔德〕海德格尔：《林中路》，孙周兴译，上海译文出版社，1997，第238~239页。
⑤ 〔德〕海德格尔：《尼采》上卷，孙周兴译，商务印书馆，2002，第21~23页。

导作用的方面来规定在其存在中的存在者，也即来规定本质（essentia）和存在（existentia）意义上的存在者之为存在者（ens qua ens）。"①

海德格尔认为尼采的形而上学就是强力意志的形而上学，这种形而上学的另一个重要方面就是相同者的永恒轮回。对此笔者尝试着进行自己的理解：形而上学的问题尤其是中世纪形而上学的问题可以从本质和实有（上面引文中的"存在"）两个方面来分析，其中本质对应着"是什么"，实有对应着"如何"。对于任何一个存在者，形而上学都要从这两个方面进行理解与综合。尼采哲学中的强力意志对应着本质的维度，人的本质就在于其有强力意志；而相同者的永恒轮回对应着实有的维度。这个实有是怎样的呢？在尼采那里，它不过是相同者和无差别者的永恒回归自身而已。正如大海中的浪花，刚产生和涌现很快又返回大海。对于每个有限的人来说，他只注意到浪花，但没有注意到浪花要不断回归的相同者（大海）。正因为包括人在内的在者不过是毫无差别者（相同者）不断出离自身又回归自身的永恒的轮回，所以每个人每次按照强力意志的出离并成就了很多"什么"，对自己就显得弥足珍贵。而在相同者——如耶稣所讲比喻中的父亲②以及《妙法莲华经》中的父亲③——看来，每个人按照自己意志的出离不过是浪子的远走他乡，相同者会热切地期待着"游子"的回归。这样，在尼采那里"相同者的永恒轮回"与"强力意志"就不是矛盾的，而是处于有机整体中，它们构成了意志形而上学的两个基本维度。其中"永恒轮回的相同者"允让"强力意志"的存在方式，并为其在先设定了"路线格式"（出离－回归）；而"强力意志"是每个卑微者的尊严所在，他或她要尽力游遍四方后才会回到相同者的怀抱中。当然，对"永恒轮回"尼采也有很多种表述，如"万物皆重现""这人生你将再一次并无数次地经历它，其中没有任何新东西""万物消逝，万物复归""世界按'生成的大年'永恒循环"等。④ 我们不仅从"分毫不差的无数次重现"意义上，而且

① 〔德〕海德格尔：《林中路》，孙周兴译，上海译文出版社，1997，第243页。
② 参见《新约全书·路加福音》，15：11—31。
③ 在闻听佛陀用譬喻（父亲救危屋中的儿子出屋）来阐释的出世之法后，须菩提、伽旃廷、伽叶等人也用浪子回归父亲之国的譬喻来进一步引申佛陀所说的道理。参见《妙法莲华经》卷第二，信解品第四。
④ 周国平：《尼采与形而上学》，新世界出版社，2008，第222～223页。

也更多地从"万物消逝、万物复归"意义上来解释"相同者的永恒轮回"。

具有强力意志的超人就是现（近）代的形而上学的主体："超人并没有取代上帝，绝没有取代上帝，不如说，超人的意愿所关心的那个位置乃是另一个领域，即，对在其另一种存在中的存在者作另一种根据说明的领域。这另一种存在者之存在这时已经成了主体性——而这一点正标志着现代形而上学的开始。"① 但尼采本人不是反对形而上学吗？说尼采的哲学是形而上学是否有根据？对此海德格尔提出："'上帝死了'这句话意味着：超感性世界没有作用力了。它没有任何生命力了。形而上学终结了，对尼采来说，就是被理解为柏拉图主义的西方哲学终结了。……作为对形而上学的单纯颠倒，尼采对于形而上学的反动绝望地陷入形而上学之中了。②"海德格尔看到尼采的力量在于否定超感性的世界，然而它又把对形而上学的颠倒也理解为形而上学，因为这是一种以"虚无"为旨归的特殊的形而上学："形而上学是这样一个历史空间，在其中命定要发生的事情是：超感性世界，即观念、上帝、道德法则、理性权威、进步、最大多数人的幸福、文化、文明等，必然丧失其构造力量并且成为虚无的。我们把超感性领域的这种本质性崩塌称为超感性领域的腐烂（Verwesung）。③"而且"尼采所理解的虚无主义就是以往的最高价值的废黜。"④ 由此可见，形而上学包括超感性主义和虚无主义两个方面，形而上学的生命力就是用超感性主义克制住虚无主义，如果超感性主义被虚无主义废黜，那么形而上学就进入其最后阶段了。从这个意义上说，海德格尔把尼采理解为最后一个形而上学。

然而，海德格尔又在尼采哲学中看到了克服形而上学的希望："惟有存在者之存在作为相同者的永恒轮回摆到人面前来，人才能穿越那座桥梁，解除复仇精神，成为穿越者、超人。"⑤ 如果永恒轮回着的相同者就是自我锁闭的大地，那么人就应该多从"同"而不是"异"的方面理解自己，这样就会就从差异中解脱出来，不再一味地用一种差异纠正另一种差异，形而上学的基本动

---

① 〔德〕海德格尔：《林中路》，孙周兴译，上海译文出版社，1997，第260页。
② 〔德〕海德格尔：《林中路》，孙周兴译，上海译文出版社，1997，第224页。
③ 〔德〕海德格尔：《林中路》，孙周兴译，上海译文出版社，1997，第227页。
④ 〔德〕海德格尔：《林中路》，孙周兴译，上海译文出版社，1997，第230页。
⑤ 〔德〕海德格尔：《林中路》，孙周兴译，上海译文出版社，1997，第122页。

力（虚无）就会消除，克服形而上学就会成为现实。

虽然海德格尔表面是在批判尼采的形而上学思想，但从他把强力意志理解为人的"存在"来看，他真正反对的就是自己早期的存在论与形而上学。他现在要把目光从"强力意志"转向"永恒轮回的相同者"，即转向自我锁闭的大地。栖息于大地上的人于是领有了其本质的存在，那就是泰然任之（Gelassenheit）。

在一篇名为《泰然任之》的演讲稿中，海德格尔这样说："这种对于技术世界既说'是'也说'不'的态度：对于物的泰然任之（die Gelassenheit zu den Dingen）。"① 同时他还说："对于物的泰然任之与对于神秘的虚怀敞开是共属一体的。它们允诺给我们以一种可能性，让我们以一种完全不同的方式逗留于世界上。它们允诺我们一个全新的基础和根基，让我们能够赖以在技术世界范围内——并且不受技术世界的危害——立身和持存。"② 泰然任之是一种全新的存在方式，它与技术的、促逼大地的存在方式不同，它给我们提供基础和根基，在其中万物是其所是。

相反，技术则充分显现出形而上学的强力意志方面："求意志的意志处于完成了的形而上学的世界之无历史性中。求意志的意志进而就在显现的基本形式中设置和计算自己。而这种显示的基本形式可以简明地叫作'技术'。"③ 技术是人的"本性"，人的本性就是去强迫大地与自己对立，并在对立中解蔽大地："技术时代的人类以一种特别显眼的方式被促逼入解蔽了。"④ 人把大地和自然强行作为技术的对象，并有技术随意处置自己的对象，为着自己的所谓强力意志，同样被技术支配的人狂热地计算、规划，要用合逻辑性来整合一切，于是大地处于毁灭的危险当中，人类的生存根据处于毁灭的危险当中。

然而海德格尔并不认为人地和人类已经没有指望，他说："恰恰是技术之

---

① 海德格尔：《泰然任之》，载孙周兴选编《海德格尔选集》下卷，上海三联书店，1996，第1239页。
② 海德格尔：《泰然任之》，载孙周兴选编《海德格尔选集》下卷，上海三联书店，1996，第1240页。
③ 〔德〕海德格尔：《演讲与论文集》，孙周兴译，三联书店，2005，第80页。
④ 〔德〕海德格尔：《演讲与论文集》，孙周兴译，三联书店，2005，第20页。

本质必然于自身中蕴含着救渡的生长。但这样一来，难道不是一种对作为解蔽之命运的集置的本质的充分洞察能够使那种正在升起的救渡显露出来吗？"①这种救渡就是一方面我们随时都要把极端的危险保持在视野中，② 另一方面要立足于大地：既处于技术世界，又出离技术世界，既不干涉大地，又领受大地的恩赐。如在设立风车的行为当中，人既没有干涉自然，又利用了风的能量，这就是泰然任之的生存方式。

在《康德与形而上学问题》中，海德格尔很看重人的接受性的主动性（本真的有限性），认为被激发出来的接受性的主动性承担着综合与统一的功能。它具有强力，是人生此在的"本质"所在，人应该回归自己的"自然"。而转折之后，接受性的主动性一跃而变为主动性的接受性：敞开、不干预、沉思、感恩……一言以蔽之，泰然任之。

五　从"（此在）存在的真理"到"真理的存在"：真理观上的转折

在基础存在论和形而上学阶段，海德格尔认为真理就是此在的展开状态，真理离不开此在的展开，真理就是此在存在。而转折之后，他认为真理决定此在的存在，有真理的存在，才有此在的存在。

在《存在与时间》中，海德格尔认为："此在由展开状态加以规定，从而，此在本质上在真理中。展开状态是此在的一种本质的存在方式。唯当此在存在，才'有'真理。……此在根本不在之前，任何真理都不曾在，此在根本不在之后，任何真理都不在。"③ 真理依赖于此在，如果没有此在的展开状态，就没有真理。于是真理就是此在存在的真理："真理本质上就具有此在式的存在方式，由于这种存在方式，一切真理都同此在的存在相关联。"④

---

① 〔德〕海德格尔：《演讲与论文集》，孙周兴译，三联书店，2005，第29页。
② 〔德〕海德格尔：《演讲与论文集》，孙周兴译，三联书店，2005，第34页。
③ 〔德〕海德格尔：《存在与时间》（修订本），陈嘉映、王庆节译，熊伟校，三联书店，1999，第260页。
④ 〔德〕海德格尔：《存在与时间》（修订本），陈嘉映、王庆节译，熊伟校，三联书店，1999，第261页。

这样，真理与此在的存在结构就有了本质性的关联。在海德格尔那里此在存在的一般结构与操心（Sorge）有关，而操心可以从被抛、筹划和沉沦三个环节来展开。此在的存在（展开）结构包含有被抛，此在被抛向一个他出生于、成长于其中的世界，此在被抛向此，这是此在展开状态的实际性；此在的存在建构还包含作为能在的筹划，筹划是最原始、最本真的展开状态，它就是此在生存之真理；此在的存在建构还包含沉沦，沉沦表明此在处于不真中，不是从自己的本真能在，而是从"世界"方面筹划自己。① 如果此在让其被抛状态、能在和沉沦状态展开，并且展开状态表现为与沉沦决裂的、认识到自己被抛的、为着自己的能在（此）而进行的展开，那么此在就处于真理之中了。与此相反，传统的真理观则追求认识和对象之间的符合：

> 命题的"真在"（真理）必须被理解为揭示着的存在。所以，能够符合的意义是一个存在者（主体）对另一个存在者（客体）的肖似，那么，真理就根本没有认识和对象之间相符合那样一种结构。②

传统真理观追求符合，在海德格尔看来，认识与对象根本不可能符合。这种真理观是对此在展开状态的遮蔽，认识者遮蔽了自己的能在、被抛和沉沦状态，不是让自己的存在展开，而是去直观所谓的对象，并不断衡量认识与对象间的相似关系。实际上，认识与对象再如何相似也不可能符合。

在基础存在论和形而上学阶段的海德格尔看来，真理就是此在的展开状态，处于展开状态的此在就是本真的此在，否则就是非本真的此在，质言之常人。真理与此在的存在紧密关联，真理就是此在存在的真理。而到了转折之后，海德格尔的真理观发生了很大的变化。

在海德格尔看来，澄明是传统真理的光亮的基础："没有光就没有外观（Aussehen）——柏拉图早已认识了这一点。但是倘没有澄明，就没有光亮。就连黑暗也少不了这种澄明。否则我们如何能够进入黑暗之中并在黑暗中迷途

---

① 〔德〕海德格尔：《存在与时间》（修订本），陈嘉映、王庆节译，熊伟校，三联书店，1999，第254~255页。

② 〔德〕海德格尔：《存在与时间》（修订本），陈嘉映、王庆节译，熊伟校，三联书店，1999，第251页。

徘徊呢?"① 那么什么是澄明呢？海德格尔说："然而澄明（Lichtung），敞开之境，不仅是对光亮和黑暗来说是自由的，而且对回声与余响，对于声音以及声音的减弱也是自由的。澄明乃是一切在场者和不在场者的敞开之境。"②

　　澄明不是理念之光，也不是理性之光，但它允让这种光亮存在。澄明就是真理，真理就是存在。没有澄明的允让，也就没有此在，也不会有此在的展开状态。也就是说，澄明不仅是传统真理的基础，也是此在的展开状态的基础。而且澄明本身不容易被"思"把握，因为澄明本身又是遮蔽着的："希腊、基督教、现代、全球和上述意义上的西方——对于这一切，我们都是根据存在的一个基本特征来加以思考的；作为在遮蔽（Λ ηθα）中的无蔽（Αληθεια），存在更容易遮蔽这一基本特征，而不是揭示这一基本特征。但这一对它的本质和本质来源的遮蔽乃是存在原初的自行澄明的特征，虽然这样一来，思想恰恰并不追随存在。存在者本身并没有进入这种存在之光中。存在者的无蔽，即那种被允诺给存在者的光亮，遮蔽着存在之光（Licht des Seins）。"③ 澄明（真理的存在）自行遮蔽着，而自行遮蔽就是其无蔽。正因如此，澄明很容易被后发的存在者的光亮所遮蔽。对此，海德格尔评论道："后来的时代里哲学却没有专门思这个无蔽本身。因为自亚里士多德以降，作为形而上学的哲学的事情就是在本体论神学上（ontotheologisch）思存在者之为存在者。"④ 海德格尔后来还把形而上学表述为"存在 - 神 - 逻辑学"（Onto-Theo-Logie），认为形而上学的研究对象是"存在着"，其追求的目标是最高存在者（上帝、主体、绝对精神等），其所使用的方法是逻辑学。形而上学忽略了作为澄明的、遮蔽着的无蔽本身，它也就处于不真之中了。

　　总之，人类离开真理已经很远了，要用返回步伐才能达到真理，"这个从形而上学的表象性思想中脱身出来的返回步伐并不摒弃这种表象性思想，但它开启出达乎存在之真理（Wahr-heit des Seins）的要求的那种远景，而应合就

① 〔德〕海德格尔：《哲学的终结与思的任务》，载陈小文、孙周兴编《面向思的事情》，商务印书馆，1996，第70页。

② 〔德〕海德格尔：《哲学的终结与思的任务》，载陈小文、孙周兴编《面向思的事情》，商务印书馆，1996，第68页。

③ 〔德〕海德格尔：《林中路》，孙周兴译，上海译文出版社，1997，第344页。

④ 〔德〕海德格尔：《哲学的终结与思的任务》，载陈小文、孙周兴编《面向思的事情》，商务印书馆，1996，第72页。

在存在之真理中立身和运作"。① 并且返回步伐放弃了对一种约束性学说和一种有效的文化成就或精神行为的要求。② 此在所能做的就是返回到存在近旁，进入和领受澄明之境，欣赏这真理并做存在的看护者。

通过批判形而上学，海德格尔也揭示了自己的形而上学的问题。具体说来，第一，受到叠床架屋之累。海德格尔的形而上学的动力是返回"在先性"，上手活动先于在手活动，整体性活动（筹划世界）先于上手活动，时间性又是世界活动的在先性境域，这必然会导致无穷后退的问题。即使后期海德格尔为着克服形而上学（人类学）而返回了大地，但从"逻辑"上说，大地还是有再被"置后"的可能。第二，其形而上学又回到主体性中加强了主体性。海德格尔以反对近代形而上学的主客二分思维模式为己任，但他在强调此在与其对象的密不可分的关联关系的时候，也实际上重新突出了人的综合能力、在先赋予秩序的能力。近代形而上学的主体性不过是换了一套行装，其人类中心主义的旨趣并没有太大改变。后期海德格尔对人类中心主义倾向的纠正颇有矫枉过正之嫌，但这也说明用此在形而上学取代主体形而上学本身并不是很成功。第三，用过于浪漫的方式应对现代性问题。基础存在论和形而上学阶段的海德格尔倚重人的主动赋予秩序的、美学的创造活动，要最大可能地去创造和赋予意义。后期他还是开出了浪漫主义的药方来解救现代性问题，那就是用艺术生存取代技术生存，处于泰然任之、自然无为的生命状态中。不能说其思考没有意义，但我们希望更为现实地而不是逃避地来面对现代性的问题和危机。

但不管怎样，海德格尔怀着极强的责任感来思考人类和地球的命运问题，并表现出不断否定自我的可贵勇气，尤其是对形而上学"既说是又说不"的泰然任之的处理办法很值得我们借鉴。有时，过于激烈地否定一个东西，可能反而加强了它。倒不如像海德格尔那样，又说是，又说不，最终让其不再发挥作用，让其实现自我终结。否定和复仇是人的活动的基本内容，它也是人的有限性的一个重要方面。或许我们可以尝试着去感受从海德格尔那里流淌出来的古老的智慧，用感恩、自然无为、充满诗意的态度看待我们自己和我们生活于

---

① 〔德〕海德格尔：《演讲与论文集》，孙周兴译，三联书店，2005，第194页。
② 〔德〕海德格尔：《演讲与论文集》，孙周兴译，三联书店，2005，第194页。

其中的时代，虽然我们不是为了给现实以"玫瑰色"，但我们希望能像海德格尔所说的："对查拉图斯特拉来说，对复仇的解除乃是通向至高希望的桥梁。"①

---

① 〔德〕海德格尔：《演讲与论文集》，孙周兴译，三联书店，2005，第 122 页。

结束语

    我们可以把海德格尔形而上学思想的进程总结为：从意志到思、从英雄到诗人、从人类中心到大地中心。在海德格尔身上有贵族情结和浪漫情怀，他心目中的英雄会去反对常人状态、承受和激发自己的有限性，承担自己的使命、运用自己的意志以及赋予秩序的神力、展开自己本真的生存。而他心目中的诗人则让心远行到存在、大地的遮蔽－无蔽的澄明中，保持住最后的神性，对存在的允让持有感恩的心态，提醒人类所面临的极度危险，以走出技术生存而代之以艺术生存。

    虽然这两种运思截然不同甚至对立，但它们构成了事物本身的整体状态，人既要收回自己沦落于常人状态的自由，又要敬畏大地和保持诗意。我们对海德格尔的性格"缺陷"也多有指责，但我们还要承认，海德格尔是一个永远走在思想之路上的勇者，他的形而上学思想不在于给予答案，而在于启发新的思考。最后，请让我用海德格尔的《道路》来结束本书：

道　路

道路，

思之道路，自行不息

且消隐。何时重返，

何所期望？

道路，自行不息，一度敞开，又突兀锁闭的道路。

更晚近的道路；

显示着更早先者：

那从未通达者，命定弃绝者——

放开脚步

回应那稳靠的命运。

复又是踟蹰之黑暗的困顿

在期待之光芒中。①

---

① 〔德〕海德格尔：《所思——致吾友勒内·夏尔》，载孙周兴选编《海德格尔选集》下卷，
上海三联书店，1996，第 1263 页。

图书在版编目（CIP）数据

　　海德格尔的形而上学思想探析／彭立群著 . -- 北京：
社会科学文献出版社，2022.4
　　（珠海社科学者文库）
　　ISBN 978 - 7 - 5201 - 9373 - 3

　　Ⅰ. ①海… Ⅱ. ①彭… Ⅲ. ①海德格尔（Heidegger，
Martin 1889 - 1976）- 形而上学 - 思想评论 Ⅳ.
①B516.54②B081.1

　　中国版本图书馆 CIP 数据核字（2021）第 225636 号

珠海社科学者文库
海德格尔的形而上学思想探析

著　　者／彭立群

出 版 人／王利民
责任编辑／桂　芳
责任印制／王京美

出　　版／社会科学文献出版社 · 皮书出版分社（010）59367127
　　　　　　地址：北京市北三环中路甲29号院华龙大厦　邮编：100029
　　　　　　网址：www. ssap. com. cn
发　　行／社会科学文献出版社（010）59367028
印　　装／天津千鹤文化传播有限公司

规　　格／开 本：787mm × 1092mm　1/16
　　　　　　印 张：13.25　字 数：223千字
版　　次／2022年4月第1版　2022年4月第1次印刷
书　　号／ISBN 978 - 7 - 5201 - 9373 - 3
定　　价／128.00元

读者服务电话：4008918866